Das Universum im Ohr

Das Universum im Ohr

Variationen zu einer theologischen Musikästhetik

Im Auftrag der Evangelischen Akademie Hofgeismar
herausgegeben von
Dietrich Korsch, Klaus Röhring und Joachim Herten

EVANGELISCHE VERLAGSANSTALT
Leipzig

Die Deutsche Bibliothek verzeichnet diese Publikation in der Deutschen Nationalbibliographie; detaillierte bibliographische Daten sind im Internet über ‹http://dnb.ddb.de› abrufbar.

Printed in Germany · H 7475

Das Buch wurde auf alterungsbeständigem Papier gedruckt.

Cover: Zacharias Bähring, Leipzig
Coverabbildung: Dieter Schnebel, Mo-No. Musik zum Lesen, Köln 1969. © Dieter Schnebel. Mit freundlicher Genehmigung des Künstlers.
Satz: Heike Mevius, Marburg
Druck und Binden: Hubert & Co., Göttingen

ISBN 978-3-374-02894-8
www.eva-leipzig.de

Geleitwort

»Wer Ohren hat zu hören, der höre!« Der Weckruf Jesu (Matthäus 11, Vers 15) signalisiert, diesseits und jenseits aller theologischen Bedeutung: Unzureichend ist es, den Gehörsinn nur zu besitzen; es kommt darauf an, sich seiner angemessen zu bedienen. Allein so gelingt Verstehen.

Der Evangelischen Akademie Hofgeismar ist es bereits per Gesetz aufgegeben, »zum besseren Verständnis der Gegenwart« beizutragen. Gerne folgt sie diesem Auftrag für alle Fragen, die Kirche und Gesellschaft bewegen. Die Musik und das Hören zählen seit jeher für die Evangelische Akademie in besonderer Weise dazu.

Es ist deshalb ein glückliches, doch kein zufälliges Geschick, dass sich im Jahr 2006 der informelle »Arbeitskreis Theologische Musikästhetik« gerade in Hofgeismar konstituiert hat. Zu seinem Ziel, das musikalische Kunstwerk zu beschreiben, gehörte Musik zu verstehen und ihre anthropologische und theologische Dimension zu entdecken – es steht für den Auftrag, dem sich die Akademie verpflichtet weiß. Gastgeber des Arbeitskreises zu sein und seine Arbeit nach Kräften zu unterstützen, ist daher von Anfang an erklärter Wunsch der für die Evangelische Akademie Hofgeismar Verantwortlichen gewesen.

Mit dem Buch »Das Universum im Ohr – Variationen zu einer theologischen Musikästhetik« werden erstmals Früchte des Arbeitskreises der Öffentlichkeit vorgestellt. Die Evangelische Akademie Hofgeismar dankt den Herausgebern Dietrich Korsch, Klaus Röhring und Joachim Herten sowie allen, die als Autoren zu diesem Werk beigetragen haben. Die Akademie wird auch weiterhin den »Arbeitskreis Theologische Musikästhetik« fördern – und freut sich auf weitere Entdeckungen, Diskussionen und Ergebnisse.

»Happy new ears!« wünschte John Cage einst seinen Hörern. Der vorliegende Band verhilft seinen Lesern gewiss dazu.

Hofgeismar, im August 2011
Karl Waldeck, Direktor der Evangelischen Akademie Hofgeismar

Vorwort

»Verstehst du, was du liest?« – das ist die hermeneutische Grundfrage, die sich bei jedem Lesen stellt. Lesen und Verstehen sind füreinander bestimmt, kommen aber nur dann zusammen, wenn sie das eigene Leben erreichen und sich in ihm vereinen. Die Theologie weiß um diesen Sachverhalt und nimmt darum die allgemeine hermeneutische Frage in ganz spezifischer Weise auf: Sie fragt danach, wie Lesen und Verstehen so zusammenkommen können, dass das Leben in Gottes Wirklichkeit bewusst wird und darin zu sich selbst kommt. Insofern erfüllt sich im religiösen Verstehen auch die Funktion des Verstehens überhaupt. »Verstehst du auch, was du liest?«, fragt dementsprechend Philippus, einer der gewählten Sieben, den Kämmerer aus Äthiopien, der sich auf der Heimfahrt von Jerusalem in die Lektüre des Propheten Jesaja vertieft hat. Der entgegnet: »Wie könnte ich es, wenn mich nicht jemand anleitet?«. Es entspinnt sich ein Gespräch, an dessen Ende der Mann aus der Ferne verstanden hat, dass der scheinbar fremde Text des alttestamentlichen Propheten letztlich von Gottes Beziehung zu ihm selbst handelt. So tief hat er es verstanden, dass sich sein Leben ändert, indem er sich taufen lässt (Apostelgeschichte 8,26–40).

»Verstehst du, was du hörst?« Das Hören ist noch intensiver als das Lesen mit dem Menschsein verbunden. Die Sinnlichkeit des Klangs drängt von selbst hinein in den Sinn des Verstehens – und stößt doch manchmal auf Unverständnis. Denn so eingängig Musik durchs Ohr ins Herz dringt, so sehr scheint sie manchmal das Verstehen geradezu zu überspringen. Der geformte Klang der Musik übersetzt sich scheinbar unmittelbar in die Welt der Gefühle, erfüllt den Menschen so sehr, dass er gar nicht weiß, wie ihm geschieht. Und doch wird Verstehen immer mit vollzogen, auch wenn es scheinbar übergangen worden ist. Eine Hermeneutik der Musik versucht, den Sinn im sinnlichen Eindruck, der schon ins Gemüt übergegangen ist, so festzuhalten, dass man ihn als solchen wahrnehmen und mit ihm umgehen kann.

Als eine solche Hermeneutik der Musik verstehen wir in diesem Band die Musikästhetik. Sie verfährt in zwei Schritten, die sich unterscheiden lassen, auch wenn sie immer ineinander liegen. Einmal ist es darum zu tun, den Charakter eines musikalischen Kunstwerkes zu beschreiben; dafür hat die Musikwissenschaft ein ganzes Instrumentarium von Methoden der Analyse bereitgestellt. Sodann aber geht es darum, die gehörte Musik zu verstehen, also die Erfahrungen des Hörens als Schlüssel des Verstehens wahrzunehmen und anzuerkennen. Da, wo es – auf einigermaßen gesicherter musikwissenschaftlicher Basis (kein Werk geht in seiner Analyse auf!) – ums Hören geht, kommen andere und zusätzliche Dimensionen ins Spiel – anthropologischer und auch theologischer Art.

In den nachfolgenden Texten erproben wir Vorschläge zum Verstehen von Musikstücken, die sich unter Voraussetzung einer musikwissenschaftlichen Betrachtung dem zu öffnen versuchen, was sich im Hören erschließt. Dass und inwiefern wir es in solchem Hören mit einem Phänomen zu tun haben, das religiösem Verstehen verwandt ist, weil es die Menschen im Aufnehmen von Äußerem zum Innersten ihrer selbst bringt, muss sich im Nachvollzug der Analysen, aber eben auch im analytisch belehrten Hören, jedem Lesenden und Hörenden selbst erweisen. Uns, die wir an diesem Band gearbeitet haben, sind solche Evidenzerlebnisse immer wieder beschieden gewesen.

Es darf als eine glückliche Fügung bezeichnet werden, dass unser informeller Arbeitskreis sich im Jahr 2006 auf Initiative einiger Teilnehmer und mit Unterstützung der Evangelischen Akademie Hofgeismar gefunden hat, dass er weitgehend konstant zusammengeblieben ist und dass uns die Beschäftigung mit den hier vorgestellten Werken der Musik immer enger miteinander verbunden hat. Dabei sind unsere Hintergründe alles andere als einheitlich, schließt unser Kreis doch Musikwissenschaftler und Musikliebhaber, evangelische und katholischen Theologen ein.

Die Werke, denen wir uns zugewandt haben, bewegen sich in der Wende von der Romantik bis zur Musik der Gegenwart. Es sind solche Stücke, die uns in ihrem musikalischen Rang als Marksteine in der Geschichte der modernen Musik vorgekommen sind und die uns wegen ihrer relativen Kürze handhabbar erschienen; dass man immer auch andere Werke wählen könnte, versteht sich von selbst. Bewusst haben wir uns auf solche musikalischen Kunstwerke konzentriert, denen ein religiöser Bezug nicht textlich eingeschrieben ist (wenn man von Ligetis »Lux aeterna« einmal absieht), die manchmal einen religiösen Kontext vorauszusetzen scheinen (wie Messiaens »Échange«), die aber ansonsten unter der Rubrik »absolute Musik« zu fassen wären. Denn das Hören – so war unsere Hypothese, die sich immer wieder bewährt hat – enthält selbst einen Zug zum Verstehen, das für eine religiöse Deutung aus sich selbst offen ist. Die sonst manchmal gern gepflegte Distanz zwischen Musikwissenschaft und

Kulturwissenschaft (hier: Theologie) hat sich für uns als zunehmend künstlich herausgestellt.

Herzlich danken wir für die Umstände, die unsere Zusammenarbeit und das Erscheinen dieses Bandes ermöglicht haben. Unser Dank gilt zuerst der Evangelischen Akademie Hofgeismar, namentlich ihrer früheren Direktorin Eveline Valtink ebenso wie ihrem Nachfolger Karl Waldeck, die uns über die Jahre hinweg so aufgenommen haben, dass unsere Arbeit selbst ein Teil der Akademiearbeit geworden ist. Unser Dank gilt denen, die die Drucklegung des Buches finanziell ermöglicht haben: dem Bischof der Evangelischen Kirche von Kurhessen-Waldeck, Prof. Dr. Martin Hein, der Landgraf-Moritz-Stiftung in Kassel und abermals der Evangelischen Akademie Hofgeismar. Ohne das tatkräftige Management von Heike Mevius, Marburg, die die Texte gesetzt und mit den Notenbeispielen versehen sowie die langwierigen und aufwendigen Verhandlungen um die Musikrechte geführt hat, wäre der Band nicht erschienen. Jennifer Vahl und Charlotte Voß, Marburg, haben sorgfältig die Korrekturen betreut. Sebastian Braunreuther vom Studio mixberlin hat die verschiedenen Musikdateien in ein zusammenstimmendes Format gebracht. Herzlich danken wir auch den Musikverlagen, dem Westdeutschen Rundfunk, dem Nomos Quartett, Michael Denhoff und Carl-Axel Dominique, die es uns erlaubt haben, die Analysen des Bandes am zu hörenden Material konkret nachverfolgen und überprüfen zu können. Leserinnen und Lesern, Hörerinnen und Hörern wünschen wir, dass sich im Lesen und Hören ein Verstehen einstellt, das sie selbst erreicht und sie »fröhlich ihre Straße ziehen« lässt (Apg. 8,39). Wo das geschieht, hat der Band sein Ziel erreicht.

Im August 2011

Dietrich Korsch Klaus Röhring Joachim Herten

Inhalt

Dietrich Korsch

Das Universum im Ohr

Umrisse einer theologischen Musikästhetik

1. Anschauen und Hören

In der zweiten seiner »Reden über die Religion« schreibt Friedrich Schleiermacher im Jahr 1799: »Anschauen des Universums, ich bitte, befreundet Euch mit diesem Begriff, er ist die Angel meiner ganzen Rede, er ist die allgemeinste und höchste Formel der Religion«[1] Wie geht das: das Universum anschauen? Anschauen lässt sich immer nur Einzelnes. Diese Anschauung des Einzelnen trägt einerseits ein Moment der Unmittelbarkeit in sich, noch ohne jeden Begriff. Aber das Einzelne trägt, angeschaut, zugleich eine ganze Fülle in sich, ist es doch schon vor allen begrifflichen Zuordnungen ein Einzelnes im Zusammenhang. Und dieser Zusammenhang drückt sich auf doppelte Weise aus, intensiv und extensiv. Schon in seinem Inneren ist das Einzelne als Gewordenes unendlich vielfältig, immer noch weiter zu differenzieren; und diese Fülle macht sich auch im Anschauen bereits bemerklich. Und erst recht ist alles Einzelne auf eine voranalytische Weise mit allem anderen verbunden, Individuellem und Allgemeinem. Gerade im Blick aufs Einzelne ist das Universum präsent. Oder, anders gesagt: Das Universum präsentiert sich im Einzelnen.

Darum kann Schleiermacher fortfahren: »Alles Anschauen gehet aus von einem Einfluss des Angeschauten auf den Anschauenden, von einem ursprünglichen und unabhängigen Handeln des ersteren, welches dann von dem letzteren seiner Natur gemäß aufgenommen, zusammengefasst und begriffen wird.«[2] Seiner Natur gemäß aufgenommen: Auch die An-

---

[1] Friedrich Schleiermacher, Über die Religion. Reden an die Gebildeten unter ihren Verächtern (1799), Günter Meckenstock (Hg.), Berlin/New York 1999, 81, nach der Paginierung der Erstausgabe: R[1], 54.

[2] Schleiermacher, a.a.O., 81f. (R[1], 55).

schauung gehört ja ins Universum. Aber in einer besonderen Funktion, nämlich der Funktion der Rezeption. Und die Rezeption verdichtet gewissermaßen den vielfältigen Verweisungszusammenhang, wie er im Angeschauten präsent ist, in die momentane Einheit des Bewusstseins. Darum hat Schleiermacher in den »Reden« auch von dem Gefühl gesprochen, das die Anschauung begleitet; von dem Gefühl, in dem die Vielfalt des Universums in den Anschauenden selbst Platz greift und sie auf eine neue Weise zu sich bringt, sozusagen als Resonanzräume des Universums selbst.

Schleiermacher hat im weiteren Verlauf der zweiten Rede, die sich dem »Wesen der Religion« widmet, auf unterschiedliche Medien verwiesen, in deren Zusammenhang das Einzelne, welches das Universum erschließt, zu stehen kommt. Denn es ist ja keinesfalls so, dass das Einzelne völlig singulär dastände; es ist immer schon mit anderen Phänomenen in einem sozusagen vorbegrifflichen Erwartungszusammenhang verbunden. »Die Natur« ist das Medium gegenständlicher Einzelphänomene, wie sie geworden sind. »Die Geschichte« das Medium einzelner Handlungen, die sich zu einem Gesamtzusammenhang verweben. »Die Menschheit« gar wäre als spezifischer Integrationsmodus von Natur und Geschichte zu verstehen; sie würde alle einzelnen Phänomene in einem großen Bogen unter sich schließen, der auf Humanität verweist.

Schleiermacher hat sich als Schlüssel für die Verdichtungserfahrung von Subjektivität und Universum, die er Religion nennt, der Anschauungsmetapher bedient, die in der Tat eine ganz bestimmte Konstellation von Unmittelbarkeit und Vermittlung in sich trägt. Schleiermachers Bevorzugung der Anschauung hat dann auch in der Theologie der letzten Jahrzehnte für einen Aufschwung der ästhetischen Theorie gesorgt, die sich vor allem auf das Bildmedium konzentrierte.[3] Die Grundintuition, der dieser Sammelband folgt, verschiebt Schleiermachers optische Metaphorik ins Akustische: an die Stelle des Anschauens tritt das Hören, an die Stelle des Angeschauten die Musik. Es liegt auf der Hand, dass es sich hier (nur) um einen Wechsel des Zugangs zur religiösen Grundfunktion einer Verinnerlichung des Universums handelt. Doch der ist bedeutsam genug, denn es erschließt sich dadurch eine neue Auslegungsschicht des Universums, auf die Schleiermacher, überraschend genug, selbst nicht verwiesen hat (obwohl er wenige Jahre später in seiner »Weihnachtsfeier« und noch später in seiner »Ästhetik« die Musik aufs Höchste zu schätzen vermag).[4] Die

[3] Diese breite Forschungstendenz hat sich zuletzt auch niedergeschlagen im »Institut für Bildtheorie« an der Universität Rostock unter der Leitung von Philipp Stoellger.

[4] Vgl. Gunter Scholtz, Schleiermachers Musikphilosophie, Göttingen 1981, 86.

Absicht dieser einleitenden Überlegungen besteht darin, die Reichweite eines solchen Wechsels der Schlüsselintuition sichtbar zu machen – und damit eine Perspektive für das Hören als einen Vorgang der religiösen Verinnerlichung zu eröffnen.

2. Musik als Hören des Universums

Auf den Begriff des Universums soll hier, trotz verführerischer Anklänge des Esoterischen, nicht verzichtet werden. Um aber eine Verwechslung mit Konstruktionen wie »Sphärenmusik« oder dergleichen zu vermeiden, muss der Zusammenhang von Hören, Musik und Universum ganz klar und präzise bestimmt werden.

In immer noch sehr einleuchtenden Analysen hat Edmund Husserl gezeigt, wie sich Erinnerung und Erwartung, in seiner Sprache: Retention und Protention, im Hören von Musik miteinander verschränken.[5] Husserls grundsätzliche Beobachtung besagt, dass es im Hören eines Tones über die unmittelbare Präsenz hinaus einen Rückhalt im inneren Zeitbewusstsein gibt, den er mit dem Kunstausdruck »Retention« bezeichnet – bemerklich sei es im einfachen Verklingen desselben Tones, sei es in der Ablösung durch ein neues Erklingen eines anderen Tones. Dabei kommt so etwas wie ein innerer »Nachhall« zustande, der zeitlich durchaus weiter zurückreichen kann, für den aber gilt, dass er immer (noch) im Bewusstsein ist. Es ist dieses Phänomen der Retention, das es uns beispielsweise ermöglicht, eine Tonfolge als Melodie zu hören und nicht nur als zusammenhanglose Abwechslung von Einzeltönen. Interessant ist nun, dass es – man muss sagen: unerlässlicherweise! – auch die gegenläufige Erstreckung gibt, die Protention, das heißt die Erwartung eines Kommenden; und das auch wieder so, dass nicht nur mit einem beliebigen neuen Ereignis gerechnet werden muss, weil nun einmal alles dem Zeitstrahl unterliegt, sondern dass eine spezifische Erwartung eines Anschlusses besteht, der sinnvoll ist – und sei es in dem Sinne, dass die Erwartung enttäuscht wird. Ohne Erwartung, ohne Protention, könnte es auch keine Retention geben:

---

[5] EDMUND HUSSERL, Vorlesungen zur Phänomenologie des inneren Zeitbewusstseins (1928), Tübingen 2000. Zur musikphilosophischen Anwendung vgl. ANGELIKA ABEL, Die Zwölftontechnik Weberns und Goethes Methodik der Farbenlehre. Zur Kompositionstheorie und Ästhetik der Neuen Wiener Schule, Wiesbaden 1982, 205–218: Konstitution des musikalischen Zeitgegenstandes, Husserl, sowie: Tom Rojo Poller, »... wie die Zeit vergeht ...«. Zu Husserls Phänomenologie des inneren Zeitbewusstseins aus musikphilosophischer Perspektive (http://www.trpoller.de/WebsiteContent/wie%20die%20 zeit%20vergeht.pdf).

das Zeitbewusstsein besitzt so etwas wie ein inneres Sinngefüge, das die erfahrungsmäßige Synthesis erst zustande kommen lässt.[6]

Husserl hat die Analyse des Zeitbewusstseins über die Musik hinaus weitergetrieben und verallgemeinert; es dürfte aber doch auch nicht untypisch sein, dass es sich am fasslichsten an der musikalischen Erfahrung als Zeiterfahrung dartun lässt. Es ist vielleicht Husserls Interesse an der Generalisierung geschuldet, dass er sich in der Phänomenologie des Hörens auf den einzelnen Ton und auf eine einfache Tonfolge konzentriert hat. Seine aufschlussreichen Beobachtungen gewinnen noch mehr an Überzeugungskraft, wenn man sie nun, was er selbst nicht tut, mit Schleiermachers Gedanken vom Universum zusammenbringt, das eben auch eine musikalische Gestalt hat.

Wir nehmen also nun als Bezugsbereich unserer Überlegungen das Medium »Musik«, analog zu Schleiermachers Selektion der Medien »Natur«, »Geschichte« oder »Menschheit«. Dann kommen zwei bedeutende Sachverhalte ins Bewusstsein. Erstens und auf der Spur des »Gehörten« handelt es sich um die Tatsache, dass die Musik selbst interne Strukturen aufweist. Im Unterschied zum Geräusch gibt es Sinnzusammenhänge in dem, was zu hören ist, die sich durch Tonhöhe und Tonfarbe, Rhythmus und Dynamik, Tonbezugssysteme und anderes auszeichnen. Jedes dieser hier nur sehr rhapsodisch genannten Merkmale ist nun in sich abermals außerordentlich differenziert. Melodienabfolgen, so einfach ihr Aufbau in der schlicht weitergehenden Reihe der Töne ist, sind unabsehbar vielfältig, ohne doch den Charakter zu verlieren, jeweils eine Melodie zu sein. Rhythmen und Dynamiken sind variabel, das ist ja gerade ihr Sinn, und doch in der Spannung der Abläufe kohärent. Für Tonbezugssysteme gilt dasselbe, nur auf einer höheren Stufe schon beanspruchter Integration. Und schichtet man auch nur diese einfachen Momente der Musik übereinander, ergibt sich eine unendliche Fülle von Strukturen und Abläufen, die wiederum auf andere Strukturen und Abläufe verweisen: ein musikalisches Sinn-Universum.

Der zweite, nicht minder bedeutsame Sachverhalt ist dieser: So sehr der musikalische Sinn sich an die Phänomene des Klingens haftet, so sehr erzeugt er sich als Sinn doch erst im Hören. Das Hören ist, so betrachtet, die Realisation von Musik als Musik. Das geschieht aber nur dann, wenn es – worauf Husserls Analysen schon aufmerksam machten – im inneren Zeitbewusstsein auch so etwas wie ein Sinnbewusstsein gibt, das mehr ist als eine bloß abstrakte Synthesefähigkeit. Vielmehr zeigt sich im Verwo-

[6] Vgl. HUSSERL, a.a.O., 26f., 44f.

bensein von Klang und Hören die Zugehörigkeit der Hörenden zum Universum selbst, das nun hier im Medium des Klanges auftritt. Was ist darin die besondere Funktion des Hörens? Diese, dass sich im Hören eine Intensivierung, eine Verinnerlichung, eine Verdichtung des Klanges auftut, die aber durchaus auf der Linie des Klanges selbst liegt. Die Musik als Gestaltung des Universums kommt im Hören zu sich selbst; das Hören der Musik verinnerlicht die Gegenwart des Universums im Universum, das dadurch eine ganz besondere Dichte erfährt; man könnte auch sagen: sich in besonderer Dichte erfährt. Diese Verwobenheit kann nun übrigens auch erklären, warum Musik so unvergleichlich intensiv wirkt, von der Dimension der Leiblichkeit angefangen über das Feld der Emotionen sich erstreckt bis hin zum intellektuellen Genuss der Analyse – aber auch in »ganz einfachem« Hören, das sich dem Gehörten hingibt, wirksam ist.

Auf der Schnittlinie von Gehörtem und Hören steht die Produktion von Musik, das Komponieren und Musizieren. Hörerfahrungen liegen voraus, ein konstruktiver Eingriff in die Welt der Klänge wird vollzogen, das musikalisch Gestaltete dringt auf Aufführung und neues Gehörtwerden. Dabei versammeln sich im Komponieren wie im Musizieren Ausdruckswille und Erfindungsreichtum. Die gesamte Palette menschlicher Begabungen wird gebraucht, die somatischen, emotionalen und intellektuellen Fähigkeiten gehen in der Musikproduktion eine Verbindung ein, mit unterschiedlicher Akzentsetzung. Die Unmittelbarkeit des romantischen Genies und die Konstruktion des seriellen Komponisten zehren beide von solcher Verknüpfung, und der breite Bereich zwischen diesen Extremen sowieso. Und natürlich lassen sich dann auch in der Analyse der Musik unterschiedliche Schwerpunkte setzen, ohne dass eine der verwendeten Seiten ausgeschlossen werden könnte.

In der Musik werden sich die Hörenden des Universums inne, in dem sie leben. Sie sind selbst Teil dieses Universums und empfinden seine Gegenwart in ihrem Inneren. Genau diese durch die ganze Breite des leibseelischen Existierens hindurchlaufende Verinnerlichung des Universums aber ist selbst schon, mit Schleiermacher gesehen, Religion. Als Religion wird sie da explizit gelebt, wo über dieses Phänomen kommuniziert wird; und die religiöse Kommunikation ist da am stärksten, wo sie sich einer eigenen Sprache bedient, die die Grenze zwischen Bild und Ton einerseits, Metapher und Begriff andererseits fließend hält. Bildlich, symbolisch ist die Religion da, wo sie selbst Figuren des Ineinanders von Subjektivität und Universum produziert, die aus dem Bereich metaphorischer Kommunikation genommen sind. Reflexiv, begrifflich ausgerichtet ist die Religion stets auch, nämlich wo sie sich als »Rede über die Religion« präsentiert.

Und beides geht zusammen, indem es sich auf das religiöse Phänomen bezieht, wie es sich etwa im Hören der Musik selbst vollzieht.

3. Religion, Musik und Geschichte

Dass Musik und Religion eine gemeinsame Geschichte haben, ist klar. Schon in ältester Zeit gehörten religiöse Riten wie Opfer und Feste am Heiligtum und musikalische Praxis zusammen, wie viele archäologische Funde belegen. Insofern ist die neuzeitliche, nun auch strukturell eingesehene Verbindung, wie sie anhand von Schleiermachers Überlegungen sich auftut, nichts Neues. Wohl aber lässt sich die Parallelität durch eine solche theoretische Einsicht auch für geschichtliche Konstellationen fruchtbar machen.

Religion und Musik bewegen sich insofern auf einer gemeinsamen geschichtlichen Linie, als sie die Zugänglichkeit des Subjekts zu sich und zu seiner Stellung im Universum realisieren. So sehr musikalische Praxis und kultische Praxis immer schon einander entsprochen haben, so sehr nehmen beide auch Anteil an der neuzeitlichen Entdeckung der Subjektivität. Die Vertiefung der Einsicht in die zentrale Stellung der Subjektivität für das Wesen der Religion besagt, dass die tiefste Empfindung des Eingebundenseins des Subjekts in das Universum eben nur im Inneren des Menschen stattfindet – und von dort aus in die religiösen und kulturellen Praktiken ausstrahlt. Ebenso verhält es sich mit der Musik in der Geschichte: Auch hier tritt an die Stelle der Aufnahme individuellen Lebens in diese umgebende Welt des Klangs die schon oben beschriebene Verinnerlichung und Verdichtung, die in der musikalischen Erfahrung des Einzelnen stattfindet. Insofern gehen Musik und Religion auch in der Neuzeit parallel.

Dieser Parallelität entspricht auch eine gemeinsame Bildungsgeschichte. Weil Musik und Religion geschichtliche Phänomene sind, darum spielt für die jeweilige Konstellation, in der musikalisch und religiös empfunden und praktiziert wird, auch die Tradition eine Rolle. Musikalische Erfahrung ist immer Anschluss an das Hergebrachte und Weiterentwicklung nach neuem Muster. Religiöse Erfahrung schließt immer Aneignung des Vorgegebenen ein, damit aber auch eben individuelle Abwandlung. Es gibt daher stets gemeinsame Erwartungshorizonte, die das umschreiben, was sich anschließen soll – und sei es im Modus der Erwartungsenttäuschung. In gewissem Sinne ist so auch die Geschichte von Musik und Religion ein Moment des sich selbst entfaltenden Universums.

Allerdings bringt die Konzentration auf die Subjektivität, wie sie sich insbesondere in der Sattelzeit um 1800 bemerklich macht, auch eine Steigerung des Risikos mit sich – für Musik und Religion. Wenn die ganze

Wahrheit der Religion an der Subjektivität hängt, weil sich in ihr die Präsenz des Universums verdichtet, dann muss auch das gesamte Potential der Selbsterfassung und Selbstdarstellung von diesem Punkt ausgehen. Wenn die Verdichtung der musikalischen Erfahrung ganz ins Subjekt einzieht, dann speist sich aus dieser Quelle auch das ganze Darstellungsreservoir für musikalische Gestaltung. Und es ist überhaupt nicht ausgemacht, dass zwischen diesen beiden Polen, der Innerlichkeit der Erfahrung und des Empfindens einerseits und der Äußerlichkeit der Darstellung oder des Weltbezuges andererseits, stets ein ausgewogenes Verhältnis besteht. Eher ist das Gegenteil anzunehmen: Die Konzentration auf Subjektivität schafft Koordinationsprobleme. Die aber können selbst wieder nur unter Inanspruchnahme der Subjektivität als Agent der Darstellung ausgedrückt werden.

Die Objektivität der Religion besteht, neuzeitlich gesehen, in der Innerlichkeit des Gefühls als des Beisichseins angesichts des Anderen inmitten des Universums. Und die Objektivität der Musik stellt sich, dementsprechend, im Ausdruck dieses Beisichseins im Universum in gestalteten Klängen dar. Dass sich dieser Konnex von innerem Beisichsein und expressivem Ausdruck natürlich all der Regeln und Dimensionen bedient, die für die Musik oben genannt wurden, liegt auf der Hand; gerade als streng subjektive Musik besitzt sie objektive Strukturen; in deren Variation aber, im Spiel mit deren Sinn, vollzieht sich die Eigentümlichkeit musikalischer Gestaltung.

Eben darum aber hat die Geschichte von Religion und Musik an der Geschichte der Subjektivität Anteil, wie sie sich in der weiteren Geschichte der Moderne darstellt. Je weniger das selbstverständliche Korrelat von Innen und Außen, Selbstempfindung und Universum gegeben ist, um so intensiver muss diese riskante Entsprechung dargestellt werden – mit den Mitteln der Subjektivität selbst, die dadurch an ihrem eigenen Problem arbeitet. Das bringt, in der Musik wird es hörbar, Formationen hervor, die aufs Äußerste gespannt sind, die ihre Ausdrucksqualität gerade in solchen Umformungen des Überlieferten besitzen, die nur als Regeldurchbrechungen regelhaft sind. Dieser Prozess übrigens wird in der Musik viel leichter greifbar als in der expliziten Religion, die stärker versucht, die alten Objektivitäten festzuhalten. Wenn man sich dieser Dynamik aber überlässt, wie es die Musik tut, die an ihrer Zeit ist, dann lässt sich auch die Entwicklung der europäischen Musik im 19. und 20. Jahrhundert nachvollziehen, die vom ständigen Ausloten neuer Ausdrucksmöglichkeiten im kritischen Umgang mit der eigenen Tradition des Hörens und Gestaltens lebt. Dabei werden alle Dimensionen musikalischer Gestaltung verwertet, mit- und gegeneinander ins Feld geführt. Vielleicht am deutlichsten zeigt sich dieses Phänomen an der Geschichte der Tonbezugssysteme, die ja selbst die elaborierteste Seite in der Musik darstellen. Nicht mehr um Variationen innerhalb eines solchen Systems geht es der Avantgarde, die zu neuem Ausdruck gezwungen ist, sondern um ein Durchlöchern und Verschieben des Systems überhaupt, um die erst fallweise und dann immer intensivere Verrückung von Tonarten und Tongeschlechtern (wie bei Schubert, Schumann und Brahms) bis hin zur Erfindung alternativer Tonbezugssysteme (wie des Zwölftonsystems bei Schönberg oder die serielle Musik bei Messiaen, Boulez oder Stockhausen). In der Religion vollzieht sich derselbe Prozess, nur ist er weniger leicht bemerklich, weil die religiöse Kommunikation semantisch konservativer ausfällt. Doch auch hier ist es eine Verselbständigung der Religion in ihren dargestellten Grundlagen; der Aufschwung des Offenbarungsbegriffs in der Theologie des 20. Jahrhunderts ist ein knapper, aber deutlicher Beleg dafür.

Die Geschichte des Subjekts, mit seiner Konzentration auf sich und seiner Gefährdung in der Welt, wirkt sich aber nicht nur differenzsteigernd aus. Es gehört auch zur widersprüchlichen Situation der Moderne, dass das Gegenteil der Fall ist: Entdifferenzierung. Das zeigt sich nun wiederum in der Religion deutlich, nämlich überall da, wo ein religiöser »Fundamentalismus« vertreten wird, also die Proklamation einer Einheit von Selbst und Welt, die aber nur noch in Gestalt einer Spaltung und eines (partiellen, wenn auch mentalitätsprägenden) Ausstiegs aus der normalen Welt zu vollziehen ist. Das entsprechende Phänomen in der Musik ist die Herrschaft des Banalen und des die musikalische Erfahrung Beleidigenden, wie sie über weite Strecken der sog. Unterhaltungsmusik gang und gäbe ist. Der religiöse Kitsch des Fundamentalismus und der musikalische Kitsch der Dauerberieselung aus dem Radio und im Kaufhaus entsprechen einander.

4. Theologische Musikästhetik

Eine theologische Musikästhetik, die sich aus diesen Überlegungen ergibt, versteht sich als Kommentar zu Religion und Musik in ihrer modernen Geschichte. Es liegt auf der Hand, dass ein solcher Begriff von Musikästhetik sich nicht beschränken kann auf Musik, die von ihrem Verwendungszweck oder ihrer Textgebundenheit selbst »religiöse« Züge besitzt; umgekehrt gilt vielmehr: Auch eine solche »religiöse« Musik wird den allgemeineren Analysekriterien unterworfen; weder in positivem noch in negativem Sinne kann sie einen Ausnahmestatus beanspruchen. Ebenso versteht es sich von selbst, dass autonome Musik nicht als Umsetzung oder Illustration von »Sachverhalten« verstanden werden kann, die die

Religion vermeintlich vorgibt, seien sie dogmatischer Art (wie etwa die Trinitätslehre) oder Gestaltungsformen der Frömmigkeit (wie etwa Buße).

Die Analysen, die in diesem Buch vorgelegt werden, wollen stattdessen als Beispiele eines Kommentars im oben angegebenen Sinn gelesen werden. Es ist ja die Nagelprobe jeder musikästhetischen Anstrengung in theoretischer Absicht, ob sie sich mit der Musik selbst verbinden lässt – in analytischer Betrachtung wie auch im Hören. Daher bewegen sich die Texte des Buches auch auf dem schmalen Grat einer musikwissenschaftlichen Analyse und einer musikästhetischen Interpretation. Aus demselben Grund liegt diesem Buch auch ein Tonträger mit den besprochenen Stücken bei. Dass die Kommentare im einzelnen nicht alle über einen Leisten gezogen sind, verdankt sich einerseits der lebendigen Vielfalt der Stücke, andererseits einer theoretischen Unabgeschlossenheit der theologischen Konzeption selbst, die für interne Variationen Platz lässt. Immerhin gehen die Ausführungen zu den interpretierten Stücken auf die vierjährige Tätigkeit des Arbeitskreises der Autoren zurück, der sich immer wieder an der Evangelischen Akademie Hofgeismar treffen durfte.

Dass sich die Auswahl der interpretierten Stücke dem Zeitraum zwischen 1824 und 2006 verdankt, geht einmal auf die Beobachtung zurück, dass sich ab 1800 die Parameter für Musik und Religion gemeinsam verändert haben; darum ist auch die Folgegeschichte von dieser oben mit dem Stichwort »Subjektivität« belegten Konstellation betroffen. Zweitens steckt in der Beschränkung die implizite These, dass es sich tatsächlich um Stationen einer gemeinsamen Geschichte handelt, nicht nur um beliebige Positionen im Geflecht des auch Möglichen. Gewiss hätten auch andere Stücke gewählt werden können – die hier präsentierten wollen aber durchaus den Anspruch erheben, wie ein Leitmotiv für die Geschichte von Musik und Religion im 19. und 20. Jahrhundert verstanden zu werden und damit als verschieden gestaltete Darstellungen einer Musik, die im Inneren des Menschen zu sich selbst kommt, einer Musik, die »das Universum im Ohr« ist.

Nicolas Schalz

Theatralisierte Kammermusik

Eine Tagung zu Franz Schubert: Streichquartett Nr. 14 d-Moll D 810 »Der Tod und das Mädchen« (1824)[1]

Ein Bericht

Anfang 2009 hatte Klaus Röhring den Mitgliedern des Arbeitskreises »Theologische Musikästhetik« den Vorschlag unterbreitet, ob man nicht die Reihe »Musik verstehen« der Evangelischen Akademie Hofgeismar einmal nutzen sollte, um eine intensive und gründliche Auseinandersetzung mit einem so bedeutenden Kammermusikwerk wie dem *Streichquartett d-Moll* (D 810) von Franz Schubert anzugehen. Es sollte der Versuch gemacht werden, »eine neue Form des Zugangs zum Verstehen dieser Musik zu finden« (Flyer zur Tagung). Der Vorschlag wurde akzeptiert und ich selbst wurde dann wegen meiner Zusammenarbeit mit dem Nomos-Quartett und dem Regisseur und Sprecher Rainer Iwersen in ähnlichen Projekten mit der näheren Planung dieser Veranstaltung beauftragt. Nach der Zusage durch die Angefragten wurde vom Arbeitskreis eine zwei- bis dreitägige Tagung beschlossen und als Termin dafür wurde das erste Wochenende im November 2009 bestimmt.

Von Anfang an war klar, dass man sich nicht nur mit der Faktur des Werkes beschäftigen, also analytisch gründlich am Notentext arbeiten müsse, sondern auch kritisch der Aura nachzuspüren habe, die der wohl nicht von Schubert stammende Titel des Werkes ausgelöst hat (und noch immer auslöst). Die Mitglieder des Quartetts – so der Wunsch des Arbeitskreises – sollten dabei nicht nur mit ihrem Wissen die analytische Arbeit von Iwersen und mir unterstützen, sondern mit ihrer Präsenz und einem

---

[1] Tagung des Arbeitskreises Theologische Musikästhetik: »Der Tod und das Mädchen« nach Franz Schubert: Streichquartett Nr. 14 d-Moll (1824) vom 6.–8. November 2009 in der Evangelischen Akademie Hofgeismar.

jederzeit eingriffbereiten Spiel die gewonnenen theoretischen Ergebnisse auch künstlerisch überprüfen.

Zum Programm der Tagung

Sie wurde in der Evangelischen Akademie Hofgeismar am Freitag, dem 6. November 2009 um 16 Uhr mit der Vernissage einer Ausstellung des Sepulkralmuseums Kassel, unter dem Titel »Tod und Eros«, eröffnet.

Danach erfolgte die Aufführung von Schuberts *Streichquartett in d-Moll* (D 810) durch das Nomos-Quartett (Hannover), mit der Besetzung:

- Martin Dehning, 1. Violine
- Jutta Rübenacker, 2. Violine
- Friederike Koch, Viola
- Sabine Pfeiffer, Violoncello

Um 19 Uhr gab es den einführenden Vortrag zum kompositorischen Konzept des *d-Moll-Streichquartetts* von Franz Schubert durch Prof. Dr. Dieter Schnebel (Berlin). Der inzwischen überarbeitete und erweiterte Vortrag ist in diesem Band abgedruckt.[2]

Vier Seminar-Einheiten waren für die analytische Arbeit am Werk durch die Mitglieder des Arbeitskreises vorgesehen. Am Freitag-Abend setzte man sich, unter dem Titel »Das Streichquartett und sein Lied-Thema«, zunächst mit dem 2. Satz auseinander. Es folgten dann im Verlauf des Samstags noch drei je 2-stündige Seminar-Einheiten zu den restlichen Sätzen des Quartetts.

Der Samstag schloss mit einem Konzert auf der Basis des Schubertschen Quartetts inklusive des Vortrags literarischer, meist lyrischer Texte. (Kommentar dazu im Folgenden)

---

[2] DIETER SCHNEBEL, Klang und Emotion - Analytische Aspekte von Schuberts d-Moll-Quartett. - Schnebels Interpretation geht von der begründeten Annahme aus, dass die Wertschätzung von Schuberts *d-Moll-Streichquartett* durchaus ohne den Zusatztitel »Der Tod und das Mädchen« auskommt. Die Tagung in Hofgeismar aber baute auf diesem Titel im Sinne einer bewussten Setzung auf (s. im Folgenden: »Konzeption des Programms« und die abschließende Einschätzung zum ganzen Verfahren) und rief auf diese Weise auch kontroverse Auseinandersetzungen hervor. Die Mitglieder des Arbeitskreises sind der Meinung, dass diese gegensätzlichen Standpunkte durchaus der Öffentlichkeit zugänglich gemacht werden sollten, da sie einen guten Einblick in die durchweg kontrovers und lebendig geführten Diskussionen zwischen den Mitgliedern des Kreises vermitteln.

Am Sonntag-Morgen gab es zu diesem Konzert eine anderthalbstündige Diskussion, der noch eine Abschlussdiskussion als gemeinsames Fazit aller Anwesenden über die gesamte Tagung folgte. Sie endete mit der hörbar von den Ergebnisen der Tagung inspirierten und tief berührenden Live-Aufführung des 2. Satzes. Im Folgenden wird dieses Konzert (als eigentliche Mitte der Tagung) näher vorgestellt. Eine knappe persönliche Einschätzung beschließt den Bericht.

Zum Konzert am Samstag-Abend

Zunächst das Konzert-Programm:

»Der Tod und das Mädchen«

Eine Collage aus Literatur und Musik
Hommage an Schuberts Streichquartett

Traum I
Totenklage I
Der Tod und das Mädchen I
Totentanz I
Pendel
Traum II
Der Tod und das Mädchen II
Totenklage II
Totentanz II
Der Tod und das Mädchen III

Es spielt das Nomos-Quartett
Martin Dehning, 1. Violine
Jutta Rübenacker, 2. Violine
Friederike Koch, Viola
Sabine Pfeiffer, Violoncello

Sprecher: Rainer Iwersen
Auswahl und Gliederung der Texte: Rainer Iwersen
Montage von Text und Musik: Nicolas Schalz und Rainer Iwersen

Konzeption des Konzertes

Sie ist in langer und intensiver Zusammenarbeit zwischen den Genannten entstanden. Das immer wieder neue Hören des *d-Moll-Quartetts* brachte nach und nach die Überzeugung, dass dem Werk eine »poetische Idee« zugrunde liegen müsse, eine inhaltliche Intention, die zumindest allgemein, wenn nicht gar direkt, um das Thema des Todes kreist, um eine letztlich »überaus düstere und kompromisslos pessimistische«[3] Idee. Dafür steht die Tatsache, dass einmal alle Sätze des Quartetts in Moll komponiert sind; dass zum anderen drei davon die gleiche Tonart haben (*d-Moll*: 1., 3. und 4. Satz), was in der klassischen Quartettliteratur höchst ungewöhnlich ist; nicht zuletzt sind alle drei von geradezu expressionistisch heftigem Zuschnitt; nur der 2. Satz in *g-Moll* wirkt etwas milder, insbesondere auch wegen seines Dur-Schlusses – dieser kantable Gestus, am deutlichsten in der Dur-Variation des 2. Satzes wahrnehmbar, färbt explizit noch auf den Trio-Teil des 3. Satzes ab, auch auf das Seitenthema des Kopf- wie des Finalsatzes; doch immer führt die Musik in die düstere Grundfarbe des Quartetts zurück. Das, was hier »etwas milder« genannt wird, ist nichts anderes als die Andeutung eines bestimmten Pols in der Grundfarbe »Tod« des Quartetts, die – allerdings deutlich minoritär im Gesamt veranschlagte – »Botschaft von der Erlösungskraft des Todes«[4]. Was die Grundfarbe »Tod« des Quartetts anbelangt, so rechnet Hans-Joachim Hinrichsen noch den besonders im 1., aber auch im 3. und 4. Satz auftauchenden »passus duriusculus« dazu (die barocke Figur des »Durchgangs durch den Tod«, manchmal nur fragmentarisch eingesetzt), aber auch noch, insbesondere im 1. Satz, einen verminderten Septakkord, sozusagen einen »Schlüsselakkord«[5] der Todes-Präsenz (1. Satz, s. T.32, T.37, T.228, besonders in der Coda: T.303, T.307; damit verbunden der *es-Moll*-Sextakkord in T.328 und T.334).

Der 2. Satz des Quartetts spart den dramatischen Binnenteil des Liedes »Der Tod und das Mädchen« aus, ersetzt ihn durch etwas Neues, bewahrt also nur das Klavier-Vorspiel und das Klavier-Nachspiel, damit jene Abschnitte, die eine Art Gegenpol, »die beruhigende und versöhnliche Antwort des Todes auf den Angstausbruch des Mädchens«[6] darstellen. Mit diesem Pol wird auch ein Zusammenhang evoziert, der schon die einführende Ausstellung dominiert hatte, der Zusammenhang zwischen »Tod und Eros«, konkret gefasst im Titel des Werkes »Der Tod und das Mädchen«.

---

[3] Hans-Joachim Hinrichsen, Die Kammermusik, in: Walther Dürr / Andreas Krause (Hgg.), Schubert Handbuch, Bärenreiter-Verlag und Metzler-Verlag, Kassel und Stuttgart ²2007, 493.

[4] Ebd., 490.

[5] Ebd., 491.

[6] Ebd., 490.

Die Übernahme dieses Titels auch als Titel für das Konzert ist natürlich eine Setzung gewesen. Die ganze Konzeption des Konzertes basiert auf dieser Setzung, die durchaus auch anders hätte ausfallen können – beispielsweise, wenn man das Quartett ohne seinen Titel gedeutet hätte. Es war der Wille des Regisseurs Rainer Iwersen, eine solche Setzung, wie sie auch bei jeder Theaterarbeit an einem historischen Stück erfolgen muss, ganz bewusst vorzunehmen. Iwersen und auch ich selbst verstanden diese Wahl als eine Chance, die Schubertsche Musik bis an ihre Grenzen auszuloten. Das setzte aber voraus, dass eine Hereinnahme anderer Musik zum Thema, z.B. zeitgenössischer, wie man zunächst geplant hatte, nicht weiter zu verfolgen war und dass allein Schuberts »Todesmusik« den härtesten »Anfechtungen« durch inhaltlich in die Extreme gespannte Texte »auszusetzen« sei. Entweder würde sie daran explodieren (und dann müsste man das Unterfangen aufgeben) oder sie würde offenbaren, welche ungeheure Kraft in ihr steckt, eine Kraft, die das Waghalsigste an Texten auszuhalten vermögen würde, ohne dass ihre Substanz verfremdet oder gar verfälscht, ja dass sie so erst nach außen gestülpt würde. Für dieses »Ausprobieren« bedürfte es, so die wichtigste Erkenntnis in der Vorbereitung, der spannungsvollen Synthese zwischen einem »objektiven«, gleichbleibenden Part, dem der Schubertschen Quartett-Musik, und dem »subjektiven« Part der von außen in das objektive Innen hereinbrechenden verschiedenartigsten »Fremdtexte«. Ein »Spiel« der Verteilung und Deutung begann, ausgehend von der direkt packenden Funktion der Texte, die der langwierigen Auslese standgehalten hatten, ein »Spiel« zwischen ihnen und den so präzise wie nur möglich erstellten, d.h. abspaltbaren und deswegen in sich konsistenten Segmenten aus den vier Sätzen des *d-Moll-Quartetts*. Diese Segmente, also kurze, in sich schlüssige Passagen aus den einzelnen Sätzen, gingen auf eine von mir erstellte kleingliedrige Analyse des Quartetts zurück. Rainer Iwersen hingegen ordnete seine ausgewählten Texte so, dass er sie in zehn unterschiedliche semantische Abschnitte eingruppierte; diesen Leitgruppen schob er jedoch nicht nur jeweils ein Bündel an Texten unter, sondern fügte diesen auch von ihrem individuellen Ausdruckswert her dazu passende Musik-Segmente aus Schuberts Sätzen ein. Er hat diese Montage -Konzeption wie folgt beschrieben:

> »Die Montage aus Literatur und Musik möchte der vorgeschlagenen Deutung von Schuberts Quartett [als Musik zum Thema ›Der Tod und das Mädchen‹] Vorschub leisten. Nicht nur mittels musiktheoretischer Analyse des Notentextes (auf die sich diese Interpretation, nach dem bisher Gesagten, ja stützt), sondern auch und vielleicht primär mit der sinnlichen Überzeugungskraft von Gedichten. Dabei versucht diese Montage in einer Art insistierenden Umkreisens des Gegenstandes (mit wiederkehrenden Komplexen wie z.B. ›Traum‹,

›Totenklage‹, ›Totentanz‹) sich der Schubertschen Kompositionsweise anzunähern, die ihr Material nicht fortschreitend durcharbeitet, sondern in kreisender Umwanderung immer neu beleuchtet. Dabei gelingt, so hoffe ich, eine gegenseitige Be- und Durchleuchtung der beiden Medien Musik und Sprache.«

Die vorgeschlagene Montagestruktur offenbart unverkennbar eine theatralische Intention, die darin besteht, dass eben Gruppen von Text-Musik-Konstellationen gebildet werden, die sich wiederholen können und so den Eindruck eines dramatischen »Hörspiels« in mehreren »Akten« oder »Szenen« erwecken, die sich formal und inhaltlich aufeinander beziehen. Innerhalb der genannten Abschnitte (bzw. Leit- oder Wiederholungsgruppen) tauchen die Titel: »Traum«, »Totentanz« und »Totenklage« je zweimal auf; der Titel »Der Tod und das Mädchen« erscheint sogar dreimal, doch verschieben sich seine inhaltlichen Aspekte jeweils beträchtlich. Etwa in der Mitte steht der nur einmal vorkommende Abschnitt »Pendel«, in dem der Tod von seiner doppelten, seiner erschreckenden und seiner verlockenden Seite, zwischen denen er hin und her »pendelt«, gezeigt wird. Es ist nicht so, dass den einzelnen Abschnitten unabänderlich Segmente eines bestimmten musikalischen Satzes zugeordnet werden, aber ein paar Tendenzen in der Verteilung sind trotzdem grob erkennbar. So ist die dreimalige Gruppe »Der Tod und das Mädchen« musikalisch wesentlich mit dem 2. Satz (und seinen Variationen über das Liedthema) verbunden. »Totentanz I« greift majoritär auf Klangmaterial aus dem 3. Satz (dem Scherzo als Tanzsatz des Quartetts) zurück, während »Totentanz II« sich größtenteils auf Segmente aus dem 4. Satz stützt. Der zentrale Abschnitt der Montage, »Pendel«, basiert vor allem auf Passagen aus dem 1. Satz; in dieser Montagegruppe folgen sich im schnellen und engen Wechsel lyrische und musikalische Fragmente – eben dem Gesetz eines Pendels gemäß. »Wiederholungsgruppe« meinte in keinem Augenblick, dass das gleiche Material ohne Veränderung wiederkehrt, sondern dass neues, anderes, aber inhaltlich *ähnliches* Material eingesetzt wird. (Eine Besonderheit noch: Dreimal wird aus dem Gedicht »Und dem Tod soll kein Reich bleiben« von Dylan Thomas zitiert – ein wiederholter und zugleich variierter Protestversuch gegen die Allmacht des Todes).

***

Es ist nicht möglich, hier die Gesamtgliederung des Konzertes mit genauer Angabe der Titel der Texte und der Namen ihrer jeweiligen Autoren wiederzugeben, geschweige denn alle vorgetragenen Texte. Auch die musikalischen Segmente aus Schuberts Quartett können hier ohne die dazu ausgewählten Texte nicht angeführt werden. Ein Kompromiss-Vorschlag:

Es folgt – um wenigstens die Bandbreite der inhaltlichen Optionen anzudeuten – zunächst eine Auflistung der Namen der Dichter und Schriftsteller, von denen Texte übernommen wurden, mit einer knappen Angabe der Inhalte. Danach folgt das Formgerüst der vier Schubertschen Sätze, das die Bereitstellung der verwendeten Segmente erlaubte. Am Schluss wird einer der zehn Collage-Abschnitte herausgegriffen und an ihm kurz die konkrete Verbindung von Text und Musik dargestellt.

Liste der Text-Autoren

TRAUM I: Wislawa Szymborska / Conrad Ferdinand Meyer

TOTENKLAGE I: Matthias Claudius / Bazon Brock / Rainer Maria Rilke / Dylan Thomas / Joseph von Eichendorff

DER TOD UND DAS MÄDCHEN I: Matthias Claudius / Gottfried Benn / Chr. Hoffmann von Hoffmannswaldau / Petrus Franciscus / »Des Knaben Wunderhorn« / Novalis / Comte de Lautréamont / Andreas Gryphius / Robert Gernhardt / Rainer Maria Rilke

TOTENTANZ I: Unbekannt / Arthur Rimbaud / Georg Heym / Joseph von Eichendorff

PENDEL: Heinrich Heine / Friedrich Hölderlin / Jakob Haringer / Gottfried Keller / William Shakespeare / Novalis / Charles Baudelaire / Henri Michaux / Rainer Maria Rilke / Charles Simic

TRAUM II: Jozef Czechowicz / Don Pedro Calderon de la Barca / Peter Rühmkorf / Friedrich Nietzsche

DER TOD UND DAS MÄDCHEN II: Matthias Claudius / Eduard Mörike / André Chénier / »Des Knaben Wunderhorn« / François Villon / Heinrich Heine / Charles Baudelaire / Gottfried Benn

TOTENKLAGE II: Daniel Georg Morhof / Rainer Maria Rilke / Gottfried Keller / William Shakespeare / Dylan Thomas

TOTENTANZ II: Der Berner Totentanz des Niklas Manuel / Charles Baudelaire / Heinrich Heine / Jakob von Hoddis / François Villon / Dylan Thomas

DER TOD UND DAS MÄDCHEN III: Matthias Claudius / Else Lasker-Schüler / Sylvia Plath / Auschwitz-Kinderlieder / Rainer Maria Rilke / Andreas Gryphius / Selma Meerbaum-Eisinger / William Shakespeare / Peter Rühmkorf

Zur Formstruktur von Schuberts d-Moll-Quartett (»Der Tod und das Mädchen«)

Abkürzungen: HT = Hauptthema / ST = Seitenthema / T. = Takt / Df = Durchführung / V1 = Violine I / V2 = Violine II / Va = Viola / Vc = Violoncello

I. Satz (»Allegro«), Sonatenhauptsatzform mit Haupt- und Seitenthema (d-Moll)

Exposition: T.1–140.

T.1–60: Hauptthema-Komplex (allmähliche Herausbildung des HT inkl. durchführungsartiger Weiterführungen; *d-Moll* bestimmend).

- T.1–14: HT mit rhythmischer Grundgeste (Achtel-Triole). Hier »in nuce« schon die Gegenüberstellung Tod – Mädchen, aber nicht als sanfte.
- T.15–24: Markante Erweiterungsgeste, doppelt à 5 T., chromat. Aufgang (umgekehrter »passus duriusculus«); diese »Geste« wird nicht durchgeführt, Anklänge zwar noch in folgender Episode, auch zu Beginn der Df., T.152f in V2; taucht vollständig erst wieder in der Coda auf).
- T.25–40: Durchführungsartige Weiterführung mit Material aus beiden Gesten.
- T.41–44: Eigentliches HT (nur 4 T.).
- T.45–60: Überleitung zum ST (aus bisher gehörtem Material, bestimmend: die zunächst gewaltsam eingesetzte Triolenmotivik; »passus duriusculus« (barocke Todesfigur) abwärts, dann Vorbereitung der ST-Harmonik *F-Dur*).

T.61–140: Seitenthema-Komplex (größtenteils in *F-Dur*; vier Anläufe und drei durchführungsartige Erweiterungsepisoden).

- T.61–66 / 67–71 / 72–76 / 77–83 (auf die Eins!): Anläufe des Themas.
- T.83–101 / 102–114 / 114–140: Durchführungsartige Erweiterungsepisoden.

(Harmonische Struktur insgesamt: Von *F-Dur* über *A-Dur*, *d-Moll*, *F-Dur* und zum Schluss *a-Moll*).

Durchführung: T.141–197.

Zwei größere Strukturen: T.141–173 und 173–197, die primär am ST orientiert sind, doch durchsetzen an mehreren Stellen die Triolen des HT diese Episoden. Die zweite, die mit T.173 einsetzt, bringt zunächst ein kontrapunktisches Zusammenspiel von homophonen Duetten des ST, dann einen rhythmisch sehr komplexen und drängenden Abschluss auf den Reprisen-Beginn zu.

Reprise: T.198–298.
Sie beginnt, ohne die beiden anfänglichen Episoden, direkt mit dem eigentlichen HT (vgl. T.41–44) in T.198, und geht dann mit der Überleitung auf das ST hin weiter. Sie verläuft anschließend über die Wiederholung des ST-Komplexes (4 Anläufe, T.218–241, und 3 durchführungsartige Erweiterungsepisoden, T.241–298) bis zur Coda taktgetreu, nur mit harmonischen Änderungen.

Coda: T.299–341. Sie ist dreiteilig:

- T.299–310: Eine unvorhersehbare, ungewöhnliche Episode aus umschließenden breiten Tonrepetitionen, im Zentrum das abwärts geführte triolische Grundmotiv, heftiger Dynamik-Gegensatz von pp-fp-pp.
- T.311–326: »Piu mosso«, Wiederkehr der anfänglichen »markanten Erweiterungsepisode« (vgl. T.15ff), mit gewaltiger Schluss-Steigerung, mit »passus duriusculus« aufwärts (hier deutlich im Sinne von: Durchgang durch den Tod).
- T.326–341: Epilog aus Fragmenten, darunter einer zweifachen Setzung des »Neapolitanischen Sextakkords« in *es-Moll*, mit dem Basston *Ges*: extreme Düsternis dieses *es-Moll*-Klangs als »Todesklangs«; danach verlöschender Schluss.

II. Satz: Liedsatz (»Andante con moto«), mit Thema und fünf Variationen (*g-Moll / G-Dur*)

Thema: T.1–24.
Eine Umformung des Liedes »Der Tod und das Mädchen« in eine Instrumentalform: Verzicht auf die Melodik der »Mädchen-Strophe«, Übernahme des ersten Achttakters aus dem Klaviervorspiel, dann Einkomponieren einer neuen melodischen Gestalt als gegen Schluss sich aufhellende 8-taktige Überleitung aus dem irreal düsteren Todes-Charakter des Anfangs, hinein in die Dur-Gestalt (*Es-Dur*-Beginn) des dritten und letzten 8-Takters, die der 2. Strophe des Gesangs des Todes aus dem Lied entspricht und nach *G-Dur* kadenziert.

Variation 1: T.25–48.
»Gesang« der 1. Geige, »Kontext flehender Gebärde« (Gülke[7]); triolische Unruhe in V2 und Va; »Schläge«-Wirkung des Cello-Pizzicatos.

Variation 2: T.49–72.
Intensivierung des Flehens-Ausdruckes durch atemlose Sechzehntel-Figurationen der 1. Violine (jeweils 1. Sechzehntel als Pause); rhythmische Intrikatheit im Duett V2 und Va; Cello komponiert die Melodie des Liedes sozusagen weiter.

Variation 3: T.73–96.
Rhythmisches Insistieren (Geste eines Todes-Ritts und Akkord-Schläge) als Symbol der »dramatisch gesteigerten Präsenz und Unerbittlichkeit des Todes« (Gülke[8]).

Variation 4: T.97–120.
Variation in Dur. Wie ein zartes »Mädchenportrait« (Gülke[9]), in V1 noch an die triolische Grundgestik des I. Satzes angebunden, allerdings ins Weiche, fast Zärtliche zuückgenommen.

Variation 5: T.121–144.
Schubert »schiebt das Porträt [wieder] in den Schatten des Todes« (Gülke[10]): dies vor allem durch wahnwitzige Sechzehntel-Figurationen als eine Art »Tremoli« und eine Steigerung ins »nahezu brutale fortissimo der [rhythmisch] komplizierten T.137–140« (Gülke[11]). Hier erreicht die Musik die Vehemenz des I. Satzes.

Epilog: T.145–172.
Erinnerung an das »Mädchen-Porträt« der 4. Variation; letzter 8-Takter des Instrumentalthemas; Transposition in die Oberoktav: »Epilog im Himmel« (Gülke[12]), Dur-Kadenzen: »Verklärung«?

---

[7] PETER GÜLKE, Franz Schubert und seine Zeit, Laaber-Verlag 1991, 208.

[8] Ebd.

[9] Ebd.

[10] Ebd.

[11] Ebd.

[12] Ebd., 209.

III. Satz: Scherzo (Allegro molto), Scherzo und Trio (*d-Moll* und *D-Dur*)

Scherzo: T.1-68 (d-Moll).
Von gewaltsamem Beethovenschem (und vielleicht auch schon Brucknerschem?) Gestus, »überfallartig eröffnet« (Gülke[13]). Nach der Eröffnung von 22 T. noch eine Durchführung dieser ersten Struktur (endend mit T.68).

Trio: T.68-164 (D-Dur).
In der »Rolle des kantablen Seitensatzes« (Gülke[14]), doch behält der triolische Grundrhythmus, gerade auch in seinen Punktierungen, etwas vom unerbittlichen Dreier-Rhythmus des Scherzos. Auch reißen die über Arpeggien erreichten hohen Staccato-Repetitionen in V1 eine klirrende »Überwelt« auf.

Harmonikale Trübung zum Schluss.

Scherzo-Wiederholung.

IV. Satz (»Presto«): komplexe Form eines »Sonatenrondos« (*d-Moll*; 6/8-Takt)

Die Form dieses Finales stellt eine hybride Mischform aus Sonatensatz (also mit HT und ST) und Rondosatz (mit dem für eine Rondo-Gestalt charakteristischem häufig wiederkehrendem Hauptmotiv) dar und lässt sich so mit »Sonatenrondo« vielleicht am treffendsten benennen (das HT des Sonatensatzes ist mit dem Rondo-Thema identisch). Was die Wirkung der Form beim Zuhörer anbelangt, könnte man sagen, dass das Rondo-Prinzip eher die Außenstruktur markiert, die Sonatenform eher die Innenstruktur, die immanente »Verarbeitung« oder »Durcharbeitung« der Motive. Schaut man sich das Thema in seinem vielfachen Auftreten näher an, so besteht es im Regelfall aus acht Takten, wobei es manchmal auch um einige Takte reduziert erscheint (so z.B. in der Themengestalt des abschließenden »Prestissimo«) oder leicht verlängert wird, und es käme dann, inklusive der zu beachtenden Wiederholungen, insgesamt 16-mal vor (16. Mal: Abschluss-Prestissimo).

---

[13] Ebd., 211.

[14] Ebd.

Um die Formstruktur nicht zu kleinteilig zu gestalten, schlage ich vor – man kann das auch anders machen –, größere Zusammenhänge zu bilden, indem ich beispielsweise das Thema und seine Wiederholung in eine einzige Formeinheit zusammenbinde; dies ist der Fall in Bezug auf die Eröffnung des Satzes, die das Thema zweimal hintereinander bringt, viermal aber, wenn ich die Wiederholung dieser Eröffnung mitberechne; das Ganze bezeichne ich von der Rondo-Bestimmung her mit A1 (von der Sonaten-Bestimmung her als HT).

Den Formteil A2 könnte man mit dem Auftakt zu T.33 beginnen lassen, doch ziehe ich es vor, ihn erst mit dem Auftakt zu T.43 eintreten zu lassen, da dann wieder die originale Tonhöhe des Themas erreicht ist; vorher war die Oktavierung erklungen, dazu, in den Unterstimmen, eine kontrapunktische Folge des Themenkopfes: diese dem A2-Einsatz vorausgehende Einheit sehe ich als abschließenden Teil der durchführungsartigen Weiterführung von A1, die mit dem Doppelstrich in T.16 begann. Was das Rondo-Neben-Thema B (bzw. das damit identische Sonaten-Thema ST) anbelangt, so habe ich diesen großen Formteil in drei gleichmäßige Einheiten unterteilt (dem gemäß auch seine spätere Reprise); für diesen Formteil ist charakteristisch, dass er längere Durchführungen enthält, die sich nach und nach aber mit der 6/8-Tarentella-Rhythmik (perpetuum mobile aus triolischen Achteln) des HT (oder Rondo-Themas) vermischen.

Vorschlag 1: Formstruktur grob als Rondosatz

(A = Rondothema-Teile; B = Nebenthema-Teile oder Zwischenteile); die A-Teile sind als zusammengehörige Großkomplexe zu sehen, die das Thema 16-mal insgesamt zitieren; B-Teile: 6 größere Themeneinsätze insgesamt.

A A1 + A2 + Überleitung zu B (T.1–87)
B B1 + B2 + B3 + längere Durchführung (T.88–317)
A A3 + A4 + kurze Durchführung (T.317–445)
B B4 + B5 + B6 + längere Durchführung (T.446–651)
A A5 + A6 + Coda »Prestissimo« (T.651–754)
(bzw. A5 + A6 = »Prestissimo« (T.651–754)

Vorschlag 2: Formstruktur grob als Sonatensatz

Exposition:

- HT (T.1–61), Thema zweimal: T.1–42 und T.43–61 (ohne Wiederh.) T.17–42: durchführungsartige Zwischenepisode.
- Überleitung zum ST: T.62 (bzw. 61b)–87.

- ST (T.88–252), immer wieder Anschlüsse an das HT und immer intensivere Durchdringung der ST-Durchführung mit dem HT.
- Schlussgruppe (T.252–317).

Reprise 1:

- HT (T.317–359 und T.359–377).

Durchführung:

- HT (T.378–445).
- ST (T.446–569).

HT-ähnliche Überleitung (T.569–610) in die Schlussgruppe
Schlussgruppe (T.610–651; leicht am Schluss verkürzt).

Reprise 2:

- HT (T.651–683 und T.683–706).

Coda (bzw. Reprise 3): »Prestissimo«, am HT orientiert (T.707–754).

Nochmals: Die beiden Formtabellen ergeben ein sich ergänzendes Bild. Sicher ist die Formstruktur eines Rondo die äußerlich bestimmende, damit auch die Basis eines hier vermutbaren Totentanzes, der sich zum Schluss aberwitzig in ein »Prestissimo« überschlägt. Die immanente Formstruktur eines Sonatensatzes zeigt aber das andere und ebenfalls notwendige Gesicht des Satzes: das einer Intensivierung des Totentanz-Gestus durch ständige Verarbeitung, Weiterführung, Überlagerung, dann auch wieder Ausdünnung der Grundmotive, d.h. der Satz lädt sich mit ständig neuen Spannungen und sich verzweigenden Energien auf, zerfällt aber auch wieder.

Abschnitt »Totentanz II« als ein Beispiel für die Text-Musik-Montage des Konzertes

1. Formgerüst:

TOTENTANZ II

- DER BERNER TOTENTANZ DES NIKLAS MANUEL:
  »Der Tod zum Mädchen«
  IV., T.62a–87
- CHARLES BAUDELAIRE: »Totentanz«
  IV., T.707–751
- HEINRICH HEINE: »Traumbilder«

IV., T.446–569

- JAKOB VAN HODDIS: »Der Todesengel«
  IV., T.252–283
- FRANCOIS VILLON: »Das große Testament«
- DYLAN THOMAS: »Und dem Tod soll kein Reich bleiben«
  II., T.73–80b

2. Text-Musik-Montage (als Montage von Text-Exzerpten und Musik-Segmenten):
Der Berner Totentanz des Niklaus Manuel (*Der Tod zum Mädchen*):

Tochter, jetzt ist da die Stund',
Erbleichen wird dein roter Mund,
Dein Leib, dein Haar, Gesicht und Brüst'
Muss alles werden ein fauler Mist.

IV., T.62a–87 = im 4. Satz die Überleitung zum Seitenthema: T: T.62 (bzw. 61b)–87. Charakterisierung: eine peitschende Musik im Totentanz-Gestus des Hauptthemas, ein »böse rollendes« Unisono der Streicher mit akkordischen Schrei-Ausbrüchen (die Angst des Mädchens vor dem Mörder-Tod), die am Ende ins pianissimo hinein verlöschen.

Charles Baudelaire (aus: *Totentanz*):

Der Weltentaumel wird im Totentanz euch fangen
Und reißt euch in ein Land, in dem noch keiner war,
Ihr späten Griechen und ihr glatten Dandywangen,
Bemalte Leichen ihr, ergraute Geckenschar!

Und überall bestaunt, in jeglichen Gebreiten,
Der Tod die Menschheit, die dem Taumel untertan,
Salbt sich mit Myrrhenduft wie sie und mischt beizeiten
Die bittre Ironie in ihren wilden Wahn!

IV., T.707–751 = Coda (bzw. Reprise 3) aus dem 4. Satz: »Prestissimo«, am Hauptthema orientiert. Charakterisierung: Das Hauptthema, als Totentanz gedeutet, überschlägt sich hier, am Schluss des Satzes, aberwitzig in ein »Prestissimo«, Symbol eines Todesritts. Diese Intensivierung des Totentanz-Gestus wird vor den Schluss-Akkorden abgebrochen – das Rasen des Todes ohne Ende, ein »wilder Wahn« (Baudelaire).

Heinrich Heine (aus: *Traumbilder*):

So heult es verworren, und ächzet und girrt,
Und brauset und sauset, und krächzet und klirrt;
Und der tolle Schwarm den Spielmann umschweift,
Und der Spielmann wild in die Saiten greift:

IV., T.446–569 = 2. Durchführung des ST (vor HT-ähnlicher Überleitung in die Schlussgruppe). Charakterisierung: Noch einmal lockt mit dem Seitenthema der Verführer-Tod, doch dann gibt er alle Reserve auf: die Musik bricht dort ab, dort wo das rasende Treiben definitiv die Oberhand gewinnt.

Jakob van Hoddis (Der *Todesengel*):

Mit Trommelwirbeln geht der Hochzeitszug,
In seid'ner Sänfte wird die Braut getragen,
Durch rote Wolke weißer Rosse Flug,
Die ungeduldig gold'ne Zäume nagen.

Der Todesengel harrt in Himmelshallen
Als wüster Freier dieser zarten Braut.
Und seine wilden, dunklen Haare fallen
Die Stirn herab, auf der der Morgen graut.

Die Augen weit, vor Mitleid glühend offen,
Wie trostlos starrend hin zu neuer Lust,
Ein grauenvolles, nie versiegtes Hoffen,
Ein Traum von Tagen, die er nie gewußt.

Die Braut friert leise unterm leichten Kleide.
Der Engel schweigt. Die Lüfte ziehn wie krank.
Er stürzt auf seine Knie. Nun zittern beide.
Vom Strahl der Liebe, der aus Himmeln drang.

Posaunenschall und dunkler Donner lachen.
Ein Schleier überflog das Morgenrot.
Als sie mit ihrer zärtlichen und schwachen
Bewegung ihm den Mund zum Küssen bot.

IV., T.252–283 = Schlussgruppe der Exposition des 4. Satzes, hier am letzten Drittel abgebrochen. Charakterisierung: eine pp-Struktur, mit einer Tendenz des Materialzerfalls, Zeichen des brechenden Widerstands des Mädchens angesichts des Todesengels.

François Villon (aus: *Das große Testament*):

Inzwischen sah ich mir das Beinhaus an,
dort, wo die Schädel reihenweise auf den Brettern
ins Leere glotzen. Keinem ist in goldnen Lettern
ein Titel beigefügt, ob Jüngling oder Mann,
in diesem Zustand sind sie alle gleich;
der eine hatte nichts, der andre, der war mehr als reich.

Die hohlen Köpfe sind nicht da zum Herzerfreuen.
Mir wird's ein wenig windig hinter meiner Stirn,
in welchem Sinn wir Menschen uns erneuen,
wenn nichts mehr da ist von dem bißchen Hirn.
Ich bin dafür: die Finsternis bleibt Finsternis
und ob's im Himmel lichter ist, ist ungewiß.

Dylan Thomas (aus: *Und dem Tod soll kein Reich bleiben*):

Keine Möwe mehr darf ins Ohr ihnen schrein
Keine Woge laut an der Küste versprühn;
Wo Blumen blühten, darf sich keine mehr regen
Und heben den Kopf zu des Regens Schlägen;
Doch ob sie auch tot sind und toll wie Stein,
Ihr Kopf wird der blühende Steinbrech sein,
Der bricht auf in der Sonne, bis die Sonne zerbricht,
Und dem Tod soll kein Reich bleiben.

II., T.73–80b = 3. Variation des 2. Satzes (aber nur der erste Teil) – ein Totentanz. Charakterisierung: Rhythmisches Insistieren (Geste eines Todes-Ritts und Akkord-Schläge) als Symbol der »dramatisch gesteigerten Präsenz und Unerbittlichkeit des Todes« (Gülke[15]); der Protestruf »Und dem Tod soll kein Reich bleiben« wird ergebnislos verhallen, »Finsternis bleibt Finsternis« (Villon).

3. Abschließende persönliche Einschätzung:

Dieser eine Text-Musik-Abschnitt aus den insgesamt zehn des Konzertes muss genügen, um zu zeigen, wie die beiden Bereiche ineinandergriffen und aufeinander reagierten. Ähnliches gilt auch für die anderen Abschnitte (wobei die mit »Traum I« und »Traum II« überschriebenen einen etwas anderen Charakter hatten, sie eröffneten neue Konstellationen, bildeten

[15] Ebd., 208.

unterschiedliche Text-Assoziationen, die dann in einem einzigen Klangbeispiel aufgefangen wurden).

Was in dem vorgestellten Beispiel deutlich werden sollte, ist der Aspekt einer Theatralisierung, der die ganze Montage bestimmt hat: Die Schubertsche Musik wirkte in ihr wie die Musik eines Hörspiels, wurde also ihrer künstlerischen Autonomie entrissen und dramaturgisch wie semantisch (um)funktionalisiert. Das unerwartet Überwältigende an diesem Verfahren bestand darin, dass sie dabei ihre Integrität nicht verlor, im Gegenteil: Sie hat ihre immanente, auf nichts Äußerliches angewiesene Stärke vielleicht so erst vollends offenbart. Die Probe aufs Exempel lieferte diese, die Tagung abschließende Live-Interpretation des 2. Quartettsatzes am Sonntag-Vormittag: Alle bis dahin geführten Diskussionen waren auf einmal wie vergessen oder hatten tief in der Seele eine neue Erkenntnisnische geöffnet (so jedenfalls die abschließende außerordentlich tiefgründige Diskussion an diesem Morgen).

Das Wichtigste der finalen Live-Interpretation: Die im besten Sinn »rücksichtslose« Funktionalisierung der Musik, wie sie das Samstag-Abend-Konzert geboten hatte (und wie sie damit sicher auch einige Zuhörer irritiert hatte), verlor in einem gewissen Sinne an diesem Sonntag-Morgen ihre theatral konzipierte Ausrichtung, ließ im charismatischen Spiel der Musiker die mehr denn je ergreifende Eigendignität der Musik aufleuchten (und geradezu neu wiederfinden).

Der inhaltliche Radius, den die Montage der Texte zeichnete, spannte sich vom mittelalterlichen Totentanz bis zu den Gedichten von Selma Meerbaum-Eisinger, die in Auschwitz vergast wurde. Wir begegneten also nicht nur dem individuellen Tod, der in vielfältigen Varianten erschien, wir begegneten auch dem kollektiven, dem ideologisch und industriell verordneten Tod. Wir begegneten Todesverlockungen und abschreckenden Vergewaltigungs- und Tötungs-Szenarien (Comte de Lautréamont), wir begegneten Mitleid und Indifferenz, höchster emotionaler Ergriffenheit und philosophischer Beruhigung oder gar Neutralisierung der Emotion.

Über allem leuchtete immer die Humanität des Komponisten Schubert. Und allen war klar, dass diese »Todesmusik«, diese fälschlich oder nicht fälschlich so benannte Musik vom »Tod und dem Mädchen«, eine ist, die leidenschaftlich Partei für das *Leben* ergreift, für eine gelebte Humanität, die allerdings gesellschaftlich noch immer nicht angekommen ist, für eine, die wir, wie Schubert, also weiterhin erwarten.

Dieter Schnebel

Klang und Emotion

Analytische Aspekte von Schuberts d-Moll-Quartett

»Der Tod und das Mädchen« – welch irreführender Titel, als ob es in dem durchkonstruierten, gleichwohl romantischen Werk darum ginge. Schubert wollte kaum ein Stück solchen Inhalts schreiben, hat es auch nicht so genannt, wie wenn es eine Tondichtung im Lisztschen Sinne wäre. Freilich wurden – wohl von geschäftstüchtigen Verlegern oder sentimentalen Liebhabern – auch anderen Stücken des Meisters solche unpassenden, teils dummen Etiketten angeheftet: »Forellenquintett«, »Rosamunde-Quartett«, »Wanderer-Fantasie«. Was hat die festliche, teils auch dunkle Serenade mit einer Forelle zu tun, was das groß dimensionierte, tief melancholische a-Moll-Streichquartett mit einer zauberhaften Rosamunde? Am ehesten mag der Titel bei der Wanderer-Fantasie passen.

Freilich hat Schubert, der gern Variationen schrieb, seine Themen oft seinem Vokalschaffen entnommen, vielleicht Lieblingsstücke, an denen er hing. In der Tat handelt es sich dabei stets um besonders gelungene Exemplare. Das sogenannte »Rosamunde«-Thema taucht bei ihm immer wieder auf: in einem Impromptu und in zwei Klaviersonaten. Manchmal aber haben die kommerziellen »Kenner und Liebhaber« zitierte Stücke entweder nicht gekannt oder nicht der Erwähnung wert befunden – etwa das wunderbare Lied »O du Entrissene mir« in der ergreifenden Violinfantasie.

Jedenfalls waren die verwendeten Liedfragmente für den Komponisten lediglich Materialien, die ihm zupass kamen; das Intervall e-c als Keimzelle des a-Moll-Quartetts, die monotone Choralpassage aus der Einleitung zum Lied »Der Tod und das Mädchen« als eine Art Leitmotiv im d-Moll-Quartett. Keinesfalls aber bilden sie die Inhalte der Werke. Freilich mag es sein, dass dem Komponisten bei der Arbeit auch die Texte durch den Kopf gingen. Aber was dabei in die Musik selbst einging, könnte indes nur in einer psychoanalytischen Studie ermittelt werden.

Schubert hat sein d-Moll-Streichquartett im März 1824 begonnen und im Januar 1826 vollendet. Unmittelbar davor (Februar-März 1824) hatte er ein Streichquartett in a-Moll komponiert – und ebenso das große Oktett. Die beiden Quartette sind ein Neubeginn in der Gattung, nachdem er in der Jugendzeit 1812–1816, im Alter von 12–18 Jahren, bereits 12 Quartette geschrieben hatte: Stücke eines Hochbegabten, indes noch im Stil Haydns und Mozarts. Die neuen Werke des 27-Jährigen standen im Zeichen der Beethovenerfahrung, strebten nach neuen Dimensionen – Vorarbeiten für Sinfonik. Das a-Moll-Stück war schon fast brucknerisch ausladend, aber insgesamt von einer traurigen Ruhe. Das folgende Werk in d-Moll – eine Beethoven-Tonart – sollte ein wildes Gegenstück werden. Die Reihe dieser Werke wurde später im G-Dur-Quartett und im C-Dur-Quintett fortgesetzt.

Paradigmatisch ein (Über-) Blick auf die Exposition des ersten Satzes von diesem d-Moll-Quartett: Der Satz beginnt – wie oft bei Schubert – quasi mit einer langsamen Einleitung. Zweimal ein langer, in sich gespannter Oktavklang ff, der in einer Triolenfigur gleichsam aufplatzt (T.1–4, Gedanke I). Dieses Motiv dann dreimal pp, wie mit angehaltenem Atem wiederholt (T.4–7), übergehend in einen fließenden, gleichwohl etwas monotonen Choral (der übrigens schon den langsamen Satz ahnen lässt). Nun Exposition eines heroischen Themas (Gedanke I b) in verquerer Chromatik unter Einbeziehung des Triolenmotivs, Rhythmus (T.15–24).

Durchführungsartige Fortspinnung, die in einem großen Crescendo zu einem Höhepunkt führt (T.24–41), der das Eingangssignal wieder aufnimmt (T.41–45); nochmalige durchführungsartige Fortspinnung (T.45–52) hin zu einer lyrischen Phase in F-Dur, pp (T.52–51), die man schon fast als zweites Thema wahrnimmt, dabei handelt es sich um eine bezaubernde Dur-Version des ersten Themas. Nach einer Generalpause erscheint dieses wirklich: terzenselig beschwingt über tänzerischen Bordunbässen (T.61–82), wenig harmonische Entwicklung, also eine statische Phase (Gedanke II). Dann der f-Einbruch einer wütenden 16tel-Figuration unter gleichzeitiger durchführungsartiger Verarbeitung des zweiten Themas. (In den 16teln steckt übrigens eine doppelte Diminution der Grundtöne des ersten Themas: z.B. f a g f statt d e f d; also eine Krebsumkehrung – was man kaum hört, aber vielleicht doch als untergründigen Zusammenhang wahrnimmt.) Diese Phase verebbt (T.83–101).

Und es erklingt nochmals das Seitenthema in A-Dur in gleichsam blumigem Gewand (A-Dur). Nochmals eine zweitaktige, brutale Unterbrechung durch die 16tel-Figuration im forte. Abermals eine neue Version des zweiten Themas: eingeleitet vom 16tel-Motiv über einem Orgelpunkt, expressive Sextakkord-Parallelen mit einem choralartigen Nachsatz (T.114–119). Wiederholung dieses Vorgangs mit Ausspinnung des Nachsatzes

(T.120–127), der für vier Takte quasi stehen bleibt über einem Septakkord von E-Dur, allerdings mit bittersüßen Dissonanzen: die Tonfolge gis-h-d-e-g-f-d-h kommt mehrmals in erstaunlichen rhythmischen Varianten, was nachher in der Durchführung eine dominante Rolle spielt (T.128–131). Eine konzentrierte Schlussgruppe aus dem 16tel-Motiv (= Konzentrat des ersten Themas) und dem Basismotiv des zweiten beschließt die Exposition (T.134–140). Eigentlich ist damit schon alles gesagt: Zwischen den prozesshaften Vorgängen des Hauptsatzes und des mehr statischen des Seitensatzes, zwischen waberndem d-Moll und licht scheinendem Dur gibt es viele Zwischenstufen. Schuberts variative Verwandlungskunst aber geht in Durchführung und Reprise weiter.

Der langsame Satz in g-Moll-Variationen über Material des Liedes »Der Tod und das Mädchen« ist verhalten monoton: jede Variation quasi eine anders getönte Klangfläche. Solcher Stillstand bzw. solche verschiedenen Stillstände bilden einen extremen Kontrast zu den wütenden Klangprozessen des ersten Satzes. Nur die dritte Variation bricht plötzlich in dessen Wildheit aus. Das Scherzo ist dann eine Art Fortsetzung des ersten Satzes, allerdings im 3er-Metrum, das Trio indes eine ätherische Insel. Das Finale, eine rasende Tarantella meist in gespenstischem pp, fügt dem Ganzen nochmals eine neue Klangart ein, bezieht sich freilich doch auf dessen Grundton: ein gezacktes d-Moll.

Also geschieht Schuberts variatives Komponieren teils in dynamischen Klangprozessen, teils in statischen Klangsphären, die immer neue Farben annehmen oder andere Räume symbolisieren. Solche Farblinien auch Liniengeflechte – Klangfolgen bzw. Klanginseln – aber bergen Emotionen, ja sind deren Form. Die Gefühle, die sie beinhalten aber rufen in uns Resonanzen hervor, gehen deshalb nahe – weshalb denn auch Schuberts Musik so besonders berührt. Nichtsdestoweniger sind die Emotionen in der Musik selbst nicht konkret, können aber so empfunden werden. So ließe sich in sein d-Moll-Quartett wohl auch die Geschichte vom Tod und dem Mädchen hineinlesen. Vielleicht hatte er bei seinem Komponieren auch selbst solche Assoziationen, zumal er wohl immer wieder den Tod kommen fühlte.

Abgesehen von der neuartigen Kompositionstechnik der Klanggestaltung schreibt Schubert doch auch motivisch-thematisch, arbeitet allerdings die Themen und Motive in die Klanggestaltung ein, ja sie werden ihr eher untergeordnet. So ist die Triolen-Motivik, die in mannigfachen Abwandlungen den ganzen ersten Satz konstruktiv durchzieht, auch im Andante und erst recht im Finale weitergeht, oft wie beiläufig – wie »unterbewusst«. Ähnliches gilt für die 16tel-Figuration. Auch die »übersingenden« Triolen oder Achtel-Kantilenen der ersten Geige im Andante, Scherzo-Trio und selbst noch im Finale, hier zumal in einer Zigeunermelodie (T.253f.), wirken trotz ihrer subkutanen, oft gar quasi Bachschen Motivik wie Improvisation, sind aber Teil der formalen Konstruktion.

So sehr Schubert hier Beethoven nacheiferte, letztlich kam es ihm auf motivische Arbeit nicht primär an. Wohl aber dachte er eben in Klangcharakteren. Immer wieder kommt in diesem Werk einprägsam verquere Chromatik vor. So zumal im ersten Thema des ersten Satzes, in der 3. Variation des Andante (T.73f.), im Durchführungsteil des Scherzos (T.23f.), und vor allem im Finale: T.77f., T.223f., T.242f., T.407f., T.600f. und schließlich T.727–738. So verschieden diese Passagen im Einzelnen sind, man nimmt sie doch als verwandt wahr und sie gliedern die Großform gleichsam leitmotivisch. In der Tat ist Schuberts Komponieren assoziativ. Jedesmal, wenn eine seiner bezaubernden lyrischen Passagen erscheint, sei es im Seitenthema des 1. Satzes, sei es in der Dur-Variation des Andante, im Trio des Scherzos oder in er sich aussingenden Melodik der Couplets im Finale, hat man den Eindruck, das so ähnlich schon einmal gehört zu haben und wirkt es wie Erinnerungen. Dies verdanken sie freilich auch der ländlichen Klanglichkeit dieser Stellen. Deren Nostalgie aber äußert Heimweh; oder – so in den melancholischen Phasen etwa des Andante – wehe Sehnsucht nach einem Anderen – nach Transzendenz, nach Erlösung?

Eva-Maria Houben

Das Alte ist vergangen ...

Franz Schubert: Der Doppelgänger D 957, No. 13 (1828)

Eine erste Annäherung

Es könnte passieren, dass ich den Konzert-, Vortrags-, Aufführungsabend anders verlasse, als ich gekommen bin: als ein Anderer, eine Andere. Eine bestimmte Komposition, eine Klangverbindung, eine »schöne Stelle« (Adorno) könnte mich so ansprechen, so berühren, dass nach dem Hören etwas / alles anders ist; dass sich vielleicht auch mein Hören verändert hat; dass ich nicht mehr so weitermachen oder weiterhören könnte / müsste / wollte wie bisher.

Verweist die mögliche Frage nach einem »neuen Anfang« im Umkehrschluss auf die Frage: Wer sich auf Hören einlässt, riskiert, anders, jemand anderes zu werden? – Liefere ich mich beim Hören aus? Denn offenbar kann der einzelne Hörer nicht darüber befinden, ob, an welcher Stelle, wie er angesprochen wird. Hören scheint einem auch zu »passieren«.

Hinzu kommt: Die Möglichkeit von »Anders-Werden«, von »Jemand-Anders-Werden«, scheint Alltagserfahrung und künstlerisch-ästhetische Erfahrung miteinander zu verbinden.

Seinem Doppelgänger begegnet man selten, vielleicht nur ein einziges Mal im Leben – vielleicht niemals.

Die Möglichkeit, anders, jemand anderes zu werden, liegt beim Lied *Der Doppelgänger* von Franz Schubert nach einem Gedicht von Heinrich Heine im musikalischen Material selbst beschlossen. Die Klänge und Klangverbindungen sind selbst das, wovon der Text Heines handelt: Sie erschaffen eine eigene Wirklichkeit, neben der Alltags-Realität des Hörers und neben der Ebene des Gedichttextes, der seine eigene Wirklichkeit entwickelt; sie wirken, und das scheint in Bezug auf dieses Lied weiterführend zu sein, selbst als Material, dem etwas widerfährt, das etwas durcmacht. Klänge, so lässt sich erfahren, können etwas tun, Klänge können etwas erleiden.

Franz Schubert, Der Doppelgänger, aus: Franz Schubert, Gesänge für eine Singstimme mit Klavierbegleitung. Nach den ersten Drucken revidiert (Friedlaender). Band I. Ausgabe für hohe Stimme, © Peters (Frankfurt o.J.), 164–165.

165
und ringt die Hän-de vor Schmer-zens-ge-walt; mir graust es,
decresc.
wenn ich sein Ant-litz se-he der Mond zeigt mir mei-ne eig-ne Ge-stalt.
cresc.
Du Dop-pel-gän-ger, du blei-cher Ge-sel-le! was äffst du nach mein
decresc.
acce - lerando
cresc.
Lie-bes-leid, das mich gequält auf die-ser Stel-le so man-che Nacht, in
al - ter Zeit?
Edition Peters
9023

Es ist also nicht nur die Rede von einem möglichen Anders-Werden, von einem Zusammenprall von alter, vergangener Zeit und Jetzt-Zeit; vielmehr zeigen die Klänge und Klangverbindungen im Vollzug der Auf- und Ausführung, beim Auftauchen und Verschwinden musikalischen Übergang: Wandel, Verwandlung. Zu hören ist, »wie die Zeit vergeht«[1] – und zwar als musikalische Zeit im konkreten Aufführungsprozess. Der Hörer kann sich in ein Geschehen ziehen lassen, dessen Ausgang ungewiss ist und das die Möglichkeit von Veränderung mit sich führt.

Heinrich Heines Gedicht[2]*:*

Still ist die Nacht, es ruhen die Gassen,
In diesem Hause wohnte mein Schatz;
Sie hat schon längst die Stadt verlassen,
Doch steht noch das Haus auf demselben Platz.

Da steht auch ein Mensch und starrt in die Höhe,
Und ringt die Hände, vor Schmerzensgewalt;
Mir graust es, wenn ich sein Antlitz sehe, –
Der Mond zeigt mir meine eigne Gestalt.

Du Doppeltgänger! du bleicher Geselle!
Was äffst du nach mein Liebesleid,
Das mich gequält auf dieser Stelle,
So manche Nacht, in alter Zeit?

»Die Wortvariante Doppeltgänger *ist laut Grimm in der älteren deutschen Literatur verbreitet und auch bei E.T.A. Hoffmann belegt«.* Der Kommentar verweist auf die Tradition des Doppelgänger-Motivs in der Literatur, nennt E.T.A. Hoffmann als wahrscheinlichen Impulsgeber für die Entlehnung des

---

[1] Formulierung nach Karlheinz Stockhausen, »... wie die Zeit vergeht ...«, in: Ders., Texte zur elektronischen und instrumentalen Musik. Bd. 1. Aufsätze 1952–1962 zur Theorie des Komponierens. Mit einem Nachwort versehen v. Dieter Schnebel (Hg.), (DuMont Dokumente) Köln 1963, 99–139.

[2] Nr. XX. im zusammenhängenden Zyklus, aus: Die Heimkehr. 1823–1824; ohne eigene Überschrift. Heinrich Heine, Sämtliche Werke. Düsseldorfer Ausgabe. Historisch-kritische Gesamtausgabe der Werke, Manfred Windfuhr (Hg.). Bd. I/1. Buch der Lieder. Text, bearb. v. Pierre Grappin, Hamburg 1975, 205–333, hier 231.

Motivs.[3] Tatsächlich ist das Doppelgänger-Motiv als literarisches Motiv in unterschiedlichen Epochen beliebt und bekannt – bereits seit der Antike. Auch in der englischen Literatur taucht das Motiv häufig auf, u.a. bei William Shakespeare. In der deutschen Romantik ist es vor allem E.T.A. Hoffmann, der sich wiederholt und intensiv mit dem Doppelgänger literarisch auseinandersetzt: im Doppelgängertum, das nicht selten dämonische und spukhafte Züge trägt, wird die Ich-Spaltung eines Menschen, seine innere Zerrissenheit sichtbar.[4] Oliver Fürbeth hebt in seiner Analyse des Liedes vor allem das mythische Element des Doppelgänger-Motivs hervor – mit dem Hinweis auf die volkstümliche Vorstellung vom Doppelgänger als Todesboten: »Richtet musikalische Hermeneutik ihren Blick auf Schuberts spätes Heine-Lied ›Der Doppelgänger‹, so muss [...] das Verhältnis zum Tod thematisch werden.«[5]

Das Gedicht von Heinrich Heine aus dem *Buch der Lieder* stellt Unveränderliches und Veränderliches, Vergangenheit und gegenwärtiges Erleben, alte Geschichten und Jetzt-Zeit einander unversöhnlich gegenüber. Der Schmerz, aber auch die Notwendigkeit von Abschied, der immer auch ein Ein-Schnitt ist, werden thematisiert. Die Stadt, der Platz, das Haus haben die Zeit überdauert, als sei nichts geschehen; aber zwischen dem Damals und der Jetzt-Zeit liegen mittlerweile Welten. Ein auf den ersten Blick friedvoller Zustand (»Still ist die Nacht, es ruhen die Gassen«) erweist sich als unheilvoll, denn es kommt zur Konfrontation mit geschichtsträchtigen Orten, die mit schweren Erinnerungen behaftet sind (»In diesem Hause wohnte mein Schatz; Sie hat schon längst die Stadt verlassen, Doch steht noch das Haus auf demselben Platz.«). Eine Trennung hat sich vollzogen, auf die jetzt, in der Stille und Ruhe der nächtlichen Stadt, verwiesen wird durch die Gestalt des Doppelgängers, der das vergangene Leid in »nachäffender« Weise neu vor Augen führt.

Im Leseprozess bzw. beim Vorlesen oder Rezitieren des Gedichts findet eine Entwicklung statt: Der Leser resp. der Hörer des Gedichts wird Zeuge eines Erkenntnisprozesses. Es wird deutlich (spätestens in der dritten

---

[3] HEINRICH HEINE, Sämtliche Werke. Düsseldorfer Ausgabe. Historisch-kritische Gesamtausgabe der Werke, MANFRED WINDFUHR (Hg.). Bd. I/2. Buch der Lieder. Apparat, bearb. v. PIERRE GRAPPIN, Hamburg 1975, 904–905, hier die Kursiv-Schreibung.

[4] Vgl. ELISABETH FRENZEL, Motive der Weltliteratur. Ein Lexikon dichtungsgeschichtlicher Längsschnitte (Kröners Taschenausgabe 301), Stuttgart 1976, 94–114.

[5] OLIVER FÜRBETH, Schuberts »Doppelgänger«, in: HEINZ-KLAUS METZGER / RAINER RIEHN (Hgg.), Musik-Konzepte 97/98. Franz Schubert. »Todesmusik«, München 1997, 66–74, hier 73.

Strophe), dass der Doppelgänger, der dort die Hände ringt und sich vor Schmerz verzehrt, nicht in die Jetzt-Zeit passt, hier wie ein Fremdkörper auftritt. Sein Leid ist ein »Nachäffen«, eine bloße Imitation des einstigen wahren Leides. Dieses hatte allerdings seinen Platz, wohl auch an diesem Ort, aber »in alter Zeit«. Der Doppelgänger repräsentiert die quälende Erinnerung, die den jetzt Lebenden nicht loszulassen scheint, die von ihm Besitz zu ergreifen droht. Vergangenes gelebtes Leben damals und Lebendigkeit jetzt treten in ein Spannungsverhältnis, eine scheinbar unversöhnliche Konstellation von »Damals« zu »Jetzt« scheint sich aufzutun. Von der Lösung dieser Spannung bzw. von der Unmöglichkeit, eine Lösung herbeizuführen, hängt die Zukunft, hängt das Leben ab.

Solches erfährt, solches erkennt der hier Sprechende, der sich selbst wie im Spiegel sieht. Lässt sich von einer Art Katharsis sprechen, die ihm hier zugemutet wird? Hält das Gedicht ein Angebot bereit? – tempi passati? Die Worte »in alter Zeit« sind die letzten des Gedichts; Leser bzw. Hörer mögen innerlich fortsetzen oder fortfragen: Und jetzt? Eine Befreiung wird noch nicht vollzogen, vielleicht aber offengestellt – zuletzt durch die Frage, mit der das Gedicht schließt: »So manche Nacht, in alter Zeit? *aus der Distanz entsteht am Ende die selbstparodistische Pointe.*«[6]

Schuberts Lied *Der Doppelgänger* entstammt dem *Schwanengesang*, welcher Lieder nach sieben Gedichten von Ludwig Rellstab, sechs Gedichten von Heinrich Heine und einem Gedicht von Johann Gabriel Seidl vereint: eine heterogene Sammlung, von Walther Dürr unter den Titel »Dreizehn Lieder nach Gedichten von Rellstab und Heine (D 957) (postum erschienen unter dem Titel *Schwanengesang*)« gefasst.[7] Johann Gabriel Seidls Lied *Die Taubenpost* mag auf den ersten Blick aus dieser Sammlung herausfallen. Wie Dürr näher ausführt, betrachtete Schubert die Rellstab- und die Heine-Lieder als zwei Liedergruppen: »Freilich zweifelte er offensichtlich an der Möglichkeit, die beiden Liedergruppen gemeinsam herauszubringen: Am 2. Oktober 1828 bot er die sechs Heine-Lieder separat dem Leipziger Verleger Probst an. Zu einer Vereinbarung aber kam es nicht mehr. Wenige Wochen nach Schuberts Tod, am 17. Dezember 1828, schloss dann Ferdinand Schubert, der den Nachlass seines Bruders verwaltete, einen Vertrag mit dem Wiener Verleger Tobias Haslinger; er überließ ihm das Liederheft, dem er inzwischen wohl selbst *Die Taubenpost* hinzugefügt hatte. In dem

---

[6] HEINE, Sämtliche Werke. Bd. I/2 Apparat, 905.

[7] WALTER DÜRR / ARNOLD FEIL, Franz Schubert. Musikführer, Leipzig 2002, 154.

Subskriptionsaufruf des Verlegers erscheinen die nunmehr vierzehn Lieder zum erstenmal als »Schwanen-Gesang«; der Titel sollte jedoch keinen Zyklus bezeichnen, sondern lediglich deutlich machen, dass es sich um Schuberts letzte Lieder handelte.[8]

Außer dem Doppelgänger-Gedicht wählte Schubert aus Heines Gedichtsammlung *Die Heimkehr* für die Vertonung die Gedichte *Der Atlas*, *Ihr Bild*, *Das Fischermädchen*, *Die Stadt* und *Am Meer* aus; die Titel erscheinen in Heines Gedichtsammlung nicht.

Ein zweiter Zugang

Greift Schuberts Lied diese offene Frage (»Und jetzt?«) auf? Zeichnet das Lied diesen Erkenntnisprozess auf eigene, andere Weise nach, öffnet es eine Erkenntnismöglichkeit auf eigene, andere Weise?

Schuberts Lied vermittelt den Eindruck einer paradoxen Verschränkung von Stillstand und Fortschreitung, von Innehalten/Verweilen und Weitergehen, von Zuständlichkeit und Prozesshaftigkeit. Die Ostinato-Bewegung in der Klavierstimme scheint auf der Stelle zu treten, die Klänge laufen in sich selbst zurück; zugleich treiben die Kadenzverläufe, die sich fast auf ein entleertes Tonika-Dominant-Pendel beschränken, immer weiter. Es scheint keine Ruhe zu geben, ständig öffnen Dominantklänge neu – doch: wohin wird geöffnet? Zu hören ist Ostinato-Bewegung als Kreisgang. Öffnung und Ausblick oder Ausbruch scheinen unmöglich zu sein angesichts eines ständig auf sich selbst zurückfallenden Strebens; die Bewegung, die potentiell unendlichen Fortlauf birgt, zeigt sich als manisches Kreisen um sich selbst (vgl. Abbildung, Takt 1–8).

Die Tatsache, dass sich eine ähnliche Ostinato-Bewegung im *Agnus Dei* aus Schuberts *Messe Es-Dur* für Soli, Chor und Orchester (D 950), aus demselben Jahr (1828) wie das Lied, nachweisen lässt, liefert den Anstoß zu Werner Thomas' Mutmaßung, das *Agnus Dei* könne als »Entschlüsselung« für die Ostinato-Bewegung aufgefasst werden.[9]

Ist die Kenntnis des *Agnus Dei* aus der Messe notwendig, um das Lied in seinem semantischen Bezugsfeld angemessen zu interpretieren? Gibt es klangliche und strukturelle Phänomene im Lied selbst, die es ermöglichen, im musikalischen Material Analogien zu existentiellen Themen (wie Abschied, Tod, Anfang, Aufbruch, Verschwinden und Erscheinen) aufzuspü-

---

[8] Ebd., 155.

[9] Werner Thomas, »Der Doppelgänger« von Franz Schubert, in: Archiv für Musikwissenschaft 11 (1954), 363–383.

ren? Die zweite Frage kann ich nur stellen, wenn ich voraussetze, dass Musik eigene Wirklichkeiten zu erschaffen in der Lage ist.

Analytische Bemerkungen

Ich möchte mich bei den folgenden analytischen Bemerkungen zum Lied auf drei Aspekte beschränken: 1. Kadenzvorgänge und die mit ihnen verbundene »Atemdramaturgie«; 2. Historische Positionsbestimmung; 3. Übergang und Zäsurbildung im weitesten Sinne.

1. Kadenzvorgänge und »Atemdramaturgie«

Die Kadenzvorgänge im Lied erinnern an ein fortgesetztes Aus – Ein, Hin – Her, Auf – Ab: Die ersten vier Takte, die dann prägend werden für die nachfolgenden Vordersätze der Ostinatobewegung, präsentieren eine beschädigte Kadenz, deren Klänge unvollständig bzw. mit Terzverdopplungen, noch dazu in ungünstigen Lagen, erscheinen. Diese Demontage der Kadenzklänge in ihrer vertikalen Struktur geht einher mit einer ersten Vorstellung der in der Diskant- und Bass-Stimme unisono erscheinenden Tonfolge h – ais – d – cis, welche sich als Ostinato erweisen wird. Die Kadenz öffnet sich nach dem vierten Klang (Dominantspannung, aber ohne Leitton ais): und der Zielklang verweigert sich als Ruhepunkt, er ist erster Klang der nächsten Bewegung – eine potentiell unabschließbare Kreisbewegung hebt an.

Kadenzvorgänge und Vorgänge klassischer Satz- und Periodenbildung lassen sich, analog zu Atmungsvorgängen und Bogenstrichen (Streicherbewegungen) in zeitgenössischer Musik (z.B. in Kompositionen von Helmut Lachenmann, Heinz Holliger u.a.), durchaus als eine Bewegung von Auf und Ab, als Atmungsprozesse, als Wechsel von Ein- und Ausatmen, von Öffnen und Schließen, von Anspannung und Entspannung hören.[10] Wolfgang Rüdiger schreibt zu solchen Hörmöglichkeiten: »So wie jedes lösende Ausatmen kadenziellen Charakter besitzt, so kann jede (Dur-)Kadenz mit ihrem doppelten Quintfall als musikalisches Ein- und Ausatmen verstanden werden, jede Steigerung der Dominantspannung als gesteigertes Einatmen, jede musikalische Form als weitgespannte Atem-Dramaturgie.«[11]

---

[10] Vgl. EVA-MARIA HOUBEN, Alte Musik mit neuen Ohren. Schubert – Bruckner – Wagner – ..., Saarbrücken 2000; hier vor allem das Kapitel Ausatmen/Einatmen, 86–115.

[11] WOLFGANG RÜDIGER, Improvisationen mit Atem und Stimme, in: Musik und Bildung 30 (89), 1998, Heft 3, 45–48, hier 45. Vgl. auch DERS., Der musikalische Atem. Atem-

Eine regelrechte »Atem-Dramaturgie« innerhalb des Klaviersatzes lässt sich auch aus Schuberts Lied heraushören. Das Klavier atmet mit der Kadenzbewegung – so desolat diese auch sei – aus und ein, wie ein eigener Organismus. Daneben verlaufen die Atembögen der Stimme, die während der ersten Strophe kaum den Ton *fis*^{1} verlässt, der im Klavier fast ständig präsent ist. Der Stimmverlauf der Singstimme in dieser ersten Strophe (Takt 5–22) ist stockend und kurzatmig, die Phrasen von Pause zu Pause sind eng und klein. Während der ersten Strophe scheint die Stimme unabhängig vom Klavier gegliedert zu sein:[12] »Sie ist auftaktig und scheint im 2/4-Takt zu stehen« – nicht, wie die Klavierstimme, im 3/4-Takt.

Für die Analyse der »Dramaturgie« des Klavier-Atems bietet es sich an, zusätzlich auf Dieter Schnebels Darstellung zum vielgestaltigen Verhältnis von periodischen und aperiodischen Strukturen in Schuberts Kompositionen zurückzugreifen: Im Wechsel von regelmäßig und unregelmäßig strukturierten Verläufen, im Verhältnis von periodisch und aperiodisch gegliederten Phrasen artikuliere sich, so Schnebel, Zeit als Stockung, als Stau, als Stillstand, aber auch als Dehnung, als freie und ausgelassene Bewegung. Schnebel spricht von einer Strukturierung von musikalischen Verläufen, »in denen die Zeit fast unmittelbares Leben gewinnt«[13], und setzt eine solche »direkte« Gestaltung von Zeit als innovatives und für die neuere Musik wegweisendes Verfahren etwa von Beethovens Kompositionsweise ab, in der Zeit »vermittelt« in Erscheinung trete, »als Geschichte musikalischer Gestalten«.[14]

Der Vordersatz des Ostinatos in den ersten vier Takten des Liedes, noch ohne Gesang, zeigt das soeben erwähnte Kadenzgeschehen. Und nun folgen Ostinati, die sich als achttaktige Phrasen, in Vordersatz und Nach-

schulung und Ausdrucksgestaltung in der Musik. Mit Texten von Heinz Holliger / Nikolaus A. Huber (Wege. Musikpädagogische Schriftenreihe 7), Aarau 1995.

[12] Marie-Agnes Dittrich, »Für Menschenohren sind es Harmonien«. Die Lieder, in: Walther Dürr / Andreas Krause (Hg.), Schubert Handbuch, Kassel und Stuttgart 1997, 141–267, hier 263.

[13] Dieter Schnebel, Klangräume – Zeitklänge. Zweiter Versuch über Schubert, in: Heinz-Klaus Metzger / Rainer Riehn (Hgg.), Musik-Konzepte. Sonderband Franz Schubert, München 1979, 89–106, hier 98.

[14] Dieter Schnebel, Auf der Suche nach der befreiten Zeit. Erster Versuch über Schubert, in: Heinz-Klaus Metzger / Rainer Riehn (Hgg.), Musik-Konzepte. Sonderband Franz Schubert, München 1979, 69–88, hier 82.

satz gegliedert, auffassen lassen[15] (wobei dann allerdings die echoartige Reminiszenz in den Takten 13–14 – ein Nachsinnen der Klavierstimme als Antwort auf die Singstimme – wenig gewertet wird) – oder als »zehntaktige, unsymmetrische Klangfolge«, die mehrfach wiederholt wird und später verkürzt erscheint.[16] Ich möchte im Folgenden von einem Ostinato mit Vorder- und Nachsatz sprechen, das auf verschiedene Weise beschlossen wird, von daher von unterschiedlicher Länge sein kann und das – im Sinne der Ausführungen Schnebels zur periodischen und aperiodischen Gestaltung von Zeitverläufen in Kompositionen Schuberts – auf diese Weise unterschiedliche Formen von Gehen und Stehen, Weitermachen und Verweilen, Vorwärtstreiben und Zurückhalten ausprägt. Beim ersten Auftreten des Ostinatos in Verbindung mit der Singstimme (ab Takt 5) werden die ersten vier Takte als Vordersatz übernommen; der Nachsatz nimmt die Bewegung auf, variiert aber das Kadenzgeschehen durch Einbeziehung der Tonikaparallele und schließt offen mit einem Halbschluss auf der Dominante (mit Leitton und Septime, die Dominantwirkung ist also ausgeprägt, weit mehr als im vierten Takt, da der Leitton fehlte) (Takt 11–12). Hier könnte sich das nächste Ostinato anschließen; stattdessen erfolgt eine Dehnung: Der Dominantklang wird echoartig wiederholt (Takt 13–14), wobei der Klang in der linken Hand liegen bleibt. Bei der Wiederholung wird die Umspielungsfigur der Stimme (Takt 10/11) aufgegriffen, es ist also hier eine Reminiszenz (»in diesem Hause«) zu hören – beim Stehenbleiben und Nachsinnen, Nachhören, bei der Erinnerung angesichts des scheinbar von der Zeit unberührt Gebliebenen. Die Uhr wird für einen Augenblick angehalten, Zeitverlauf gerät durch die Dehnung, die echoartige Wiederholung, ins Stocken. Aber nicht lange währt dieser Zustand, die harmonische Spannung treibt vorwärts; es kommt zu einem Konflikt zwischen Verweilen und Vorwärtstreiben. Vielleicht ist dies der Grund, warum es – bis auf die Fermate über dem Schlussklang – im Lied keine Fermate gibt: Im Verweilen drängt es bereits weiter, jeder Ruhepunkt ist voller Unruhe. Es folgt ein analoges Kadenzgeschehen: das achttaktige Ostinato wird von der zweitaktigen Reminiszenz (diesmal mit Bezug auf den Doppelschlag in der Singstimme bei den Worten »auf demselben Platz«, Takt 21) beschlossen. Damit schließt der Vortrag der ersten Liedstrophe.

---

[15] Von einem »achttaktigen Ostinato [...], der viermal als Ganzes erklingt«, spricht THOMAS, »Der Doppelgänger« von Franz Schubert, 364.

[16] SCHNEBEL, Auf der Suche nach der befreiten Zeit, 72.

Die zweite Strophe lässt die Singstimme zunehmend steigen – bis hin zum Schrei auf dem Wort »Gestalt« (Takt 41). Der Ambitus weitet sich. Es gibt keine Verzierungsfiguren mehr wie in der ersten Strophe, denen die Klavierstimme nachsinnen könnte. Und zu den Worten »der Mond zeigt mir meine eigne Gestalt« hat sich die Stimme im Metrum an das Klavier angepasst: Sie fügt sich in das 3/4-Metrum ein. Die zweite Strophe bringt für die Klavierstimme entsprechend Verkürzungen der Ostinatobewegung. Der Vordersatz wird wohl zunächst unverändert übernommen, der Nachsatz allerdings verändert sich, da auf die Reminiszenz verzichtet wird: Das Geschehen wird so, ohne zweitaktige Insel zum Verweilen in Unruhe, zunehmend atemloser (Takt 29–33). Ein Komponieren mit »Zeitlängen«, wie Schnebel es treffend beschrieben hat: Zwei Takte Reminszenz werden aufgegeben, dafür verlängert sich der Nachsatz um einen Takt (Takt 33). Die Dynamik steigert sich ins Forte fortissimo – und in abermals geschärfter Dominantspannung (nunmehr bei beibehaltener Septime und zusätzlich tiefalterierter Quinte) verklingt der Nachsatz. Im Vergleich zu einem symmetrisch aufgebauten achttaktigen Paar von Vorder- und Nachsatz weist das Ostinato nun einen »überzähligen« Takt auf, wobei die Reminiszenz fehlt. Im Sinne der »Atemdramaturgie« formuliert: Die Atmung ist beschleunigt. Der Hinweis »decrescendo«, den letzten Klang betreffend (Takt 33), bezeichnet einen natürlichen Ausschwingvorgang, dem jedoch nicht stattgegeben wird; dem Klang wird nicht seine Zeit zum Verklingen gelassen, es geht gedrängt (im Verklingen, im Verschwinden) weiter. Zum ersten Mal hebt dann (in der zweiten Strophenhälfte der zweiten Strophe: »mir graust es«) die Ostinatobewegung mit einem vollständigen Tonika-Akkord an, die Terz erscheint. Der Ausklang des Nachsatzes wird noch einmal verschärft, die Dehnung des Nachsatzes um einen Takt bleibt allerdings bestehen: Der verhallende (oder besser: der am gänzlichen Verhallen durchs vorzeitige Weitergehen gehinderte) Dominantklang, der den Nachsatz beschließt, nimmt jetzt auch die None auf, ist zum Dominant-Sept-Nonenklang (ohne Grundton, mit tiefalterierter Quinte) geworden (Takt 41/42). Die Strebetendenzen haben sich bis hierher mehr und mehr verschärft, die Stimme nimmt die None g auf (beim Wort »Gestalt«, Takt 41) – und formt im Verein mit der Klavierstimme einen Schrei, dem wiederum nicht, etwa unter einer Fermate, Zeit gelassen wird zu verhallen. An dieser Stelle wird auch die gleichförmige Wiederkehr des Tones »fis« aufgebrochen: eine Stelle erster Selbsterkenntnis.

Bekannt sind vergleichbare Stellen eines instrumentalen Schreis z.B. aus dem Adagio der *9. Symphonie* von Anton Bruckner: Hier mündet das Klanggeschehen nach der letzten Entwicklung in einen Tredezimenklang, der in der anschließenden Generalpause verhallt. Ein Augenblick der

Sprachlosigkeit und Atemlosigkeit![17] Aber solch ein Augenblick ist hier im Lied, nach Abschluss der zweiten Strophe, noch nicht gekommen. Ein Ausströmen wird weiterhin verwehrt: Es geht wiederum weiter, in die dritte und letzte Strophe hinein. Die Singstimme scheint zunächst auf den Rezitationston »fis« zurückzufallen (Takt 43ff.), der Ambitus, der sich zwischenzeitlich geweitet hatte, verengt sich. Und an dieser Stelle gerät die Ostinato-Bewegung im Klavier aus den Fugen. Sie gibt sogar ihre Gliederung auf. Denn in einer chromatischen Schraub-Bewegung aufwärts, bei der das Klavier weiterhin an dem bisher fast konstant beibehaltenen Ton »fis« festhält, während die Singstimme diesen Ton nahezu stereotyp wiederholt, wird ein satter dis-Moll-Klang erreicht, der durch die nachfolgende Dominante Ais-Dur als Ergebnis eines Modulationsvorganges deklariert wird – wobei unklar bleibt, ob dieser dis-Moll-Klang (Takt 47) Abschluss eines wie auch immer gearteten Vordersatzes oder Beginn eines Nachsatzes, bestehend aus einem Kadenz-Pendel, ist. Sehr wohl lassen sich auch alle neun Takte (Takt 43–51), bestehend aus dem chromatischen Aufstieg und der Kadenzfolge, als zusammenhängende Phrase hören. Die Kadenzfolge dis-Moll – Ais-Dur – dis-Moll – Ais-Dur (als Folge T – D – T – D) (Takt 47–50) präsentiert vollgriffige Klänge mit korrekten Leittonführungen (cisis–dis). Kadenzgeschehen wird hier, nach der aufsteigenden chromatischen Bewegung, insistierend vorgeführt, regelrecht demonstriert, erstmalig in vollen und starken Akkorden, deren Grundtöne im Bass liegen. Die stereotype Wiederkehr des Tones »fis« wird durch den Kadenzvorgang aufgebrochen (Takt 48, 50), auch die Singstimme überwindet ihr Kreisen um den »Rezitationston« »fis«. Es ist, als werde das Aus und Ein des Kadenz-Atmens im Klavier an dieser Stelle auf die Spitze getrieben, als finde ein »Exorzismus«[18] statt. Das Material wird auf seine Strebetendenzen hin »ausgeklopft«, hochnotpeinlich befragt: Wie steht es um die Leittönigkeit? Wer »A« sagt, muss auch »B« sagen. Ist das wirklich so? Der letzte Dominantklang Ais-Dur (Takt 50) führt eben nicht wieder nach dis-Moll; der Leitton cisis wird enharmonisch (nach d) umgedeutet, und ein Klang mit neuer doppelter Strebetendenz – ebenfalls ohne den manischen Rezitationston (Takt 51) – führt (als Doppeldominante) zur Dominante mit Quartsextvorhalt, die dann zum Dominantseptakkord übergeht (Takt 52–55). Ein Aufbruch, ein Ausbruch aus manischem Kreisen, ein Durchbrechen der

---

[17] Vgl. HOUBEN, Alte Musik mit neuen Ohren, 27–49.

[18] Begriff nach HELMUT LACHENMANN, Fragen – Antworten. Gespräch mit HEINZ-KLAUS METZGER, in: DERS., Musik als existentielle Erfahrung. Schriften 1966–1995. Mit einem Vorwort versehen v. JOSEF HÄUSLER (Hg.), Wiesbaden 1996, 191–204, hier 199.

Repetition des Tones »fis« wurden erzielt: Nunmehr wäre also die alte Ostinato-Situation mit Vordersatz- und Nachsatzfolge wiederhergestellt. Die Singstimme findet zum ersten Mal zu einem frei ausströmenden Melisma – zu den Worten »in alter Zeit«.

Oliver Fürbeth stellt den Einbruch der Mediant-Region, die Modulation in die terzverwandte Tonart dis-Moll (»die Peripetie des Taktes 47«[19]) in das Zentrum seiner Analyse: Zum ersten Mal ist stabiles Kadenzgeschehen mit Grundtönen und vollgriffigen Akkorden zu hören, das Kadenzieren wird gleichsam durchexerziert; hinzu kommt, dass erst jetzt »der Eindruck eines richtigen Singens« entstehen kann: »das lyrische Ich wird bis zum Takt 46 (also bis einschließlich des ersten Verses der letzten Strophe) von den Bildern und der Vision förmlich übermannt, ist jenen ausgeliefert (bezeichnend ist das Verschlagen der Sprache [»eigne Gestalt«]; dann (Takt 47 ff.) macht es schließlich mit nun klarem Bewusstsein und starkem Willen sich selbst zum Herrn der Situation, bezwingt sie: zuerst in der Form der (gleichsam aufbegehrenden) Anklage (»was äffst du nach mein Liebesleid«) – und abschließend wird das Liebesleid – sich befreiend – in die Vergangenheit relegiert (»[...] so manche Nacht, in alter Zeit?«), also als nicht mehr aktuell gekennzeichnet und damit der ganze visionäre Kontext aufgelöst.«[20] Die Rückführung des Geschehens aus der Mediantregion zurück (Takt 51) ereignet sich im wahrsten Sinne des Wortes »schlagartig«: »Die Vermittlung der beiden tonalen Ebenen [...] (Mediante und Grundtonart) gerät unglaublich lakonisch, wird bloß durch einen einzigen brutalen (»fff«!) Akkord (Takt 51), die hartverminderte Doppeldominantfunktion [...] geleistet.«[21] Die Ostinatobewegung, die jetzt, nach der Frage der Singstimme und nach diesen einschneidenden Ereignissen, erneut anhebt (Takt 56), führt wiederum weiter. Eine entscheidende Veränderung ist im vierten und letzten Takt des Vordersatzes zu hören: Abwandlung der Klangfolge h – ais – d – cis in h – ais – d – c; Erscheinen des Neapolitaners (Takt 59). Diese Mutation wirkt wie ein Schock. Das Kadenzgeschehen weitet sich um den subdominantischen Bereich; die Tonika wandelt sich zu Beginn des Nachsatzes in die Zwischendominante zur Subdominante, stellt die Tonikalität des Liedes selbst zur Disposition. Ähnlich – mit der Tonika als Zwischendominante zur Subdominante – beginnt Beethovens *Erste Symphonie* C-Dur op. 21: Schubert stellt eine vergleichbare Harmonik an den

---

[19] FÜRBETH, Schuberts »Doppelgänger«, 66.

[20] Ebd., 71.

[21] Ebd., 73.

Schluss einer Komposition, sprengt damit den harmonischen Raum eines bis dato in sich geschlossenen Werks auf, öffnet – ja, wohin eigentlich?

Die letzten vier Takte beleuchten die Subdominante, indem die Tonika Zwischendominante zur Subdominante wird. Gleichwohl wirkt auch der Schlussklang als Schluss, als ein Schluss freilich, der seltsam in der Schwebe bleibt. Die Dur-Terz ist kaum als picardische Terz zu benennen, sie ist mehr und anderes noch als eine Aufhellung, wie sie es üblicherweise bei einer Komposition in einer Moll-Tonart im Schlussklang sein kann. Der Dominantcharakter eignet dem Schlussklang weiterhin, der beides ist: Abschluss eines atemberaubenden Geschehens, das (vorerst?) zur Ruhe gekommen ist, und Öffnung auf ein Weiteres, das aber jetzt Zeit hat, dem Zeit gelassen werden kann, das nicht mehr drängt und nicht mehr bedrängt.

Noch einmal zurück zur Wendestelle vor dieser abschließenden Ostinatobewegung (Takt 51) und dann zur allmählichen Ausformung eines Dominantklangs bei den Worten »so manche Nacht, in alter Zeit«: Die Dominante wird hier überproportional lange gehalten, sie wird über vier Takte gedehnt. Dies lässt den Schluss zu, dass diese Takte nach der schlagartigen Rückführung aus der Mediante zurück zur Tonika (Takt 52–55) ein Relikt der alten Dehnung (zu Anfang die Erweiterung um zwei Takte durch die Reminiszenz, später die Dehnung um einen Takt beim Verklingen des Dominantklanges) darstellen; die Vorhalte zögern das, was jetzt kommen soll, hinaus, halten hin. Und gerade an dieser Stelle findet die Singstimme zum melismatischen Ausfließen, zum Gesang (Takt 52–56). Sie überwindet Tonrepetition und Schrei. Der Schluss des Liedes, der letzte Klang, setzt diese Tendenz des Zögerns und Schweigens fort; hält hin; setzt fort, obgleich er schließt: lädt zum Weiterhören ein. Das Lied öffnet neu. Es geht weiter, über den Schluss hinaus, lädt zum Weiterhören ein – auch und gerade dann, wenn nichts mehr zu hören ist.

2. Historische Positionsbestimmung

An die Partitur werden Fragen gestellt: Was weißt Du von Geschichte? Wo ist Deine historische Position? – Deine Stelle im Koordinatensystem der Geschichte?

Die Veranstaltung »Neue Musik in der Kirche, Interdisziplinäre Tage für Neue Musik und Theologie«, Kassel, vom 11. bis 14.6.1998, waren dem Motto aus 2. Korinther 5, 17 gewidmet: »darum ist jemand in Christo, so ist er eine neue Kreatur; das Alte ist vergangen, siehe, es ist alles neu geworden.« Der Komponist Hans-Joachim Hespos leistete zusammen mit dem Perkussionisten Matthias Kaul einen Beitrag, eine Probe seiner Komposition *casseroles for tinpanny bass & tenor (1966)*: »vergangenheiten haben keine zukunft.«[22] Dieser viel zitierte Ausspruch impliziert eine Forderung, die Hespos überall und immer wieder stellt: »hören mit allen sinnen«.[23] »Das Alte ist vergangen«: »Wenn dies nicht nur eine leere Floskel sein soll, so ist über stets gegenwärtiges Hören der jeweilige historische Augenblick, der singulär ist, immer neu zu bestimmen. Das Alte ist vergangen: Was geht jetzt nicht mehr?«[24] Ergänzend zu dieser Frage ließe sich heute hinzufragen: Was ist jetzt denkbar? – heute möglich? – neu möglich?

Dies sind Fragen zu Positionsbestimmungen eines Komponisten – und auch eines Hörers, der eigener Praxis nachdenkt, nachhört.[25]

Was ist den Dominantklängen im Zuge des Liedes geschehen?

Bei immer mehr sich verschärfender Leittonspannung werden die Dominantklänge immer stärker zu Farbwerten, geben sie mehr und mehr ihre Dominantfunktionen auf. Dies scheint paradox zu sein, zeigt aber einmal mehr, wie vorhandene Materialdispositionen neu gewertet und genutzt werden: »Die Funktionsordnung der Wiener Klassiker ist also nicht aufgehoben, sondern wird innerhalb eines andersgearteten Klangbewusstseins neu gedeutet. Dieses zielt auf Isolierung des Einzelklanges. Man sollte eigentlich erwarten, dass die mehrfache Leittonalterierung verstärkte Kadenzwirkungen auslöste. Das ist jedoch nicht der Fall.«[26] Die Herausbildung vereinzelter Farbwerte ist die Konsequenz einer Umdeutung und Neufassung des Phänomens »Kadenz«.

---

[22] HANS-JOACHIM HESPOS, symposion ›fremdsprache musik‹. Alte Oper Frankfurt, 22.9.1990, in: EVA-MARIA HOUBEN, hespos – eine monographie, Saarbrücken 2003, 298.

[23] »mit schweigen predigen – und in musik aufbrüllende stille – hören mit allen sinnen«: Mit diesen Worten beendete Hespos die Probe mit Matthias Kaul. Vgl. HANS-JOACHIM HESPOS, ..redeZeichen.. Texte zur Musik 1969–1999; (Quellentexte zur Musik des 20. Jahrhunderts 8.1), Saarbrücken 2000, 87.

[24] HOUBEN, hespos, 268.

[25] Der Begriff »Position« ist hier eine Ableitung vom Hespos'schen Positionsbegriff, der die Positionierung als historische Ortsbestimmung mit dem Positionsbegriff seemännischer Sprache in Beziehung bringt – etwa in dem Sinne: »Nach welchen Gestirnen richtest Du Dich? Welchen Blinklichtern gehst Du auf den Leim? Auf welche Untiefen lässt Du Dich ein? In welchen seichten Gewässern fischst Du? Von welchen neuen Entdeckungen kannst Du erzählen? Wo segelst Du an Rändern und Grenzen?«, HOUBEN, hespos, 156.

[26] THOMAS, »Der Doppelgänger« von Franz Schubert, 370. Thomas geht u.a. auch auf Rezitation, barocke »Fundamenttechnik«, frühes Organum, modale melodische Anklänge, Ostinatoformen als Relikte eines tradierten Erbes ein, welches nun umgeformt und neu gedeutet wird.

Im Laufe des Liedvortrags macht das Klangmaterial etwas mit, macht es etwas durch; es wird abgeklopft, auf seine Bedingungen und Möglichkeiten hin befragt. Was ist eine Kadenz? Was ist ein Leitton? Wie kommt es zur Strebetendenz von Klängen? Und andere Fragen: Wie lange dauert ein Verklingen in dieser und jener Oktavlage? Oder – mit Blick auf die Möglichkeit enharmonischer Verwechslung bzw. Umdeutung – Fragen wie diese: Was ist ein Klavier, eine Klaviertaste? Welche Strebungen lassen sich wenn schon nicht mit Klaviertasten realisieren, so doch vielleicht in Klaviertasten hineindenken? Mit der Schärfe der Leittoneinstellungen und mit Dehnungen und Kürzungen der »Nachklänge« der Nachsätze verändert sich zudem die »Atemdramaturgie«. Die Ausführung wird regelrecht durchschritten, durchatmet, durchlebt, wobei in diesem Fall bei zunehmender Atemlosigkeit der Vortrag auf dem Höhepunkt in die Katastrophe mündet. Hier (Takt 51), beim Umschlag in die Enharmonik und beim Aufbrechen der Zielstrebigkeit der Leittontendenz, passiert ein Ausbruch aus der bisherigen Begrenzung – ein Ausbruch, der Folgen hat. Mit der Einführung des Neapolitaners (wiederum ein Klang ohne den »Rezitationston« »fis«, Takt 59) und der damit verbundenen Umwandlung des »cis« in »c« setzt am Schluss des Liedes die Verwandlung der Tonika in die Zwischendominante zur Subdominante ein: ein Aufbrechen der Tonikalität.

Befragungen des Materials gibt es nicht erst in der Neuen Musik. Bedingungen und Möglichkeiten von Komposition und Ausführung werden bedacht, wenn Beethoven im weiteren Verlauf des ersten Satzes der *1. Symphonie*, in der Durchführung, die kompositorische Arbeit mit dem Dominantseptakkord auf die Spitze treibt, um immer neue musikalische Denkmöglichkeiten zu erproben; wenn Franz Liszt in seinem späten Klavierstück *R.W. – Venezia* den übermäßigen Dreiklang abtastet, über die Klaviertasten ausbreitet und minutiös auf seine ihm innewohnenden Hör- und Denkmöglichkeiten hin untersucht; wenn Joseph Haydn im dritten Satz Menuett und Trio »al Roverso« der *Sinfonia No. 47* G-Dur durch die Möglichkeit, Menuett und Trio auch rückwärts zu spielen, die harmonischen Bedingtheiten seines Materials auf die Probe stellt. Die Reihe der Beispiele ließe sich weiterführen: Gefragt wird nach der Geschichtlichkeit des musikalischen Materials, nach dem je eigenen historischen Standort.

In seinem Aufsatz *Bedingungen des Materials* geht Helmut Lachenmann auf den »tonalen«, den »sinnlichen«, den »strukturellen« und den mit allen anderen Kategorien aufs Engste in Verbindungen stehenden »existentiellen« Aspekt des Materials ein. Vor allem dieser soll hier kurz beleuchtet werden. Der Strukturbegriff – Struktur verstanden als »Gefüge«, als »Polyphonie von Anordnungen« – öffnet sich, sobald die »Vorwegbestimmungen« des Materials bedacht werden, sobald mit diesen Vorwegbestimmungen, die jedem Material aufgrund seiner Geschichtlichkeit anhaften, schöpferisch umgegangen wird. Materialien und Strukturen werden als vorgefundene wahrgenommen und integriert: »Komponieren bedeutet dann [...] die Auseinandersetzung mit wie auch immer bereits gegebenen Strukturen; es bedeutet: Strukturen – welche auch immer – ermöglichen, freilegen, bewusstmachen, in Beziehung zueinander setzen, in Erinnerung bringen, suggerieren, halluzinatorisch auslösen usw.«[27] Fern jeglicher semantischer Festlegung geht es um die Möglichkeit der Wahrnehmung neuer Wirklichkeiten: »Musik hat Sinn doch nur, wenn sie über ihre eigene Struktur hinausweist auf Strukturen – das heißt: auf Wirklichkeiten und Möglichkeiten – um uns und in uns selbst.«

Die Fragen nach Material und Struktur, nach deren Herkunft und Beschaffenheit, nach Bedingungen und Möglichkeiten des Denkens (in und über Musik) und der Wahrnehmung sowie nach Bedingtheiten und Möglichkeiten bzw. Begrenzungen der Klangproduktion sind verknüpft mit der Frage nach dem je eigenen kompositorischen Ort in der Geschichte. Schubert stellt diese Fragen im *Doppelgänger* schonungslos. Was gibt es, was war? Was ist noch denkbar? – noch möglich?[28]

3. Übergang und Zäsurbildung

Nicht nur die eingangs erwähnte Verschränkung von Stillstand und Fortschreitung wirkt irritierend. Der Doppelgänger lässt durch die echoartigen Einwürfe und die langen (aber zum Verklingen nicht lang genug) angehaltenen Akkorde auf verstörende Weise fast exemplarisch hören, wie ein Nachhall Vorhall zum nächsten wird, wie Ab-Schnitte als Schnitte unscharf werden, wie – umgekehrt – ein scheinbar sanftes, unmerkliches Gleiten dennoch unerbittlich weitertreibt, d.h. sich der Veränderung unterwirft. Die Analyse liefert Segmente: Ostinato-Bewegungen, Kadenzen, über- und untergeordnete Phrasen, Strophen etc. Beim Hören dieses Liedes allerdings höre ich den Fluss, den Vladimir Jankélévitch für Musik generell proklamiert[29]:

---

[27] HELMUT LACHENMANN, Bedingungen des Materials. Stichworte zur Praxis der Theoriebildung, in: DERS., Musik als existentielle Erfahrung, 35–47, hier 46. Das Folgende ebd., 47.

[28] EVA-MARIA HOUBEN, Hector Berlioz. Verschwindungen: Anstiftungen zum Hören, Dortmund 2005, hier das Kapitel »presque rien«: fast nichts, kaum etwas, 9–61; das Zitat ebd., 48.

[29] VLADIMIR JANKÉLÉVITCH, La Musique et l'Ineffable, Paris 1983, 118: »Fluente, non pas itinérante: telle est la musique. Sa dimension est de toutes la moins maniable et

»Fließend, nicht schreitend: solcherart ist die Musik. Ihre Dimension ist am wenigsten griffig und am ehesten verschwimmend, denn diese Dimension ist das Werden, dem bereits Aristoteles zuschrieb, gleichsam inexistent zu sein: es lässt sich nicht erdenken außer in einem dämmerhaften Gedanken und wie in einem nebelhaften Traum. Das Werden erlaubt nicht eine Absteckung des Objekts in seinen körperlichen Grenzen, vielmehr ist es diejenige Dimension, in der sich das Objekt unaufhörlich auflöst, in der es sich formt, sich der Form wiederum entledigt, sich umwandelt, sich schließlich erneuert; die Abfolge der körperlichen Zustände, d.h. die Verwandlung, bringt die durch unsere Einteilungen erstarrten Grenzen zum Schmelzen.«

Das gesamte Lied entfaltet sich wie ein großer Atembogen, erscheint und verschwindet wie eine einzige Bewegung – könnte so für den, der Jankélévitch folgt, zum Paradigma für Musik überhaupt werden.

Eine »Absteckung« ist also eigentlich unmöglich, das Abzählen von Takten eigentlich ein Unding. Dennoch messen wir so, um – vielleicht ausgehend von Schnebels hilfreicher Unterscheidung zwischen »direkter« und »indirekter« »Gestaltung von Zeit« – mit Bildern von Dehnung, Stauchung, Stillstand, freiem Ausfließen u. v. m. das Werden zu umschreiben.

Insistierend erscheint der Ton »fis«, in fast allen Akkorden ist er präsent. »Derselbe« Ton erscheint immer wieder. Ist das (später oder früher) noch derselbe Ton (wie früher oder später)?[30]

Exkurs: In Schuberts Musik sind immer wieder Impulsrepetitionen zu entdecken, in der Kammermusik, in den Klavierwerken, in den Sinfonien – auch in den Liedern: Repetitionen, die – mal voller Unruhe und Hast, mal ruhig pulsierend – weiter- und vorwärtstreiben. Oft handelt es sich um Stellen eines Übergangs. Eine Stelle wie jene aus dem Lied *Der Wegweiser* (Nr. 20, *Winterreise*), kurz vor dem Einsatz der Stimme »Habe ja doch nichts begangen« (Takt 20–21), verdeutlicht die Unschärfe, zugleich aber auch die Radikalität, die ein solcher Übergang haben kann. Es vollzieht sich ein Wechsel des Tongeschlechts – von g-Moll nach G-Dur. Der Übergang ist unscharf, denn es ist nicht genau zu sagen, wann der Ton g^1 noch zurückweist, wann er bereits vorausweist auf die Dur-Variante. Eine Stelle

---

la plus évanescente, puisque cette dimension est le devenir, dont Aristote déjà affirmait qu'il est quasi inexistant: car on ne le pense que d'une pensée crépusculaire et comme à travers la brume des songes. Le devenir ne permet pas l'arrondissement de l'objet dans ses limites corporelles, mais il est bien plutôt la dimension selon laquelle l'objet se défait sans cesse, se forme, se déforme, se transforme, et puis se reforme; la succession des états du corps, c'est-à-dire le changement fait fondre les limites solidifiées par nos morcelages.« (Übers. Eva-Maria Houben)

[30] Gerd Zacher im Gespräch mit Eva-Maria Houben, 22.3.1994, Essen.

des Übergangs, der andauert. Vergleichbare Stellen sind weiter zu finden (z.B. bei den Worten: »Einen Weiser seh ich stehen unverrückt vor meinem Blick«, Takt 55ff., u.s.f.): Ein repetierter Ton wechselt seine Funktion im jeweiligen Akkord – und mit der wechselnden Harmonik vollzieht sich ein Farbwechsel. »Derselbe« Ton wird ein anderer.

Zu hören ist, was auch *Der Doppelgänger* zu hören gibt: »Hören ist Nachhören. Der Impuls jetzt, der Schlag auf die kleine Trommel, der Pistolenschuss – ein jeder solcher Akzent ist wie das Jetzt-Sagen der eigenen Stimme immer vorbei.« – »Jetzt eines Hörers: ein Raum, ein Hörraum, ein Raum der Intensität und der Energie. Hören: ein Im-Hören-Sein.«[31]

So wenig wie der einzelne Impuls wird sich der so genannte »Wendepunkt« als besondere »Stelle«[32] dingfest machen, auf den Punkt bringen lassen. Paradox: Lässt sich die »Stelle« wohl benennen, sogar einkreisen und beschreiben, so ist ihrer beim Hören doch nicht beizukommen. Ist der beschriebene Vorgang singulär (einem Doppelgänger begegnet man nur einmal – wenn überhaupt), so lassen sich die Ausführung und der hörende Nachvollzug wiederholen, wobei sie jedes Mal neu Einzigartigkeit gewinnen können. Zu hören ist: Musik kann Wirklichkeiten herstellen. In der Zeit, da sie erklingt, ist sie wirklich; in der Zeit, da sie klingt, entsteht eine Wirklichkeit des Klingens und Verklingens. Eine Wirklichkeit wird geschaffen, die unwiederholbar ist. Auf diese Weise lässt sich eine Form von Erfahrung tradieren.

Dem Hörer öffnet sich dabei die Möglichkeit einer Analogie. Eine solche Entdeckung von Analogie ist ein Angebot, keine unweigerliche Konsequenz. Ich habe als Hörer die Möglichkeit, Analogien zu entdecken, diese Möglichkeit kann ich wahrnehmen oder auch nicht: Klänge können Lebensprozessen ähnlich werden, ohne diese abzubilden.

Konkret auf das Lied bezogen, könnte dies bedeuten: Ich habe als Hörer die Möglichkeit, über den Schluss des Liedes hinaus zu hören. Hier, am

---

[31] HOUBEN, Hector Berlioz, 3. Von einem ›Jetzt-Sagen‹ spricht Bernd Alois Zimmermann: »Was heißt denn überhaupt ›Hier und Jetzt‹? Gegenwart? Présence? Was ist denn Gegenwart? Indem ich ›jetzt‹ sage, ist jetzt schon nicht mehr jetzt. Ablauf? Schicksal? Gegenüber der Wirklichkeit von Vergangenheit und Zukunft besteht die Gegenwart niemals im eigentlichen Sinne.« BERND ALOIS ZIMMERMANN, Versuch, eine Invektive zu verfassen, in: DERS., Intervall und Zeit. Aufsätze und Schriften zum Werk; CHRISTOF BITTER (Hg.), Mainz 1974, 125–134, hier 130.

[32] Vgl. JOHANNES HEINRICH, Schlüsselmomente in Werken der Instrumentalmusik, in: CHRISTIAN W. THOMSEN / HANS HOLLÄNDER (Hgg.), Augenblick und Zeitpunkt. Studien zur Zeitstruktur und Zeitmetaphorik in Kunst und Wissenschaften, Darmstadt 1984, 493–510.

Schluss, könnte ich eine »Situation der Offenheit«[33] finden. Ein Nicht-Mehr, das mit einem Schwebezustand einhergeht.

Die Analogie finde ich – an einem Schluss wie diesem – auch in der Bejahung von Kontingenz, im Sich-Einlassen auf Spannung zwischen Scheitern und Gelingen, Ausgeliefert-Sein und Vertrauen, im Zulassen und Annehmen offener Zukunft.

Eine Aufführung dieses Liedes kann Intensität von Leben und Dasein spüren lassen, Intensität[34], die sich auch im Lebensalltag mitteilt. Außerhalb wie auch innerhalb des Konzertsaales lassen sich Wirklichkeiten erleben, die sich durch Instabilität und offene Zukunft auszeichnen. Hierauf gründet sich das Angebot zur Analogiebildung. Schuberts Lied *Der Doppelgänger* ist Musik, die sich dem instabilen Zustand und dem offenen Prozess ausliefert.

Ausblick

In seiner 1997 erschienenen Publikation *Paulus – Die Begründung des Universalismus*[35] entwickelt Alain Badiou die bereits in seinem fast zehn Jahre älteren Werk *Das Sein und das Ereignis* (1988) vorgestellte Theorie des Ereignisses weiter – mit Blick auf die Erschütterung, die Saulus von Tarsus in der Begegnung mit dem auferstandenen Christus widerfahren ist, eine Begegnung, die Saulus' Leben dramatisch veränderte. Das Ereignis als Unberechenbares, Unerwartbares sprengt die Grenzen des bislang Vorstellbaren und Geläufigen und setzt einen neuen Anfang. Da das Ereignis nicht bewiesen werden kann, ist die subjektive Entscheidung eines Einzelnen für das Ereignishafte des Ereignisses, das Ja-Sagen eines Subjekts, unabdingbare Voraussetzung für die Existenz des Ereignisses.

Badiou argumentiert philosophisch, nicht theologisch. Unabhängig von der Ausrichtung der Argumentations- und Diskursrichtung kann ich als Hörer sagen: Beim Musikhören darf ich mich berühren lassen, darf ich

---

[33] Von einer »Situation der Offenheit« spricht Peter Gülke mit Blick auf die Misterioso-Anfänge Brucknerscher Symphonien, in: Peter Gülke, Brahms, Bruckner. Zwei Studien, Kassel 1989, 118.

[34] Georg Steiner nutzt den Begriff der »Energie« in Georg Steiner, Von realer Gegenwart, Hat unser Sprechen Inhalt? Mit einem Nachwort von Botho Strauß. Aus dem Englischen von Jörg Trobitius (Edition Akzente) München/Wien 1990, 257, 283.

[35] Alain Badiou, Paulus. Die Begründung des Universalismus. Aus dem Französischen von Heinz Jatho, Zürich/Berlin 2009. Titel des französischen Originals: Saint Paul – La fondation de l'universalisme, 1977 Presses Universitaires de France.

mich ansprechen, anrühren lassen – von einem Klang, einer Stimme, einer Farbschattierung, einer Nuance, einem bestimmten »Ton«. Kann nicht auch Musik (wie eine Erscheinung, wie ein besonderes Erlebnis) für denjenigen Hörer, der sich ansprechen und berühren lässt, zum »Ereignis« werden? und zwar so, dass dieser kaum weiß, wie ihm geschieht – und wann, wo genau ihm überhaupt etwas geschehen ist? »Das Alte ist vergangen, es ist alles neu geworden« (2 Kor 5, 17): Dies mag dann, über Grenzen hinaus, für den gelten, der sich losgelassen, sich ausgeliefert hat, der sich hat berühren lassen – und verwandelt hinausgeht.

Das Ereignis im Sinne Badious ist unvorhersehbar, ist etwas, dessen man erst im Nachhinein gewärtig, dessen man also nie habhaft werden kann – das aber Folgen für denjenigen hat, der von ihm berührt worden ist. Dieser, der sich hat berühren lassen und das Ereignis als solches bejaht hat, lässt sich vom Ereignis in die Pflicht nehmen, er wird zum Ereignis stehen und ihm die Treue halten.

Das Ereignis im Bereich der Liebe beispielsweise öffnet die Welt dafür, die neu entstandene Liebesbeziehung nun zu leben: in offene Zukunft hinein, ohne Sicherheiten und Garantien. Das Ereignis ist auf Zukünftiges aus.

Im Anschluss an Badiou ließe sich vielleicht generell jene Offenheit in vielen Bereichen des Lebens, auch und gerade in der Liebe und in der Kunst, als das Wort aus 2 Korinther 5,17 verstehen.

Um abschließend noch einmal auf Schuberts Lied zurückzukommen: Es ist nicht per se selbst schon Ereignis – weder als gedrucktes Werk noch im Vollzug der Aufführung; das kann es natürlich nicht sein, weil Bestimmung, Festlegung und Herstellung dem Wesen des Ereignisses zuwiderlaufen. Es ist aber musikalischer Diskurs über die Möglichkeit von Ereignis: ein Nachdenken über die Möglichkeit von Ereignis mit musikalischen Mitteln, ein Nachdenken in Musik über Musik.

Der ephemere Charakter der Musik kommt dem Ereignis entgegen: Musik ist aufs Verschwinden angelegt[36], sie ist diejenige Kunst, die die paradoxale Koinzidenz von Erscheinen und Verschwinden erahnbar machen kann.

Komposition kann nicht Erfindung des Ereignisses sein; so wenig wie Bereitstellung situativer Gegebenheiten oder struktureller oder materieller Bedingungen. Was Komposition leisten könnte, hat der Komponist Antoine Beuger so umrissen: »Komposition kann es sich zur Aufgabe machen, das

---

[36] Vgl. HOUBEN, Hector Berlioz.

Ereignis zu loben und zu feiern, seiner eingedenk zu sein.«[37] Beim Musik-Machen und Musik-Hören können wir in gleicher Weise das Ereignis feiern: seiner eingedenk sein, seiner gedenken. »Musik«, so Beuger, »kann eine erweiterte Form von Gedenkminute werden.«

Schuberts *Doppelgänger* legt diesen Wesenszug von Musik gleichsam unter eine Lupe.

[37] Antoine Beuger im Gespräch mit Eva-Maria Houben, 8.10.2010.

Thomas Henneberger

»... UND ALLES GETRENNTE FINDET SICH WIEDER«

Robert Schumann: Gesänge der Frühe op. 133 (1853)

I.

»Die 5 Gesänge der Frühe sind hymnische Anrufungen des wachsenden Morgenlichtes, das aber nicht das Licht des Tages, sondern das ewige Licht des Jenseits ist.« Das schreibt Heinz Holliger im Booklet zur Einspielung des Schumannschen Werks durch Andras Schiff.[1] Für diese weitreichende und durchaus kühne Behauptung liefert Holliger allerdings keine weiteren Begründungen oder Belege. Vermutlich steht für Holliger dabei im Hintergrund seine eigene Komposition gleichen Namens[2], in der er sich auf Schumanns *Gesänge der Frühe* bezieht: In diesem Werk Holligers werden – allein schon durch die Auswahl der in die Komposition collagenartig verflochtenen Texte – Schumanns *Gesänge* in der Tat in jenen Horizont des »ewigen Lichts des Jenseits« gesetzt, und dementsprechend steht am Ende von Holligers Werk auch die Anrufung, die Bitte aus dem Requiem: »Et lux perpetua luceat eis.« In seiner Einführung zum Werk Schumanns im erwähnten Booklet geht Holliger allerdings auf derartige Bezüge nicht ein, sondern er bezieht sich lediglich auf eine briefliche Äußerung Schumanns, in der dieser sich zum Charakter jener fünf Stücke geäußert hat. Schumann hat nämlich am 24. Februar 1854, also nur drei Tage vor seinem Selbstmordversuch, an seinen Verleger Arnold unter anderem Folgendes geschrieben:

---

[1] Warner Classics (elatus) 2564600262.

[2] HEINZ HOLLIGER, Gesänge der Frühe (1987) für Chor, Orchester und Tonband nach Robert Schumann und Friedrich Hölderlin.

> »Einen Vorschlag habe ich, der sich vielleicht Ihres Beifalls erfreuen wird. Ich möchte die Fughetten wegen ihres meist melancholischen Charakters nicht erscheinen lassen und biete Ihnen ein Anderes, vor Kurzem beendigtes Werk: ›Gesänge der Frühe‹ 5 charakteristische Stücke für Pianoforte, der Dichterin Bettina gewidmet, an.«

Und dann folgt die Passage, auf die Holliger sich beruft: »Es sind Musikstücke, die die Empfindungen beim Herannahen u. Wachsen des Morgens schildern, aber mehr aus Gefühlsausdruck als Malerei.«[3]

Diese Ausführungen Schumanns sind in mancher Hinsicht bemerkenswert: Zunächst einmal weisen sie darauf hin, dass es sich bei den *Gesängen der Frühe* um ein Werk handelt, das Schumann selbst in besonderer Weise wichtig gewesen sein muss – so wichtig, dass er für die Veröffentlichung dieses Werkes bereit ist, auf das Erscheinen eines anderen, bereits zur Veröffentlichung angenommenen Werkes (der *Sieben Clavierstücke in Fughettenform* op. 126) zu verzichten. Und die Dringlichkeit, mit der Schumann die Veröffentlichung gerade dieser Komposition betreibt, lässt bezeichnenderweise auch nicht nach seiner Einweisung in die Endenicher Heilanstalt nach. Noch von hier aus setzt sich Schumann energisch für die Veröffentlichung des Werkes ein, bis die *Gesänge der Frühe* schließlich im Laufe des Jahres 1855 als das letzte von Schumann selbst für den Druck vorbereitete Werk unter der Opuszahl 133 erscheinen.[4] Auf diesem Hintergrund bekommen die *Gesänge der Frühe* Züge eines Vermächtnisses, eines Testaments, einer letzten Äußerung, die der Komponist der Öffentlichkeit und Nachwelt unbedingt mitteilen möchte.

Nur: Was äußert er mit diesem Werk? Was teilt es den Hörerinnen und Hörern mit? »Es sind Musikstücke, die die Empfindungen beim Herannahen und Wachsen des Morgens schildern, aber mehr aus Gefühlsausdruck als Malerei«, schreibt Schumann selbst. Bei dieser Charakterisierung sind die Anklänge an Beethovens Anmerkung zum »Programm« seiner 6. Symphonie (»mehr Ausdruck der Empfindung als Malerei«) zu offensichtlich, als dass sie zufällig sein könnten. Aber was bedeutet diese Parallele? In seiner ausführlichen Rezension von Berlioz' *Symphonie fantastique* hatte Schumann selbst grundsätzliche Vorbehalte gegen solch programmatische

---

[3] Zit. nach Michael Struck, Die umstrittenen späten Instrumentalwerke Schumanns, Hamburg 1984, 469.

[4] Vgl. dazu ebd., 472–475. Der genaue Erscheinungstermin scheint nicht ganz klar zu sein: Struck gibt den November 1855 an (475), Wolfgang Boetticher dagegen schreibt im Vorwort zur Urtext-Ausgabe (Henle-Verlag) vom Sommer jenes Jahres.

Angaben und Vorgaben in der Musik geäußert und sich dabei ausdrücklich auch auf Beethovens *Pastorale* bezogen:

> »Der zartsinnige, aller Persönlichkeit mehr abholde Deutsche, will in seinen Gedanken nicht so grob geleitet sein; schon bei der Pastoralsymphonie beleidigte es ihn, dass ihm Beethoven nicht zutraute, ihren Charakter ohne sein Zuthun zu erraten. [...] Die Hauptsache bleibt, ob die Musik ohne Text und Erläuterung an sich etwas ist, und vorzüglich, ob ihr Geist innewohnt.«[5]

Wie sind angesichts solcher Vorbehalte Schumanns programmatische Hinweise gegenüber dem Verleger Arnold zu verstehen? Man könnte sie als bloßes Verkaufsargument abtun, das den Verleger zur Annahme dieser Stücke bewegen möchte, zumal in Schumanns Brief im direkten Anschluss der Satz folgt:

> »Da nun diese Composition unbezweifelt größere Theilnahme als die Fughetten finden wird und Sie durch die Albumblätter wie ich glaube, in Ihren Auslagen vielleicht bald gesichert sind, so mach ich mir noch ein Honorar von 10 Friedrichsdor, zahlbar nach Annahme des Manuscriptes, zur Bedingung«.[6]

Man kann Schumanns programmatische Bemerkungen aber auch als Hinweis darauf verstehen, dass Schumann es bei diesen »5 charakteristischen Stücken« dem Hörer nicht ohne weiteres zutraut, »ihren Charakter ohne sein Zutun zu erraten«. Seiner eigenen Frau zumindest war es mit diesen Stücken so ergangen. Am Tag der Beendigung der Komposition (am 18. Oktober 1853) hatte Clara Schumann in ihr Tagebuch eingetragen: »Robert hat 5 Frühgesänge komponiert, – ganz originelle Stücke wieder, aber schwer aufzufassen, es ist so eine ganz eigne Stimmung darin«.[7]

Wenn Schumann diese Stimmung einige Monate später als »Empfindungen beim Herannahen und Wachsen des Morgens« beschreibt, dann ist das auch deshalb bemerkenswert, weil er, der mittlerweile von Gehörshalluzinationen und fremden Stimmen heimgesucht wurde, nur wenige Tage,

---

[5] ROBERT SCHUMANN, Gesammelte Schriften über Musik und Musiker, Bd. 1, Leipzig 1888, 107+110; zit. nach MANUEL GERVINK, Ästhetisierung-Poetisierung-Sprachhaftigkeit. Novellistik und erzählender Gestus in Robert Schumanns Klaviermusik, in: Hochschule für Musik Carl Maria von Weber Dresden: Robert Schumanns »Welten«, Dresden 2007, 7–15, hier 12.

[6] Zit. nach STRUCK, a.a.O., 469.

[7] Zit. nach ebd., 467.

bevor er seinen Brief an Arnold schrieb, einen entsetzlichen Morgen erlebt haben muss. Clara Schumann berichtet in ihrem Tagebuch, dass Robert in der Nacht aufgestanden sei, um ein Thema aufzuschreiben, »welches, wie er sagte, ihm die Engel vorsangen«.[8] Danach habe er sich wieder zu Bett gelegt und die ganze Nacht fantasiert:

> »Er war des festen Glaubens, Engel umschweben ihn und machen ihm die herrlichsten Offenbarungen, alles das in wundervoller Musik; sie riefen uns Willkomm zu, und wir würden beide vereint, noch ehe das Jahr verflossen, bei ihnen sein. [...] Der Morgen kam und mit ihm die furchtbare Änderung! Die Engelstimmen verwandelten sich in Dämonenstimmen mit gräßlicher Musik; sie sagten ihm, er sei ein Sünder, und sie wollen ihn in die Hölle werfen, kurz, sein Zustand wuchs bis zu einem förmlichen Nervenparoxysmus; er schrie vor Schmerzen [...], und zwei Ärzte, die glücklicherweise schnell genug kamen, konnten ihn kaum halten.«[9]

Wenn Schumann nur ganz kurz nach einer derartigen Erfahrung und weiter heimgesucht von ihn quälenden Stimmen von »Empfindungen beim Herannahen und Wachsen des Morgens« schreibt, dann verliert diese Beschreibung das Idyllische und Harmlose, das ihr zunächst vielleicht anzuhaften scheint. Und auf diesem Hintergrund könnte die Vermutung Holligers vielleicht doch mehr für sich haben, als es zunächst den Anschein haben mag, wonach das wachsende Morgenlicht, das die *Gesänge der Frühe* nach Holligers Charakterisierung »hymnisch« anrufen, nicht nur das Licht des Tages, sondern auch »das ewige Licht des Jenseits« sein könnte.

II.

Ein hymnischer Tonfall ist den *Gesängen der Frühe* in der Tat eigen. Zumindest trifft das auf die beiden Rahmenstücke zu, die beide einen ausgeprägt choralhaften Charakter tragen. Durch diese auffällige Ähnlichkeit des Anfangs und des Endes wird zugleich der Eindruck einer zyklischen Geschlossenheit des gesamten Werkes erweckt. Dieser Eindruck wird verstärkt dadurch, dass sich ein Spannungsbogen über das ganze Werk hin-

---

[8] Zit. nach Dagmar Hoffmann-Axthelm, Robert Schumann. Eine musikalisch-psychologische Studie, Stuttgart 2010, 148. Bei dem Thema handelt es sich um jenes in Es-Dur, über das Schumann in den folgenden Tagen Variationen schrieb (die sog. »Geistervariationen«), die er Clara Schumann widmete und die erst 1939 veröffentlicht wurden.

[9] Ebd., 148f.

weg feststellen lässt: vom ersten bis zum dritten Stück ereignet sich eine stetige Steigerung im Tempo und in der Dynamik, der darauf ein ebenso stetiger Rückgang bis zum Ende folgt. Eine ähnliche Entwicklung vollzieht sich in jedem einzelnen Stück, besonders im letzten, das deshalb so etwas wie einen rekapitulierenden Abschluss bildet.

Zum Eindruck einer zyklischen Konzeption trägt noch etwas anderes bei: Alle fünf »Gesänge« haben einen liedähnlichen Charakter. Das entspricht dem Titel des Werkes, der »auf eine imaginäre vokale bzw. verbale Komponente« verweist; und dementsprechend »lassen sich verschiedene Typen des ›Gesanges‹ erkennen: ›Choral‹ bzw. ›choralähnliches Lied‹ (Nr. 1 bzw. Nr. 5), imaginäres ›Duett‹ bzw. ›Lied mit Instrumentalbegleitung‹ (Nr. 2 bzw. Nr. 4), ›Jagd-‹ bzw. ›Kriegslied‹ mit ›Hörnersatz‹ (Nr. 3).«[10] Es handelt sich also um einen Zyklus von Liedern ohne Worte, wobei im Terminus »Gesänge« Bezüge anklingen zu einer Sphäre des Sakralen.

Der Höreindruck einer zyklischen Verbundenheit und Geschlossenheit wird durch den Notentext bestätigt und bekräftigt. Michael Struck hat die zahlreichen Verflechtungen, Verknüpfungen und Beziehungen, die alle fünf Stücke miteinander verbinden, detailliert untersucht und aufgezeigt. Danach ist für die zyklische Konzeption und Anordnung der *Gesänge der Frühe* kennzeichnend »neben der Tonartenfolge (D,D,A,fis,D) besonders die Verbindung der Stücke durch ein gemeinsames ›Kernmotiv‹ (Ton- bzw. Intervallfolge), das ihre Thematik wesentlich prägt. Darüber hinaus sind Nr.1 und 2 sowie Nr. 2 und 4 durch deutliche Reminiszenzen aufeinander bezogen, die über die Verbindung durch das ›Kernmotiv‹ hinausgehen.«[11]

Mit dem »Kernmotiv« beginnt der ganze Zyklus – und da es zunächst unisono vorgestellt wird (siehe Abbildung 1 T.+1f.) und im Verlauf des ersten Stückes insgesamt drei Mal unisono erscheint, wird es für die Hörenden besonders deutlich hervorgehoben. Da dieses erste Stück zudem Züge aufweist, die für den ganzen Zyklus charakteristisch sind, soll es hier etwas eingehender betrachtet werden.

---

[10] STRUCK, a.a.O., 481.

[11] Ebd., 477. Zu den Ausformungen des Kernmotivs in den einzelnen Stücken vgl. besonders die Übersicht bei Struck, 478f.

Abbildung 1 (Takt 1–11)

Das Thema besteht aus einem Vordersatz (T. 1–4), der aus dem »Kernmotiv« und einer akkordischen Weiterführung besteht, einem Nachsatz (T. 5–8), der eine Variante des Vordersatzes darstellt und das »Kernmotiv« im mehrstimmigen Satz ausführt und moduliert, sowie einer eintaktigen Schlusswendung (T. 9). Durch diesen »erweiternden Takt [...] wird die neu erreichte Tonart halbschlüssig bekräftigt. Sie verklammert Ende der ersten und Beginn der zweiten Themenzeile.«[12] Durch diesen erweiternden Schlusstakt wird die gesamte Themenzeile aber auch zu einem asymmetrischen Gebilde, wodurch sich beim Spielen und Hören eine gewisse Irritation einstellt, zumal die zweite Themenzeile ohne diesen zusätzlichen Takt organisch an die erste anschließen würde. Dieser Takt wäre also nicht zwingend »nötig«; gleichwohl ist er charakteristisch für die *Gesänge der Frühe* – und das in zweierlei Hinsicht:

Zum einen sind die Schlussbildungen generell geprägt von einem solchen zusätzlichen Nachklingen. So könnte das erste Stück ohne weiteres schon einen Takt früher schließen, wenn das *cis* in der zweiten Stimme schon hier zum *d* aufgelöst würde. Stattdessen kommt es in den Takten 38 und 39 zu einem Nachklingen, das der Erweiterung am Schluss der Themenbildung verwandt ist (siehe Abbildung 2). Auch das zweite Stück er-

---

[12] Ebd., 483.

reicht (mit Takt 32) seinen Schluss schon vor dem endgültigen Ende, und hier klingt der Schluss noch drei weitere Takte nach – ebenso wie im letzten Stück, wo das abschließende D-Dur ebenfalls drei zusätzliche Takte lang nachhallt. Und im vierten Stück erstreckt sich ein ähnliches Nachhallen und Nachklingen sogar über sechs Takte.

Zum anderen ist die asymmetrische Strukturierung nicht nur charakteristisch für die Themenbildung des ersten Stückes, sondern sie prägt auch den Verlauf des ganzen Stückes ebenso wie den aller anderen Stücke im Zyklus. So wird im ersten Stück das Thema viermal wiederholt, und zwar jeweils auf einer anderen Tonartebene. Dabei nehmen die Themenversionen im Verlauf des Stückes im Umfang ab (9+9+8+6 Takte). Und auch die anschließende Coda (siehe Abbildung 2) bekräftigt mit ihren sieben Takten den asymmetrischen Aufbau. Auch in den anderen Stücken sind die Perioden und Abschnitte asymmetrisch konzipiert, so dass es auch in ihnen so gut wie keine wortwörtlichen Wiederholungen gibt, sondern immer gewisse Modifikationen.

Dennoch haben die Stücke auch etwas Statisches an sich: Über weite Strecken findet keine eigentliche Entwicklung statt, sondern vollzieht sich eine Aneinanderreihung verwandter Teile. Es wirkt manchmal wie ein Auf-der-Stelle-Treten; Dieter Schnebel hat es ein »Kreisen um einen fixen – und wunden Punkt« genannt.[13] Umso mehr fallen die Passagen auf, die dieses In-sich-Kreisen gewissermaßen sprengen. Dazu gehören jene unvermittelten dynamischen Ausbrüche und Einbrüche, die wie Explosionen bzw. Implosionen wirken – wie im ersten Stück der unvermittelte *forte*-Einsatz der vierten Themenzeile und das bald darauf ebenso unvermittelt folgende plötzliche *piano* im Takt 30 oder im fünften Stück die abrupten *forte-piano* Wechsel in den Takten 13–18.[14] Oder die Pausen auf eigentlich betonten Taktschlägen, die im ganzen zweiten Stück und im vierten ab Takt 37 die ansonsten kontinuierliche Bewegung und Gleichförmigkeit der Begleitstimme unterbrechen und wie Löcher wirken und damit eine seltsame Unruhe in den ruhigen Pulsschlag der Stücke bringen. Und schließlich fällt auch eine Passage wie die Coda des ersten Stückes aus dem Rahmen, in der es ganz unerwartet zu einer kontrapunktischen Verdichtung durch po-

---

[13] DIETER SCHNEBEL, Rückungen – Ver-rückungen. Psychoanalytische und musikanalytische Betrachtungen zu Schumanns Leben und Werk, in: HEINZ-KLAUS METZGER / RAINER RIEHN (Hgg.), Robert Schumann I, München 1981, 4–89, hier 76.

[14] Vgl. auch die *piano*-»Einbrüche« im zweiten Stück (T.17 und T.23) und im dritten (T.17 und T.19).

lyphone Stimmführung im zeitweise fünfstimmigen Satz kommt (siehe Abbildung 2).

Abbildung 2 (Takt [+]33-39)

Eine weitere Eigenart der *Gesänge der Frühe* zeigt sich ebenfalls schon im ersten Stück: Durch die »seltsam wildwüchsige Stimmführung«[15] im Nachsatz der Themenzeile (T.6–8 + parr./siehe Abbildung 1) kommt es zu einer auffallenden Häufung von Dissonanzen. Und diese Häufung z.T. auch unaufgelöster Dissonanzen kennzeichnet auch die anderen Stücke. Die dissonante Prägung gilt allerdings nicht für die Schlüsse: Sie erklingen alle im reinen und ungetrübten Dur. Diese dissonanzfreien Schlusspassagen können knapp gefasst sein wie im ersten und im dritten Stück, sie können sich aber auch über viele Takte erstrecken wie im vierten und im letzten Stück. Immer aber enden sie mit einer solchen harmonischen Aufhellung verlöschend im *piano* oder *pianissimo* – »verhallend nach und nach«, wie es in der Spielanweisung über den letzten Takten des letzten Stückes heißt.

Dieser Weg von einer dissonanten Verdichtung in eine harmonische Aufhellung scheint damit so etwas wie der Zielpunkt aller Stücke zu sein – am eindrücklichsten und ausführlichsten gestaltet im vierten Stück, dem einzigen, das in einer Moll-Tonart notiert ist (fis-Moll). Hier singt sich die dissonanzfreie Schlusspassage im reinen Dur nicht nur am längsten aus (die ganzen 10 Takte der Coda), sondern sie wird schon vorher vorbereitet und eingeleitet. In diesem Stück mischen sich zwei Strukturelemente – nämlich eine dreiteilige Liedform (a b a') mit anschließender Coda, die man ähnlich auch im zweiten Stück findet, und eine Gliederung nach

[15] SCHNEBEL, a.a.O., 75.

Themenzeilen, wie sie uns schon im ersten Stück begegnet ist. Hier nun bilden »die ersten beiden Zeilen [...] als Vs und Ns einer Periode den a-Teil, die dritte Zeile den Mittelteil (b), während die vierte Zeile (a') zunächst reprisenhaft von der Formulierung der zweiten Zeile ausgeht, aber bald verändert weitergeführt wird, ehe die Coda einsetzt.«[16] Nach Michael Struck beginnt diese Veränderung mit dem Takt 34, von dem an es zu einer zunehmend modifizierten Stimmführung kommt. Die Veränderung beginnt aber schon früher (siehe Abbildung 3), und zwar zunächst fast unmerklich mit einer geringfügig weniger dissonant gesetzten Harmonisierung im zweiten Teil von Takt 31 (vgl. mit T.10), worauf im folgenden Takt – bei gleichbleibender Melodieführung – eine nach dem bisherigen Verlauf des Stückes ganz unerwartete Wendung nach G-Dur folgt, die deutlich heller wirkt als das D-Dur in der Parallele (T.11). Und diese Aufhellung wird bekräftigt durch den nächsten Takt 33, wo im zweiten Teil D-Dur statt h-Moll erscheint.

Abbildung 3 (Takt 8/9–12 und Takt 29/30–33)

[16] STRUCK, a.a.O., 497.

III.

Die *Gesänge der Frühe* bewegen sich zwischen Polen, die kaum miteinander vermittelt erscheinen: Der asymmetrischen Strukturierung steht der Eindruck einer gewissen Statik und manchmal auch Starrheit gegenüber. Der ruhige Grundduktus ist von Elementen der Unruhe durchsetzt. Die Stücke sind motivisch detailliert durchgearbeitet, und dennoch haben sie auch etwas »Chaotisches und Formloses«[17] an sich. Stillstand und Bewegung stehen fast unvermittelt nebeneinander.

Vielleicht sind diese Ambivalenzen zum Teil auch dem psychisch angeschlagenen Zustand Schumanns geschuldet, einem »Nachlassen der kreativen Konzentration«[18]. Sie könnten aber auch gewollt und beabsichtigt sein. Dafür sprechen zumindest die Metaphern, die Schumann selbst zur Charakterisierung seines Werkes benutzt: »Empfindungen beim Herannahen und Wachsen des Morgens« sind eben höchst ambivalent und können je nach psychischer Verfassung und Lage der Dinge sehr gegensätzlich sein. Und die im Titel des Werkes gebrauchte Metapher der Frühe ist ebenso vieldeutig und janusköpfig: Sie kann nach vorne weisen auf die Frühe eines neuen Morgens und Tages ebenso wie auf das Frühe der Vergangenheit, das Frühere. Sie kann die Frühe eines Anfangs meinen, der ebenso in der Gegenwart wie in der Vergangenheit oder in der Zukunft liegen kann.

Dem entspricht die Musik durchaus. Sie blickt zurück und sie weist zugleich nach vorne. Der choralartige Ton, mit dem das Werk beginnt und endet und der in der Coda des ersten Stückes in ein kanonisches, fugenähnliches Gebilde mündet, beschwört und vergegenwärtigt Vergangenheit. Es erklingt – wie aus alter Zeit – tatsächlich ein Gesang der Frühe. Doch mitten darin ertönen zugleich bisher unerhörte Klänge, die in die Zukunft weisen – am deutlichsten in jenen Dissonanzen, die sich fast verselbständigen, jedenfalls auf bisher unerhörte Weise ihr ganz eigenes und prägendes Gewicht bekommen.

Diese Dissonanzen wiederum sind ihrerseits mehrdeutig. Wie man sie hört, hängt sehr davon ab, wie sie gespielt werden. Und wie man sie spielt, hängt davon ab, wie man sie hört. Werden sie beim Spielen hervorgehoben, können sie durchaus verstörend wirken. Und dann lassen sie an Schumanns Diktum denken: »Schmerzen im Leben sind wie Dissonanzen in der Musik; sie haben großen Reiz; aber man verlangt doch nach Auflö-

---

[17] SCHNEBEL, a.a.O., 76.

[18] Ebd.

sung.«[19] Hier wird die Auflösung zwar nicht grundsätzlich verweigert, aber doch beträchtlich hinausgezögert. Die eigentliche Auflösung kommt immer erst mit dem Schluss des Stückes, ist aber hörbar auch sein Ziel. Doch bis es dazu kommt, kann es wirklich so scheinen, als kreisten die Stücke um den von Schnebel so genannten wunden Punkt. Und dazu würden dann auch jene unvermittelten Ausbrüche und Einbrüche passen, die wie Explosionen oder Implosionen wirken. Wenn man die *Gesänge der Frühe* so hört, dann hört man eine Musik, die von Schmerzen singt, aber am Ende auch von Heilung und Erlösung, von Versöhnung und Befriedung – zumindest einer Aussicht oder Hoffnung darauf.

Man kann sie aber auch anders hören (und spielen). Werden nämlich die Dissonanzen, wie meist, der Melodiestimme untergeordnet, dann bekommen sie eher den Charakter von Farbwerten: verschattete, zwielichtige, gleichsam graue, jedenfalls unklare Akkorde, in denen sich Töne auf eine undurchsichtige Weise mischen. Wenn man sie so hört, dann kann man sie als Klänge der Dämmerung hören – einer Dämmerung, die sich als die des Morgens zu erkennen gibt, da sie stets einmündet in jene Aufhellungen, die das Ziel aller Stücke zu sein scheinen und wie Licht wirken, das die Dämmerung weichen lässt.

So gehört geht es in den *Gesängen der Frühe* tatsächlich um »Empfindungen beim Herannahen und Wachsen des Morgens«, und man könnte sie zu Recht mit Holliger als »hymnische Anrufungen des wachsenden Morgenlichtes« bezeichnen. Aber kann man dieses Licht auch, wie Holliger meint, als »das ewige Licht des Jenseits« verstehen?

IV.

»Morgenglanz der Ewigkeit, / Licht vom unerschöpften Lichte, / schick uns diese Morgenzeit / deine Strahlen zu Gesichte / und vertreib durch deine Macht / unsre Nacht.« So beginnt ein bekanntes geistliches Morgenlied[20], und ähnliche Anrufungen des Lichtes finden sich in vielen anderen Mor-

---

[19] ROBERT SCHUMANN, Tagebücher Bd. 1, 118; zit. nach DAGMAR HOFFMANN-AXTHELM, a.a.O., 103.

[20] Evangelisches Gesangbuch (EG), Lied Nr. 450 (Strophe 1). Dort heißt es allerdings: »Licht vom *unerschaffnen* Lichte«. Diese Formulierung hat man – wohl um der leichteren Verständlichkeit willen – bei der Gesangbuchrevision an die Stelle des ursprünglichen Wortlauts »Licht vom *unerschöpften* Lichte« gesetzt, der noch im früheren Gesangbuch stand. Doch leider hat man damit einen Verlust an Bedeutung in Kauf genommen: denn das »unerschöpfte« Licht ist eben nicht nur unerschaffen, sondern zugleich auch unerschöpflich.

genliedern des Evangelischen Gesangbuches. In der Symbolik der Christenheit verweist das morgendliche Licht in der Tat auf das Licht des Jenseits. Zum einen schon deshalb, weil es ja nicht selbstverständlich ist, dass man aus dem Schlaf erwacht, und weil es für das fromme Bewusstsein deshalb dazu mehr braucht als nur das Licht des Tages – nämlich den, »der unser Leben, das er uns gegeben, / in dieser Nacht so väterlich bedecket / und aus dem Schlaf uns fröhlich auferwecket: / Lobet den Herren!« (EG 447, 2)

Zum anderen meint die Nacht, die durch den »Morgenglanz der Ewigkeit« vertrieben werden soll, nicht nur die nächtliche Dunkelheit, sondern auch das Dunkel der Sünde, der Gottvergessenheit und Lieblosigkeit. Um wahrhaft aufstehen und den Tag richtig bestehen zu können, bedarf es darum der morgendlichen Erleuchtung und Stärkung durch die göttliche Güte und Liebe. Dementsprechend fährt das Lied fort (EG 450, 2+3):

> »Deiner Güte Morgentau / fall auf unser matt Gewissen; / laß die dürre Lebens-Au / lauter süßen Trost genießen / und erquick uns, deine Schar, / immerdar. // Gib, daß deiner Liebe Glut / unsre kalten Werke töte, / und erweck uns Herz und Mut / bei entstandner Morgenröte, / daß wir, eh wir gar vergehn, / recht aufstehn.«

Und schließlich: Der, der uns am Morgen aus dem nächtlichen Schlaf »fröhlich auferwecket«, ist zugleich der, der uns dereinst auch aus dem Schlaf des Todes auferwecken wird. Deshalb ist der Tod des Schlafes Bruder. Und darum heißt recht aufzustehen nicht nur, es im Bewusstsein der eigenen Endlichkeit und der Angewiesenheit auf göttliche Erleuchtung zu tun, sondern ist solches Erwachen und Aufstehen auch ein Vorschein der Auferweckung und Auferstehung von den Toten: »Wach auf, der du schläfst, und steh auf von den Toten, so wird dich Christus erleuchten«, heißt es etwa im Epheserbrief (5, 14). Und folglich schließt das zitierte geistliche Morgenlied – wie viele andere auch –, indem es von der Auferstehung singt und von der jenseitigen Welt Gottes (EG 450, 4+5):

> »Ach du Aufgang aus der Höh, / gib, daß auch am Jüngsten Tage / unser Leib verklärt ersteh / und, entfernt von aller Plage, / sich auf jener Freudenbahn / freuen kann. // Leucht uns selbst in jener Welt, / du verklärte Gnadensonne; / führ uns durch das Tränenfeld / in das Land der süßen Wonne, / da die Lust, die uns erhöht, / nie vergeht.«

Natürlich weiß man nicht mit Sicherheit, ob für Schumann selbst bei der Komposition der *Gesänge der Frühe* derartige Aspekte einer religiösen

Symbolik eine Rolle gespielt haben. Man weiß allerdings, dass er zu jener Zeit ein ganz eigentümliches Interesse an jenseitigen Dingen zeigte, indem er das spiritistische Tischrücken »mit befremdlicher Intensität betrieb«.[21] So notiert er dann auch in jenen Tagen, in denen er die »Gesänge der Frühe« komponiert (15.-18.10.1853), an einem Tag im Haushalts-Buch: »Versuch des Geisterklopfens nicht gelungen.«[22]

Abgesehen davon spricht allerdings allein schon das Gewicht des Choralhaften in diesem Werk dafür, dass es dabei nicht nur um Vergangenheitsbeschwörung geht. Denn geht man einmal von Schumanns Vokalmusik aus, in der die Bedeutung choralhafter Stellen durch den Textbezug ja relativ exakt bestimmt werden kann, dann kann man feststellen, dass »solche Stellen häufig in Zusammenhang mit religiösen Konnotationen« auftreten.[23] Dass solche Bezüge auch bei den »Gesängen der Frühe« mitschwingen, liegt darum nahe. Dafür könnten im Werk selbst neben seinem choralartigen Beginn und Schluss auch der dynamische Verlauf sprechen mit seiner Abfolge von Aufschwung und Verhallen sowie der Umstand, dass die harmonischen Aufhellungen immer zugleich als verlöschend komponiert sind - gleichsam wie ein Hinweis darauf, dass das kreatürliche Licht verlischt, und zugleich wie eine Ahnung, dass ihm ein anderes Licht folgt wie jene nachhallenden Schlüsse *nach* den Schlüssen in den *Gesängen der Frühe*. Doch das sind natürlich Spekulationen.

V.

Einer Spur sind wir bisher nicht gefolgt, die Schumann selbst für die Interpretation der *Gesänge der Frühe* gelegt hat - nämlich ihrem unterschwelligen, ursprünglich sogar expliziten Bezug auf die Gestalt der Diotima aus Hölderlins Hyperion-Roman und einer Reihe seiner Gedichte. Der ursprüngliche Titel lautete nämlich: »Gesänge der Frühe. An Diotima«.[24] Den Zusatz »An Diotima« hat Schumann später fallen lassen - nach übereinstimmender Meinung der Literatur, weil er sich am Ende für eine andere

---

[21] BARBARA MEIER, Robert Schumann, Hamburg 2010, 146.

[22] Zit. nach STRUCK, a.a.O., 466. Heinz Holliger zitiert in seinen *Gesängen der Frühe* im Teil IV die ganze Passage aus dem Haushaltsbuch.

[23] HUBERT MOSSBURGER, Poetische Harmonik, in: ULRICH TADDAY (Hg.), Schumann Handbuch, Stuttgart/Weimar/Kassel 2006, 194-211, hier 203.

[24] Vgl. dazu STRUCK, a.a.O., 465-471.

Widmungsträgerin entschieden hat: Bettina von Arnim.[25] Dabei wird aber übersehen, dass »An Diotima« gar keine Widmung ist. »N.N. gewidmet bzw. zugeeignet«, so lauten Schumanns Widmungen in der Regel. »An Diotima« dagegen ist eine Adressierung, benennt ein Gegenüber, an das die Gesänge gerichtet sind. Joseph Joachim und Johannes Brahms, denen Schumann das fertige Werk unter dem ursprünglichen Titel geschickt hatte, haben das richtig gesehen, auch wenn sie keine Ahnung hatten, wer Diotima sein könnte. »Wer ist das?« schrieben sie zurück. Wer ist die »Göttin, an welche sie gerichtet sind«?[26]

Schumann muss die beiden daraufhin auf Hölderlins Hyperion-Roman hingewiesen haben und auf die Bedeutung, die Diotima darin hat; denn wenig später trägt sich Joachim mit dem Plan einer Hyperion-Symphonie.[27] Für Schumann scheint also der ganze Roman im Hintergrund gestanden zu haben und nicht nur jene einzelnen Gedichte Hölderlins, die an Diotima gerichtet sind oder von ihr handeln.[28]

Joachim und Brahms hatten noch in einer anderen Hinsicht ein feines Gespür, wenn sie nämlich vermuteten, dass es sich bei Diotima um eine Göttin handeln könnte. Für Hyperion ist Diotima nämlich tatsächlich eine fast göttliche Gestalt: Sie lässt ihn das entdecken, was er als das Höchste und Beste erkennt, nämlich die Liebe und die Schönheit – und da liegen nun biographische Parallelen zu Schumann nahe: eine ähnliche Bedeutung hatte wohl Clara für Robert Schumann. Schumann scheint sich jedenfalls mit Hyperion zu identifizieren, wie die ursprüngliche Adressierung an Diotima andeutet. Und auch im Werk selbst findet sich diese Spur – nämlich im Kernmotiv, den Anfangstönen des ganzen Werks: es sind die »musikalischen Buchstaben« in den Namen *D*iotim*a* und *H*yp*e*rion – *d-a-h-e*[29] (siehe Abbildung 1).

Was könnten Identifikationspunkte für Schumann gewesen sein? Hyperion blickt zurück auf zwei Erweckungserlebnisse oder Erleuchtungen, beide durch Diotima initiiert: die Offenbarung der Schönheit und die Offenbarung der Liebe. Ich zitiere eine Passage dazu:

---

[25] So auch STRUCK, a.a.O., 467.

[26] Zit. nach STRUCK, a.a.O., 468.

[27] Vgl. ebd.

[28] So auch STRUCK, a.a.O., 513 und ARNFRIED EDLER, Robert Schumann und seine Zeit, Laaber 2002, 194.

[29] Vgl. dazu STRUCK, a.a.O., 483.

> »O ihr, die ihr das Höchste und Beste sucht, in der Tiefe des Wissens, im Getümmel des Handelns, im Dunkel der Vergangenheit, im Labyrinthe der Zukunft, in den Gräbern oder über den Sternen! wißt ihr seinen Namen? Den Namen des, das eins ist und alles? / Sein Name ist Schönheit. / Wußtet ihr, was ihr wolltet? Noch weiß ich es nicht, doch ahn ich es, der neuen Gottheit neues Reich, und eil ihm zu und ergreife die andern und führe sie mit mir, wie der Strom die Ströme in den Ozean. / Und du, du hast mir den Weg gewiesen! Mit dir begann ich. Sie sind der Worte nicht wert, die Tage, da ich noch dich nicht kannte –. / O Diotima, Diotima, himmlisches Wesen.«[30]

In einem solchen Bekenntnis zur Schönheit als einer göttlichen Sphäre mag Schumann sich wiedergefunden haben, zumal auch er darauf aus war, ästhetisch erzieherisch zu wirken und auf diesem Weg andere zu ergreifen und mit sich zu führen, wie unter anderem sein programmatischer Vorspruch zum Jahrgang 1835 der *Neuen Zeitschrift für Musik* es deutlich ausspricht. Danach geht es ihm (und seinen *Davidsbündlern*) um drei Ziele:

> »An die alte Zeit und ihre Werke mit allem Nachdruck zu erinnern, darauf aufmerksam zu machen, wie nur an so reinem Quelle neue Kunstschönheiten gekräftigt werden können, – sodann, die letzte Vergangenheit, (die nur auf Steigerung äußerlicher Virtuosität ausging) als eine unkünstlerische zu bekämpfen, – endlich eine neue poetische Zeit vorzubereiten, beschleunigen zu helfen.«[31]

Fast kann man den Eindruck bekommen, dass die Gesänge der Frühe mit ihren eine alte Zeit beschwörenden und zugleich auf eine neue Zeit vorausweisenden Klängen sowie ihrem antivirtuosen Klaviersatz an jenes Programm anknüpfen.

Doch zurück zu Hölderlins *Hyperion*: Jenen beiden Erweckungserfahrungen oder Erleuchtungen geht dort jeweils voraus eine Szene des frühen, erwachenden Morgens: Vor dem Moment der Offenbarung der Schönheit heißt es:

---

[30] FRIEDRICH HÖLDERLIN, Gesammelte Werke, HANS JÜRGEN BALMES (Hg.), Frankfurt am Main 2008, 357f. (Brief 14 im 1. Bd. *Hyperion*).

[31] Zit. nach PETER GÜLKE, Robert Schumanns jubelnd erlittene Romantik, in: TADDAY, a.a.O. , 16–79, hier 51.

> »O das Morgenlicht und ich, wir gingen nun uns entgegen, wie versöhnte Freunde, wenn sie noch etwas fremde tun, und doch den nahen unendlichen Augenblick des Umarmens schon in der Seele tragen.«[32]

Und vor der Vereinigung der Liebenden heißt es:

> »Wie aber am Strahle des Morgenlichts das Leben der Erde sich wieder entzündete, sah ich empor und suchte die Träume der Nacht. Sie waren, wie die schönen Sterne, verschwunden, und nur die Wonne der Wehmut zeugt' in meiner Seele von ihnen. / Ich trauerte; aber ich glaube, daß man unter den Seligen auch so trauert. Sie war die Botin der Freude, diese Trauer, sie war die grauende Dämmerung, woran die unzähligen Rosen des Morgenrots sprossen.«[33]

Von solcher Frühe, von solchem Erwachen und solcher Erweckung und Erleuchtung mögen die *Gesänge der Frühe* zumindest auch singen – und darin sind sie eben »mehr Gefühlsausdruck als Malerei«. Und sie scheinen es, wie Hyperion, im Rückblick zu tun, aus einer schmerzlichen Erfahrung des Verlustes heraus. Hyperion trauert um die tote Diotima, und in seiner Trauer beschwört er die Erinnerung an die erfüllte, selige Vergangenheit mit ihr herauf. Wollte man von hier aus unmittelbare Parallelen im Verhältnis von Robert und Clara Schumann suchen wollen, würde es gespenstisch, auch wenn Schumann später in Endenich tatsächlich von Phantasien vom Tod seiner Frau heimgesucht wurde.[34] Aber so weit ist es hier noch nicht. Allerdings scheint in den Jahren vorher doch eine schleichende Entfremdung zwischen den beiden eingetreten zu sein.[35] Schumann muss sich zunehmend vereinsamt, vereinzelt, auch erfolg- und wirkungslos vorgekommen sein. In Diotima könnte er das Ideal seiner Liebe und seiner Clara wiedergefunden bzw. festgehalten und besungen haben. Und dieser idealen Diotima kann er das anvertrauen, was er seiner realen Clara nicht zu sagen wagt, dass es ihm nämlich geht wie dem trauernden Hyperion:

---

[32] HÖLDERLIN, a.a.O., 349 (Brief 10 im 1. Bd. *Hyperion*).

[33] Ebd., 374f. (Brief 28 im 1. Band *Hyperion*).

[34] Vgl. HOFFMANN-AXTHELM, a.a.O., 164f. Vgl. auch die oben bereits zitierte, von Clara Schumann berichtete nächtliche Vision Roberts, »wir würden beide vereint, noch ehe das Jahr verflossen, bei ihnen [den Engeln] sein«.

[35] HOFFMANN-AXTHELM schreibt von einer Ehe, »in deren Verlauf sich die beiden Partner innerlich verlorengegangen zu sein scheinen«, a.a.O., 92.

> »Ich baue meinem Herzen ein Grab, damit es ruhen möge; ich spinne mich ein, weil überall es Winter ist; in seligen Erinnerungen hüll ich vor dem Sturme mich ein.«[36]

Und damit gerät er an die Grenze zum Verstummen:

> »Die Seligen, wo Diotima nun ist, sprechen nicht viel; in meiner Nacht, in der Tiefe der Trauernden, ist auch die Rede am Ende. [...] Meines Herzens Wort hat seine Kraft verloren, denn es hören mich die Lüfte nur.«[37]

Vielleicht hatte Bettina von Arnim dafür ein Gespür, und vielleicht hat Schumann ihr deshalb die *Gesänge der Frühe* gewidmet. Über Hölderlin jedenfalls hatte sie einst geschrieben:

> »Wahnsinn, merke ich, nennt man das, was keinen Widerhall hat, im Geist der andern, aber in mir hat dies alles Widerhall, und ich fühle in noch tieferen Tiefen des Geistes Antwort darauf hallen als bloß im Begriff.«[38]

Und dennoch bleibt eine Hoffnung, am Schluss des Romans von Hyperion in Worte gefasst und in den *Gesängen der Frühe* vielleicht besungen – die Hoffnung auf Versöhnung trotz aller Dissonanzen der Welt:

> »Auch wir, auch wir sind nicht geschieden, Diotima, und die Tränen um dich verstehen es nicht. Lebendige Töne sind wir, stimmen zusammen in deinem Wohllaut, Natur! wer reißt den? wer mag die Liebenden scheiden? – / O Seele! Seele! Schönheit der Welt! du unzerstörbare! du entzückende! mit deiner ewigen Jugend! du bist; was ist denn der Tod und alles Wehe der Menschen? – Ach! viel der leeren Worte haben die Wunderlichen gemacht. Geschiehet doch alles aus Lust, und endet doch alles mit Frieden. Wie der Zwist der Liebenden, sind die Dissonanzen der Welt. / Versöhnung ist mitten im Streit und alles Getrennte findet sich wieder.«[39]

---

[36] HÖLDERLIN, a.a.O., 367 (Brief 26 im 1. Bd. *Hyperion*).

[37] Ebd., 448f. (Brief 28 im 2. Bd. *Hyperion*).

[38] Zit. nach HEINZ HOLLIGERS Komposition, »Gesänge der Frühe«, in der diese Passage rezitiert wird.

[39] HÖLDERLIN, a.a.O., 456f. (letzter Brief im 2. Bd. *Hyperion*).

Wolfgang Bretschneider

O Welt, ich muss dich lassen

Johannes Brahms: Zwei Choralvorspiele für Orgel op. 122, No. 3 und 11 (1896)

Die Orgel – Instrument einer zerbrechlichen Vision

Eigentlich hätte das Interesse an der Orgel für Brahms groß sein müssen. Denn dieses Instrument besaß Eigenschaften, die dem Komponisten viel bedeuteten: Nüchternheit, Strenge und Objektivität. Zudem war es ein Symbol für die geistig-geistliche Tradition, der Brahms sich zeit seines Lebens verpflichtet fühlte.

Doch im Vergleich zu seinem sinfonischen und kammermusikalischen Schaffen liegen die Orgelwerke im kompositorischen Schatten.

Aus der Frühzeit: Zwei Präludien und Fugen (a-Moll und g-Moll) aus den Jahren 1856 bzw. 1857 (erst 1927 in der Gesamtausgabe veröffentlicht), sowie Fuge as-Moll und Choralvorspiel und Fuge über »O Traurigkeit, o Herzeleid«, beide um 1856 komponiert (erschienen 1864 bzw. 1882, ohne Opuszahl).

Aus der Spätzeit: Elf Choralvorspiele, datiert mit »Ischl, Mai 96« und »Juni 9, Ischl«, (erschienen 1902 als Opus posth. 122).

Brahms hat keines seiner Orgelwerke mit einer Opuszahl versehen. Auch daraus ist der Schluss gezogen worden, das »alte« Instrument habe ihn nicht wirklich interessiert. Schaut man genauer hin, so eröffnen sich ganz andere Perspektiven. Am 30. September 1853 besuchte Brahms zum ersten Mal Robert und Clara Schumann in Düsseldorf. Hier erfuhr er von der hohen Wertschätzung, die Clara der Orgel entgegenbrachte. Der Zwanzig-Jährige griff diese Vor-Liebe auf und revanchierte sich mit der Abschrift des »Largo e spiccato« – Satzes der Bachschen Orgeltranskription des Concerto d-Moll (op. 3 Nr. 11) von Antonio Vivaldi. Der junge Liebhaber notierte »Zum Abschied von Düsseldorf. Johannes.« Und am unteren Rand »der lieben Clara«.[1]

Was hier begonnen hatte, sollte sich wie ein warmes, sorgsam behütetes Band durch das Leben der beiden hindurchziehen. In den folgenden Jahren kommen beide immer wieder auf die Orgel zu sprechen. Wie glutvoll dieses Instrument aufgeladen und zum Symbol einer tiefen Zuneigung wird, zeigt z.B. eine Bemerkung von Brahms in seinem Brief vom 24. Mai 1856: »Ich habe schon daran gedacht, dass ich wohl bis zum nächsten Jahr ein passabler Orgel-Virtuos sein könnte, dann reisten wir zusammen, und ich hinge das Klavierspiel an den Nagel, um immer mit Dir zusammen reisen zu können.«[2]

Seine Orgelkompositionen, die erhaltenen wie die von ihm selbst vernichteten, waren fast immer Gegenstand eines tiefen, aber auch zerbrechlichen Dialogs zwischen Johannes und Clara. »Für ihn war die Orgel wohl das Instrument, das ihn am engsten mit Clara Schumann verband. Für die Pianistin Schumann und den Pianisten Brahms war es wohl das Klavier, für die beiden Menschen aber die Orgel.«[3]

Seit den späten fünfziger Jahren ist das Thema Orgel für Brahms abgeschlossen, soweit es sich um den Bereich Orgel-Komposition und Orgel-Interpretation handelt.

Was ihm seine Orgelwerke bedeuteten, wird auch daran deutlich, dass er sie einigen seiner Freunde vorlegte und diese um ihr Urteil bat. Am 5. Juni 1856 schickte er dem berühmten Geiger Joseph Joachim die Präludien und Fugen in a-Moll und as-Moll zu mit der schlichten Bemerkung: »Ich habe nämlich in letzter Zeit Orgel geübt, daher kommen sie.«[4] Obwohl Brahms die Orgel in der Kirche kennengelernt und dort auch verschiedentlich zu Gottesdiensten gespielt hatte, wurde sie für ihn aber zum Konzertsaal – Instrument, eingetaucht in die Farbcharakteristik und Ästhetik des 19. Jahrhunderts.

---

[1] Margit L. McCorkle, Johannes Brahms. Thematisch-bibliographisches Werkverzeichnis, München 1984, 741.

[2] Berthold Litzmann (Hg.), Clara Schumann – Johannes Brahms. Briefe aus den Jahren 1853–1896, Bd. 1, Leipzig 1927, 183f.

[3] Otto Biba, Orgel und Orgelspiel im Leben und Schaffen von Johannes Brahms, in: AO 31 (1983), 215–221, hier 218.

[4] Andreas Moser (Hg.), Johannes Brahms im Briefwechsel mit Joseph Joachim, Bd. 1, Berlin 1908, 139.

Leidvolle Abschiede

Nach seiner 8. Italien-Reise zieht es Brahms im Sommer 1893 wieder nach Bad Ischl. Er sammelt, sichtet und revidiert frühere Kompositionen, eine Praxis, die nicht ungewöhnlich für ihn war. Doch allmählich stellen sich immer mehr Gedanken des Abschieds und der Wehmut ein. Im folgenden Jahr veröffentlicht er noch eine »letzte« Komposition: »49 Deutsche Volkslieder mit Klavierbegleitung« (ohne Opuszahl). Sie sollten das Finale seines Lebenswerks werden. Am 17. September 1894 schreibt er an seinen Verleger Simrock: »Ist Ihnen übrigens aufgefallen, dass ich als Komponist deutlich Adieu gesagt habe?«[5]

Seit 1892 musste Brahms immer wieder Abschied von lieben Freunden nehmen.

In diesem Jahr starben seine Schwester Elise und Elisabeth von Herzogenberg, Frau seines Freundes, des renommierten Komponisten Leopold Heinrich von Herzogenberg.

1893 verstarb überraschend die von Brahms verehrte erst 36-jährige Altistin Hermine Spies.

Im folgenden Jahr musste Brahms, der nur ganz wenige Freunde hatte, Abschied nehmen von drei seiner engsten Weggefährten: von Philipp Spitta, dem herausragenden Musikprofessor in Berlin, Hans von Bülow, dem genialen Dirigenten und Theodor Billroth, dem berühmten Chirugen, Wahl-Wiener und Brahmsverehrer.

Was diese Tode für ihn bedeuteten, wird noch einmal vor dem Hintergrund einer Aussage deutlich, die Eugenie, die jüngste Tochter von Robert und Clara Schumann 1925 in ihren Erinnerungen an Brahms gemacht hatte:

> »Trotzdem er Menschen liebte, ja sie suchte, wehrte er sich gegen sie, wenn sie ihn suchten. Er gab gerne, aber Ansprüche, Erwartungen stieß er zurück. Er war wählerisch im Umgang, und wenige genügten ihm. Ja, in den letzten Jahren seines Lebens sagte er einmal sehr heftig: ›Ich habe keine Freunde! Wenn irgend jemand sagt, er sei mit mir befreundet, so glauben Sie es nicht!‹«[6]

---

[5] JOHANNES BRAHMS, Briefwechsel, 16 Bde., Berlin (1906) 1907–1922 (Reprint Tutzing 1974), Bd. XII, 151.

[6] EUGENIE SCHUMANN, Erinnerungen, Stuttgart 1927, 251.

Am härtesten dürfte ihn der Tod von Clara Schumann getroffen haben. Nach zwei Schlaganfällen am 26. März und am 10. Mai 1896 verstarb sie zehn Tage später, am 20. Mai.

In Ischl, wo er am 14. Mai zu seinem jährlichen Sommeraufenthalt eintraf, erhielt er die Todesnachricht am 22. Mai Noch am selben Tag reiste er zur Beerdigung nach Bonn.

Danach fährt Brahms über Bad Honnef, wo er noch Freunde besuchte, zurück nach Ischl.

Diese aufreibenden Monate sind zudem überschattet von den bei ihm sich immer mehr verdichtenden Anzeichen eines fortschreitenden Leberkarzinoms.

Die Themen: Rückzug aus dem Leben, Abschied-Nehmen, die Frage nach dem Sinn alles Irdischen, sie sind nicht neu für Brahms, drängen aber jetzt mit einer Heftigkeit in die Existenz, die an die Substanz gehen.

Unendliche Trauerarbeit

Auf einem Kalenderblatt vom Mai 1896 notierte Brahms drei Informationen:

> Wien Vier ernste Gesänge für Bassstimme
> 20. Clara Schumann Tod
> Ischl Sieben Choralvorspiele

Die Sammlung der Elf Choralvorspiele, die erst fünf Jahre nach Brahms' Tod unter der Opuszahl 122 bei seinem Verleger und musikalischen Nachlassverwalter Fritz Simrock (Bonn) veröffentlicht worden ist, hat Biographen und Interpreten zu mystischen und mystifizierenden Interpretationen animiert: »Schwanengesang« eines Entrückten, Zeugnis des Erhabenen und Vollendeten, Werke einer eschatologischen Schönheit und schnörkelosen Reife. Aber auch Gegenteiliges wurde geäußert: Unbedeutende Werke einer »Unpersönlichkeit«, die man mit gutem Gewissen vernachlässigen könne.

Ein Blick in die Autographe bringt Nüchternheit in die oft geschwollenen oder oberflächlichen Deutungen. In der Urschrift, datiert »Ischl, Mai 1896«, finden sich zwei Dreiergruppen von Choralvorspielen. Es ist nicht mehr nachprüfbar, ob diese 6 Kompositionen vor oder nach dem Tod von Clara Schumann geschrieben worden sind. Fest steht in jedem Fall, dass Brahms auch im Opus 122 auf ältere Arbeiten zurückgegriffen hat, und, wie sein Biograph Kalbeck bemerkte, zwischen Redaktion und Neukomposition keine deutliche Grenze zu ziehen sei.[7]

Als Brahms am 28. Mai 1896 nach Ischl zurückkehrt, verwirft er sein bisheriges Konzept und erarbeitet ein neues. Wie dieses konzipiert war, lässt sich nicht mehr eruieren. Im Juli beauftragt Brahms seinen Kopisten William Kupfer, eine Reinschrift von sieben Choralvorspielen anzufertigen, deren Reihenfolge allerdings verändert worden war.

Die Siebenzahl hatte für den Komponisten eine starke Symbolkraft. Die ungarischen Tänze wie auch die 49 Volkslieder ließ er jeweils in Heften mit sieben Stücken erscheinen, »da ich immer gerne so eine heilige Zahl mache«.[8]

Die Reihenfolge der Choräle 8–11 blieb jedoch unverändert. Wahrscheinlich wollte er diese auch zu einer Siebener-Einheit zusammenfassen, was ihm dann nicht mehr vergönnt war.

Nicht ganz eindeutig ist auch eine Mitteilung an seinen Freund Herzogenberg vom Juni 1896: »Anderes nicht so Bedenkliches (gemeint sind die ›Vier ernsten Gesänge‹, op. 121), aber nicht für den Druck Geeignetes hätte ich gar gerne am Klavier mitgeteilt.«[9] Brahms spielt hier wohl auf die Choralvorspiele an.

Opus 122 sollte Fragment bleiben.

Ein Blick nach innen

Dass Brahms am Ende seines Lebens – unter dem bedrückenden Eindruck der Todverfallenheit von Mensch und Welt – noch einmal die Orgel zum Instrument seines Glaubens, Hoffens und Liebens gemacht hat, verwundert eigentlich nicht, ruft man sich seine Vor-Geschichte in Erinnerung.[10]

Im Blick auf die elf Choralbearbeitungen, die ja nicht für den gottesdienstlichen Gebrauch gedacht waren, fallen das Vorbild Johann Sebastian Bach mit seinem »Orgelbüchlein« sowie die norddeutschen Choralfantasien auf. Sowohl die cantus-firmus-Behandlung wie auch die Erfindung der

---

[7] Max Kalbeck, Johannes Brahms, Bd. IV/2, Berlin [2]1915, 470.

[8] Richard Heuberger, Erinnerungen an Johannes Brahms, Kurt Hofmann (Hg.), Tutzing [2]1976, 65.

[9] Max Kalbeck (Hg.), Johannes Brahms im Briefwechsel mit Heinrich und Elisabeth von Herzogenberg, Bd. 2, Berlin [4]1921, 272.

[10] Zum Themenbereich Orgelwerke vgl. den informativen Artikel von Sven Hiemke, in: Wolfgang Sandberger (Hg.), Johannes Brahms Handbuch, Stuttgart/Weimar 2009, 370–380.

deutenden Begleitstimmen stehen dafür. Kompositionstechnisch wie in der geistigen Konzeption lassen sich dafür zahlreiche Parallelen anführen.

Brahms legt mit seinen Choralbearbeitungen ein sehr persönliches Testament vor, das allerdings - gerade wegen seiner Schlichtheit und Unaufgeregtheit, seiner Verdichtung und Konzentration - hellwache Ohren braucht, um sich den Botschaften des Abschied-Nehmenden zu nähern. Bei aller vordergründigen Abstraktion bleibt jeder Choral dennoch unverwechselbar und authentisch.

Elf Choralvorspiele (nach der 1. Ausgabe)

Titel: Von den Erben nach Johannes Brahms infolge letztwilligem Wunsches zum Verlag übergeben. Elf Choralvorspiele für die Orgel von Johannes Brahms, op. 122, Einziges nachgelassenes Werk.

1. Mein Jesu, der du mich
2. Herzliebster Jesu
3. O Welt, ich muß dich lassen
4. Herzlich tut mich erfreuen
5. Schmücke dich, o liebe Seele
6. O Wie selig seid ihr doch, Ihr Frommen
7. O Gott, du frommer Gott
8. Es ist ein Ros entsprungen
9. Herzlich tut mich verlangen
10. Herzlich tut mich verlangen
11. O Welt, ich muß dich lassen

Ursprüngliche Anordnung im Autograph: Nr. 1, 5, 2, 6, 7, 3, 4, 8-11

In allen Texten ist die Rede vom Ende des menschlichen Lebens, von Tod und Ewigkeit. Die meisten Choräle thematisieren einerseits Leiden, Schmerz und Trauer, andererseits ewiges Leben, Vollendung, Erfüllung und Trost. Die eschatologische Dimension durchzieht wie ein roter Faden alle Gesänge. Die bohrenden Fragen nach dem Sinn irdischen Lebens sind allgegenwärtig. Für die Darstellung äußerer Kämpfe ist aber jetzt kein Platz mehr. Abgeklärtheit und Ergebung, aber auch ein inneres Suchen und Ringen um Antworten auf die »ewigen Fragen« bewegen den Bedrängten.

Damit sind diese Gesänge weit mehr als eine diskrete Trauermusik.

Auffällig ist, dass alle Choräle der frühen Choral-Tradition entnommen sind. Ihre Texte und Melodien entstanden im Zeitraum zwischen 1539 (Nr.3) und 1694 (Nr. 1).

Vor dem Hintergrund der Diskussion um eine »defizitäre Christologie« im Brahmsschen Glaubenskosmos mag die Tatsache erstaunen, dass alle Choräle von Jesus Christus sprechen. Brahms hatte sich in der Öffentlichkeit stets geweigert, expressis verbis von dem »Sohn Gottes« zu sprechen. Wer so deutlich wurde, galt in Zeiten einer rationalistischen Aufklärung als rückständig und wurde zum Spielball beißenden Spotts.[11] Eine innere oder äußere Logik in der Anordnung der Choräle ist nicht zu erkennen.

Die alten Choräle – eine faszinierende Welt

Als lutherischer Christ hatte Brahms von früh an die kirchlichen Choräle kennen und schätzen gelernt. Sie galten als das Erkennungszeichen der evangelischen Christen in Abgrenzung zu den Katholiken, die nicht selten neidvoll hinüber blickten. In ihnen artikuliert sich der evangelische Glaube, konkret, aktuell, Identität und Eigenprofil stiftend. Wie das Volkslied galt für Brahms auch der Choral als Ideal des unmittelbar Eingängigen und Verständlichen. Schon früh entdeckte er für sich und sein kompositorisches Schaffen die ältere Musik. So war es z.B. für ihn eine innere Verpflichtung, die erste Gesamtausgabe der Bachschen Werke, herausgegeben von seinem Freund Spitta, zu abonnieren.

Es ging ihm dabei nicht zuerst um das Kennenlernen historischer Satztechniken und den Erwerb kontrapunktischer Fähigkeiten. Vielmehr war ihm daran gelegen, die spirituellen Gehalte der musica antiqua zu entdecken, freizulegen und sie für die Gegenwart fruchtbar zu machen. Er studierte z.B. mit seinem Freund, dem Geiger Joseph Joachim, alte Choralsätze. Daraus ging 1860 die Motette »Es ist das Heil uns kommen her« (op. 29, Nr.1) hervor.

Welch kämpferische Überzeugungskraft dahinter stand, demonstriert ein Brief von Joachim an seinen geschätzten Liedkomponisten Robert Franz vom 21. März 1860. Er polemisiert gegen die »Neudeutschen«, an ihrer Spitze Franz Liszt, »die in Eitelkeit und Frechheit alles Heilige, Hohe, das die musikalische Kraft unseres Volkes bisher erschaffen, gleichsam als Dünger für die verkrüppelten, machtlosen Wucherpflanzen – Lisztscher – Phantasie betrachten«.[12]

---

[11] Vgl. zu dieser komplizierten und kontrovers diskutierten Frage: JAN BRACHMANN, Kunst – Religion – Krise. Der Fall Brahms, Kassel 2003, 422–452.

[12] JOHANNES JOACHIM / ANDREAS MOSER (Hgg.), Briefe von und an Joseph Joachim, Bd. 2: Die Jahre 1858–1868, Berlin 1912, 119.

Zu dem »Heiligen und Hohen« zählten in besonderer Weise die alten Choräle, vor allem die des Johann Sebastian Bach. Kein Geringerer als Ph. Spitta, der große Bach-Biograph, gab ihnen in geschichtsphilosophischer Übersteigerung die höchsten Weihen, indem er die auf Kirchenliedern basierenden Kantaten als Höhepunkte des Bachschen Werkes hochstilisierte. So wurden auch für Brahms die Choräle zum Symbol für das unveräußerliche Erbe einer verantworteten Musik, zum Credo des zeitlosen Ausdrucks des »innersten Wesens der Musik« (Erklärung gegen die Neudeutsche Schule, 6. Mai 1860).

Der Rückgriff auf die geistlichen Werke der Vergangenheit war für Brahms keine Flucht aus der Gegenwart, kein Abtauchen in eine vermeintlich heile Welt. Vor dem Hintergrund der Auflösung ewiger Verbindlichkeiten und der unkritischen »Anbetung« der neu kreierten Kunstreligion gewinnt die Orientierung an der Tradition eine herausfordernde Attraktivität. Brahms bewegten diese Fragen im Innersten. Bezeichnend ist z.B. der Brief, den ihm Spitta als Antwort auf die Zusendung des Autographs vom »Choralvorspiel und Fuge für Orgel« über »O Traurigkeit, o Herzeleid« (WoO7) zugesandt hatte. Darin zitiert er den Historiker Wilhelm Giesebrecht:

> »Es ist die Aufgabe des deutschen Volkes, sich mit der ganzen Tradition der früheren Zeiten zu erfüllen, [...] die ganze Summe der überlieferten Bildung in sich aufzunehmen, sich nach der Natur seines Geistes durchzuarbeiten und von den Elementen seines Wesens durchdrungen als Gemeingut der Welt hinzugeben.«[13]

Eng verbunden mit dem Choral ist das Volkslied. Konstitutiv ist es nicht nur für das umfangreiche Liedschaffen von Brahms, es steht für sein Gesamtwerk. Auch hier fühlt er sich von seinen »neudeutschen« Gegnern herausgefordert. Aufschlussreich ist eine Äußerung im Brief an Clara Schumann vom 27. Januar 1860: »Das Lied segelt jetzt so falschen Kurs, dass man sich ein Ideal nicht fest genug einprägen kann. Und das ist mir das Volkslied.«[14]

Das Unverbrauchte, zuweilen Archaische faszinierten ihn und seine Freunde: die unregelmäßigen Perioden, die offenen unverdeckten Takt-

---

[13] CARL KREBS (Hg.), Johannes Brahms im Briefwechsel mit Philipp Spitta und Otto Dessoff, Berlin 1920/22, 51f.

[14] BERTHOLD LITZMANN (Hg.), Clara Schumann – Johannes Brahms. Briefe aus den Jahren 1853–1896, Bd. 1, Leipzig 1927 (Reprint Hildesheim 1989), 294.

wechsel, die Erweiterung der Tonalität durch Einbeziehung von Kirchenmodi, die Aufsprengung der Kadenzfesseln u.a.m. Sie ließen eine Musik vernehmen, die ihre geistigen Wurzeln aufdeckt und in ihrem Geist zu neuen Schöpfungen animiert.

»O Welt, ich muß dich lassen« – eine Erfolgsgeschichte

Das drei-strophische Lied zählt zu den bekanntesten geistlichen Kontrafakturen. Noch fest im kulturellen Bewusstsein ist seine weltliche Vorlage »Innsbruck ich muß dich lassen«, die Ende des 15. Jahrhunderts entstanden ist. Zweifelhaft bleibt, ob die Melodie auf Heinrich Isaak zurückgeht. Populär wurde das Innsbrucker Abschieds – und Reiselied durch seinen vierstimmigen Satz.

Die in heutigen evangelischen und katholischen Gesangbüchern sich findende Melodieversion geht auf eine vereinfachte Fassung von Bartholomäus Gesins aus dem Jahr 1605 zurück. Die älteste 10-strophische Textfassung der Kontrafaktur taucht in einem Nürnberger Liederdruck auf. 1569 erscheint sie zum ersten Mal in einem Nürnberger Gesangbuch (jeweils ohne Verfasserangabe). Die alte Text-Zuschreibung Johannes Hesse ist geschichtlich nicht zu halten. So bleibt der Autor weiterhin unbekannt.

1571 findet sich das Lied in einer umfassenden Sammlung von 42 »contrafacta« mit dem programmatischen, aufschlussreichen Titel »Gassenhaver / Reuter und Bergliedlin / Christlich / moraliter / und sittlich verendert«.[15]

Wie sehr sich das geistliche Lied aus der weltlichen Vorlage herausentwickelt hat, mag die Gegenüberstellung deutlich machen:

Innsbruck, ich muss dich lassen, ich fahr dahin mein Straßen in fremde Land dahin. Mein Freud ist mir genommen, die ich nit weiß bekommen, wo ich in Elend bin.	O Welt, ich muss dich lassen, ich fahr dahin mein Straßen ins ewig Vaterland. Mein' Geist will ich aufgeben, dazu mein' Leib und Leben legen in Gottes gnädig Hand.

[15] Vgl. dazu die hymnologische Erschließung des Lieds von MICHAEL FISCHER, in: GERHARD HAHN / JÜRGEN HENKYS (Hgg.), Liederkunde zum Evangelischen Gesangbuch, Heft 9, Göttingen 2004, 85–91.

2. Mein Zeit ist nun vollendet, der Tod das Leben endet, Sterben ist mein Gewinn; kein Bleiben ist auf Erden; das Ewge muss mir werden, mit Fried und Freud ich fahr dahin.

3. Auf Gott steht mein Vertrauen, sein Antlitz will ich schauen wahrhaft durch Jesus Christ, der für mich ist gestorben, des Vaters Huld erworben und so mein Mittler worden ist. (Liederkunde 87)
Wie beliebt die Melodie von Anfang an war, belegen die geistlichen Bearbeitungen bereits aus vorreformatorischer Zeit. Bis weit ins 18. Jahrhundert hatte das Abschiedslied eine fast magische Anziehungskraft ausgeübt. Erwähnt seien nur die beiden Lieder »Nun ruhen alle Wälder« von Paul Gerhardt (1647) und von Matthias Claudius »Der Mond ist aufgegangen« (1779).

Gerne tradiert werden die Aussagen von J.S. Bach und W.A. Mozart. Sie wollten ihre besten Werke hingeben, wenn sie diese Melodie erfunden hätten. Diese Beispiele belegen die hohe Wertschätzung, die dem Text und der Melodie unseres Liedes entgegengebracht worden sind.

»Kein Bleiben ist auf Erden«

Zweimal hat Brahms dem Sterbechoral »O Welt, ich muß dich lassen« eine musikalische Gestalt und individuelle Deutung gegeben (Nr. 3 und 11), so wie er es bereits getan hatte bei dem Sterbechoral »Herzlich tut mich verlangen nach einem selgen End« (Nr. 9 und 10).

Auch diese Tatsache beweist, wie sehr den Komponisten dieses Thema beschäftigt hat. Werfen wir zunächst einen Blick auf die erste Vertonung:

Umfang: 19 Takte
Tonart: F-Dur
Metrum: C/ und 3/2
Fünf-stimmiger Satz
Dynamische Angabe: f ma dolce
Keine Tempoangabe

Der cantus firmus liegt im Sopran, die Verszeilen sind durch unterschiedlich lange Pausen voneinander abgesetzt. Der Begleitsatz ist dicht gewebt: In Sekundschritten absteigende und aufsteigende Achtelbewegungen verdichten sich, imitatorisch geführt, immer wieder neu von der Einstimmigkeit zur Fünfstimmigkeit. Dieses Seufzermotiv hatte Brahms schon im Choral »O Lamm Gottes, unschuldig« aus dem »Orgelbüchlein« von J.S.

Bach (BWV 618) kennengelernt. (Dieser Choral steht ebenfalls in F-Dur, überschrieben mit Adagio).

Erinnert wird man an die Verwendung dieser Seufzermelodik im letzten Satz des »Deutschen Requiem«. In den beiden Ecksätzen gehen die charakteristischen Bewegungen ebenfalls durch alle Stimmen. Während der Bachsche Choral von Schmerz und Klage bestimmt ist, setzt Brahms als Schluss seines Chorwerkes andere thematische Akzente. »Selig sind die Toten, die in dem Herrn sterben« (Off 14,13). Diese Seligpreisungen wollen den Noch-Lebenden vor allem Trost und Zuversicht zusprechen. Weil sie »im Herrn«, in Jesus Christus, sterben, dem sie im Leben die Treue gehalten haben, werden sie selig gepriesen. Damit knüpft der Komponist an den Anfang seines Requiem an »Selig, die da Leid tragen, denn sie sollen getröstet werden« (Mt 5,4), ebenfalls in F-Dur.

Brahms fühlte sich von solchen eschatologischen Verheißungen im Tiefsten angesprochen. Ein Beispiel sei noch erwähnt. In der Motette »Warum ist das Licht gegeben dem Mühseligen« (op. 74,1) zitiert er im dritten Teil eine Aufforderung aus dem Jakobus-Brief: »Siehe, wir preisen selig, die erduldet haben« (Jak 5,11). Brahms lässt es bei dieser allgemeinen Aussage. Die Konkretisierung im Jakobus-Brief, Unterdrückung durch soziale Ausbeutung, wird von ihm weggelassen, weil sie diesem Kontext fremd wäre.

Die frühere Thematisierung schwingt in der ersten Choralvertonung mit. Zum einen ist es der Abschiedsschmerz und die Erfahrung von Endlichkeit und Vorläufigkeit alles Irdischen, zum anderen die Hoffnung auf »das ewig Vaterland« und das Geborgen-Sein »in Gottes gnädig Hand«.

Der Anfang des Chorals »O Welt, ich muß dich lassen« spricht von der harten, der härtesten Wirklichkeit, die jedem Menschen auferlegt ist. Ein ehernes Gesetz, das nicht außer Kraft zu setzen ist! Dieses lähmend-bedrückende Faktum mag Brahms vor Augen gestanden haben. Mit dem sukzessiven, unerbittlichen Zusammenwachsen des Satzes und dem zweimaligen Oktavsprung des Pedals als Symbol des ehernen Lebensgesetzes rückt er diese Wirklichkeit in die Gegenwart.

Wie beschwerlich und schmerzvoll dieser Weg allerdings ist, erfährt der Hörer ab dem vierten Takt: »Ich fahr dahin mein Straßen«. Die bisherige Faktur ändert sich plötzlich und unerwartet. Unruhe kommt auf, die gleichbleibende Seufzermotivik bricht ab. Ein neues Metrum 3/2 verändert die Stimmung des Klagelieds.

Die aus der Melodie gewonnenen Dreier- und Vierer-Motive, ineinander sich verschachtelnd, bewirken Kurzatmigkeit, Enge, Bedrängnis. Selbst die Deutung des »ins ewig Vaterland« bringt keine Aufhellung, vielmehr Verdunkelung durch absteigende Linien und chromatische Eintrübungen.

Eine in den Takten 5 und 6 angekündigte Symmetrie wird nicht eingehalten. Durch den Wegfall des Pedals in diesen Takten wirkt alles ohne Fundament, haltlos, hohl, resignierend. Freude über die Geborgenheit beim Vater will sich nicht einstellen.

Die ab Takt 8 folgenden Aussagen »Mein ›Geist will ich aufgeben, dazu mein‹ Leib und Leben« greifen satztechnisch zwar auf den ersten Teil des Chorals zurück, nehmen an innerer Dramatik aber zu. Auch die ständigen Taktwechsel »stören« jetzt mehr und mehr.

Die Harmonik wird »gewagter«, wobei die Mollakkorde sich deutlich in den Vordergrund drängen. Dadurch werden die Spannungen immer größer: inneres Aufgewühltsein, Kampf zwischen Loslassen müssen und Nicht-Loslassen-Können.

Der Tod siegt. Er nimmt die Entscheidung ab. In Takt 13 bricht alles zusammen. Auf der Taktzeit 3, wo alles sich beruhigen sollte, kommt es – unerwartet – zum Stillstand. Leere!

Ist es ein gähnender Abgrund oder ein angenommenes, gar versöhntes Ende? Der C-Dur-Akkord auf der 2 könnte für die 2. Deutung sprechen. Doch der Gesamtkontext »schmeckt« nicht nach Versöhnung. Was sich auf der 2. Taktzeit tut, wirkt unfertig, unabgeschlossen. Lässt man zudem die »fremde« Pause auf sich wirken, melden sich Zweifel an.

Die Takte 13b und 14 bestätigen diesen Eindruck. Sie sind ein Abgesang, ein trauriges Abschiednehmen von Leib und Leben. Das kurze auf- und absteigende Motiv sucht die Niederungen der Welt auf und erreicht mit dem h den tiefsten Punkt im ganzen Werk. Gespannt darf man sein, wie Brahms nun die letzten Worte »legen in Gottes gnädig Hand« auslegt (T.15–19). Findet er zu seinem Credo? Hier müsste es sich zeigen.

Mit T.15 »legen in« setzt in allen Stimmen eine ungeduldige Aufwärtsbewegung ein: ein Ringen um Erleuchtung und Einsicht im Horizont der Frage nach der Zukunft von Mensch und Welt. Auf der 1 in T.16 erreicht sie ihren Höhepunkt. Bereits auf der Zählzeit 2 wird dieses hoffnungsfroh begonnene Suchen durch das Des im Alt empfindlich eingetrübt.

Die noch folgenden 3 ½ Takte ringen mit den Schlussworten »Gottes gnädig Hand«. Angesagt sind nur noch die Abwärtsbewegungen in den Begleitstimmen, bestimmt durch Wiederholungen von Kurzmotiven, Gegenbewegungen und Verdichtungen. Die Sopranstimme bewegt sich fast nicht mehr. Trotz des dominanischen Feldes in T.17 herrscht ein eher hohler Eindruck vor, vor allem an den Stellen, wo das Pedal pausiert. Es wirkt wie ein Auf-der-Stelle-Treten.

Das schmerzhafte Abschied-Nehmen scheint in den letzten beiden Takten zur Ruhe – 9 – gekommen zu sein, trotz der von innerer Unruhe aufgeladenen Motivbewegungen, die aus den letzten Takten übernommen worden sind. Ist es Ergebenheit nach langem Kampf? Der letzte, mit einer Fermate versehene, tief liegende siebenstimmige Akkord, bei dem vier mal der Ton F erscheint, könnte dieser Deutung recht geben.

Die zweite Vertonung des Sterbechorals »O Welt, ich muß dich lassen« beschließt die fragmentarische Sammlung der 11 Choralvorspiele.

Umfang: 30 Takte
Tonart: F - Dur
Metrum: durchlaufende 4/4
Fünfstimmer, homophoner Satz
Dynamische Angabe: f ma dolce
Keine Tempoangabe

Auch in dieser Choralbearbeitung liegt der cantus firmus im Sopran. Ausgeschmückt mit zahlreichen Durchgangsnoten und behutsamen Kolorierungen. Charakteristisch sind die sechs Doppelechos (p/pp, jeweils ohne Pedal). Sie nehmen jeweils die letzten Melodietöne des Choralverses auf mit reduzierter Stimmenzahl, Stimmtausch, Lagenwechsel und in neuer Harmonik. Das zweite Echo wird immer eine Oktave tiefer gespielt. Auch die Begleitstimmen der Doppelechos beziehen ihr thematisches Material aus den Choralabschnitten.

Der suggestiven Kraft der doppelten Echos kann man sich nur schwer entziehen. Sie führen die Abschiedsklage fort in eine unendliche Ferne, die kaum noch vernehmbar ist. Es ist wie ein kosmisches, schweigendes Entschwinden, ein lautloses, rätselhaftes Verstummen.

In den folgenden Takten 18–22 wird das unaufgeregte Ja-Sagen zur Fügung Gottes empfindlich gestört. Es ist die Stelle »dazu mein Leib und Leben« (T.18–22). Chromatisch absteigende Linien im Sopran, Alt und 1. Bass, durchsetzt mit Leittönen und Spannung erzeugenden Alterationen, lassen Unruhe aufkommen: ein Kämpfen um Leib und Seele, ein letztes Aufbäumen, resignative Ergebenheit. Durch die abfallenden Achtelfiguren, eingebettet in Doppel- und Zwischendominanten, wirken diese Takte, einschließlich der Echos, noch bedrohlicher.

Auch hier zeigt sich wiederum, welche Aufmerksamkeit Brahms den Mittelstimmen beimisst. Wie sie gruppiert werden, wie sie sich zu Sopran und Bass verhalten, zeugt von hoher »Sprach«-Kompetenz. Zuwider sind dem Komponisten Verlegenheitslösungen: Leere, nichtssagende Tonauffüllungen, unmotivierte, verdunkelnde Aufschüttungen. Auch bei den Wiederholungen, hier bei den Echos, kann es nicht bei reinen Repetitionen bleiben. Wenn diese nicht zu Steigerungen und Verdichtungen, zu Verschleierungen, Verdunkelungen oder zur Verschönerung der Melodie führen, haben sie keine Berechtigung.

Es erstaunt nicht, dass die letzte Zeile »legen in Gottes gnädig Hand« auffallend viele Parallelen zur ersten Vertonung (Nr. 3) aufweist: In T.23 noch einmal ein kurzes Aufbäumen, T.24 g-Moll-Tonart, die kontinuierlich absteigenden Linien im Diskant. Während bisher lediglich die letzten 2, 3, 4, 5 oder 7 Töne der Melodie (samt ihren Umschreibungen) in die Echos aufgenommen worden waren, sind es jetzt 12. Dadurch weitet sich die Aussage fast bis ins Unendliche hinein. Trotz der zunehmenden akkordischen Dichte – bis zur Siebenstimmigkeit im letzten Akkord – reduziert sich das Geschehen im psychologischen Empfinden auf eine Stimme, erst im Alt, dann im Tenor. Um diese zu stützen, legt Brahms akzentuierende Akkorde im punktierten Rhythmus unter bzw. über die Solostimme – 10 – (womit er die bisherige Satztechnik verlassen hat).

Vorgeformt waren sie bereits in der Tenor und Bass – Stimme im T.24 auf der Zählzeit 4 und in T.25.

Es will dies das persönliche Bekenntnis *eines* Menschen sein. Jeder muss in eigener, in seiner Weise Abschied von der Welt nehmen.

Aufmerksamkeit hat noch der Schlussakkord verdient. Er endet nicht wie in der ersten Vertonung auf F, sondern auf A, also auf der Terz. Er wirkt schwerelos, entmaterialisiert, nach innen leuchtend. Wer Brahms' Sorgfalt kennt, weiß, dass das kein Zufall ist, vielmehr Absicht. Ist es das stille Hoffen auf ein Ruhen in Gottes Hand? Nicht lautstark herausgerufen, sondern erbetet in einem Herzen, das sich scheu nach außen abschirmt, weil es das Wertvollste schützen will.

Welche der drei Strophen Brahms jeweils vertont hat, lässt sich nicht sagen. Nur einmal – bei der Choralbearbeitung »Herzliebster Jesu« – hat er über die Noten den entsprechenden Choraltext gesetzt.

Auch wenn Brahms keine Tempoangabe über die Choralbearbeitungen gesetzt hat, so ist doch evident, dass es sich hier um Adagio-Stücke handelt. (Hierfür spricht nicht nur die entsprechende Vortragsbezeichnung beim Bachschen »O Lamm Gottes, unschuldig«.)

Aufschlussreich ist die folgende Überlieferung. Sein Freund Theodor Billroth berichtet von einem Treffen mit Brahms. Er wollte etwas über Melodiebildung, über Zeichen der Schönheit einer Melodie mit dem Meister austauschen. »Er trat mir entgegen mit dem Goetheschen Gedicht ›Über allen Gipfeln ist Ruh‹ [...] und analysierte dasselbe in interessanter Weise.« Er schloss mit den Worten: »Die Einfachheit und Kürze des Ganzen. Ein schönes Adagio in Liedform.«[16] Ein Adagio galt zu seiner Zeit als »der beste Probirstein für den Werth eines Componisten«.[17]

Deshalb, so Brahms in der Analyse des Goethschen Gedichts, »man könne kein Wort ändern, ohne zu zerstören«. Das gleiche kann man auch von den beiden Choralvertonungen sagen. Jeder noch so geringe Engriff in die Komposition würde sie zerstören.

»Gesänge« des Abschieds

Die 11 Choralvorspiele op. 122 sind unvollendet geblieben. Brahms war es nicht mehr vergönnt, sie zu einem »Bouket« zusammenzubinden, wie er es sonst liebte. 1896 beklagte er sich – nach einer Überlieferung von Heinz von Beckerath – darüber, dass die Sängerinnen und Sänger sich ihre Lieder willkürlich zusammenstellten und »gar nicht beachteten, wie er sich stets große Mühe gegeben hätte, seine Liederkompositionen wie zu einem Bouket zusammenzustellen«.[18]

Die zweifache Bearbeitung und Deutung des alten Chorals »O Welt, ich muß dich lassen« verzichtet auf den großen Gestus. Ihre Sprache drängt sich nicht auf, sie erschließt sich erst allmählich und im stillen, offenen Hinhorchen auf das, was nur zaghaft angedeutet ist. Die Kennzeichen, die für sein Spätwerk charakteristisch sind, treffen auch hier zu: Kürze, Konzentration, Einfachheit, Transparenz der Form und »das Ewige auch in kleinster Form« (geäußert zu dem 4. Lied aus op. 105).

Die beiden Choralbearbeitungen sind und bleiben sehr persönliche, intime Glaubensbekenntnisse, die sich jedem neugierigen Blick entziehen, entstanden in einer Zeit der Wehmut, des Abschied-Nehmens, des Übergangs in eine Welt, wo nur noch das eine bleibt: ewige Liebe.

Am Ende drängt es sich noch auf, unsere Choralvorspiele im Licht der »Vier ernsten Gesänge für eine Bassstimme« (op. 121), vollendet im Trauermonat Mai 1896, zu sehen. Die Themen des Abschiedschorals erfahren in diesen Gesängen eine Unerbittlichkeit der Vergegenwärtigung, die auch

---

[16] OTTO GOTTLIEB-BILLROTH (Hg.), Billroth und Brahms im Briefwechsel, Berlin 1935 (Reprint 1991), 475f., zitiert bei: CHRISTIANE WIESENFELDT, »Je mehr ein Kunstwerk verkaut, umso schmackhafter wird es.« Johannes Brahms und Theodor Billroth diskutieren über Musik, in: MATTHIAS GIESEN / CHRISTOPH HUST (Hgg.), Johannes Brahms und Anton Bruckner im Spiegel der Musiktheorie, Göttingen 2010, 213–234, hier 218.

[17] WIESENFELDT, a.a.O. 218.

[18] HEINZ VON BECKERATH, Erinnerungen an Johannes Brahms und seine Krefelder Freunde, in: Heimat 29, 1958, 84.

für den Komponisten selten ist. Die aus den Weisheitsbüchern (Prediger Salomo und Jesus Sirach) entnommenen Texte geben dem angesichts der todverfallenen Welt enttäuschten und verbitterten Menschen das Wort. Erst am Ende des 3. Gesangs meldet sich der Trost- und Erlösungsgedanke »O Tod, wie wohl tust du« dem »Dürftigen [...], der in allen Sorgen steckt«.

Diese Erkenntnis hätte den Schlusspunkt bilden können. Aber Brahms fügt noch eine weitere Strophe an, die so stark ist, dass sie die drei ersten in ihr Licht mit hineinzieht.

Es ist die Botschaft des Hohen Lieds der Liebe aus dem 1. Korintherbrief des Paulus. Allein ihr ist es gegeben, alle Bitterkeiten des Lebens, den Tod mit eingeschlossen, auszuhalten und davor nicht in die Knie zu gehen. Diese Kraft der Liebe in all ihren Dimensionen ist es auch, die hoffen lässt über den Tod hinaus: »Wir sehen jetzt durch einen Spiegel in einem dunklen Worte, dann aber von Angesicht zu Angesichte.« (1 Kor 13,12).[19]

---

[19] Billroth und Brahms im Briefwechsel, a.a.O. 429.

Nr. 3 O Welt, ich muß dich lassen

Text: Johannes Hesse

Melodie: vermutlich Heinrich Isaac, in G. Forster, Ein Teutscher Liedlein. 153

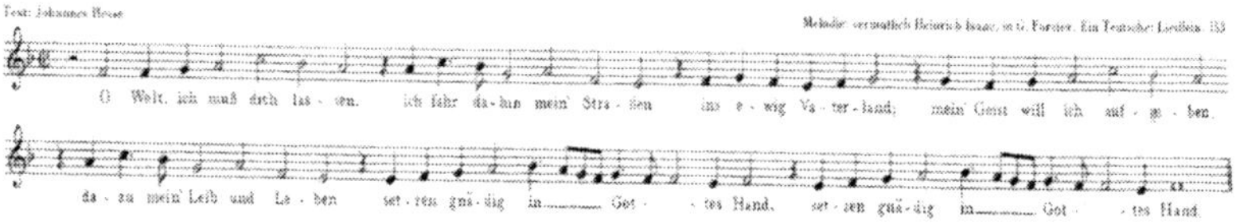

Nr. 11 O Welt, ich muß dich lassen

Text: Johannes Hesse

Melodie: vermutlich Heinrich Isaac, in G. Forster, Ein Teutscher Liedlein, 1539

Thomas Henneberger

Auf das Unhörbare hören?

Charles Ives: The Unanswered Question (1906/1930–35)

Von Kurt Tucholsky gibt es ein Prosastück, in dem der kleine Junge Tobby beim Abendessen die titelgebende Frage stellt: »Wo kommen die Löcher im Käse her?«[1] Von ausweichenden und abwiegelnden Antworten der Eltern lässt er sich nicht zufrieden stellen. So zieht die Frage ihre Kreise in der anschließenden Abendgesellschaft der Erwachsenen. Und zwar provoziert sie da immer hektischere und absurdere Antwortversuche, bis das Ganze im erbitterten Streit endet. Und während die Abendgesellschaft der Erwachsenen sich im Chaos auflöst, bleiben »auf dem Schauplatz [...] zurück ein trauriger Emmentaler und ein kleiner Junge, der die dicken Arme zum Himmel hebt und, den Kosmos anklagend, weithinhallend ruft: ›Mama! Wo kommen die Löcher im Käse her –?‹«[2]

In Manchem wirkt dieses Stück von Tucholsky wie eine literarische Parallele zu Charles Ives' Komposition *The Unanswered Question*. Auch bei Ives löst eine Frage ähnliche Turbulenzen aus. Sieben Mal intoniert eine Solo-Trompete eine immer gleiche Tonfolge, die nicht nur vom Titel des Stücks her, sondern auch durch ihren Gestus als Frage zu erkennen ist. Sechs Mal antwortet darauf ein Flötenquartett, und diese antwortenden Reaktionen werden mit jedem Mal intensiver, lauter und hektischer, bis sie an dem Punkt der höchsten erreichbaren Lautstärke und Geschwindigkeit abbrechen. Auf dem Schauplatz zurück bleibt die Frage, die – weil offensichtlich unbeantwortet – von der Trompete ein letztes Mal intoniert wird und klagend in den Kosmos hinein schallt.

---

[1] Kurt Tucholsky, Gesammelte Werke in 10 Bänden, Mary Gerold-Tucholsky / Fritz J. Raddatz (Hgg.), Bd. 6 (1928), Hamburg 1975, 210–213, hier 210.

[2] Ebd., 213.

Man kann die Komposition von Ives durchaus als ein musikalisches Gegenstück zur Erzählung von Tucholsky hören. Während Tucholsky explizit davon erzählt und es darstellt, wie Kommunikation misslingen und zu welchen Eskalationen solches Misslingen führen kann, ereignet sich bei Ives mit musikalischen Mitteln Ähnliches: Eine Kommunikation, die nicht zur Verständigung führt, sondern hörbar misslingt und bis zum Abbruch eskaliert. Und dieses Misslingen wirkt um so stärker, als es sich ereignet auf dem Hintergrund eines das ganze Stück durchziehenden harmonischen Streicherklangs, der gewissermaßen die Kontrastfolie bildet zu jenem prekären Kommunikationsgeschehen, das sich zwischen Trompete und Flötenquartett abspielt. Dieser Streicherklang hat nun allerdings keine Parallele in der Geschichte von Tucholsky; und er scheint im Stück von Ives auch sein ganz eigenes Gewicht zu haben.

Eine solche vor allem aus dem Höreindruck gewonnene Interpretation lässt sich präzisieren, wenn man sich die Partitur des Stückes genauer anschaut: Drei Klangbereiche oder -schichten sind da deutlich voneinander unterschieden durch drei Intrumentengruppen, nämlich:

1. eine Streichergruppe,
2. eine Solo-Trompete und
3. ein Flötenquartett.[3]

Die Streichergruppe spielt kontinuierlich, ohne Pause, das ganze Stück durchgängig extrem leise (*ppp con sordini*) und extrem langsam, ohne jegliche Veränderung des Tempos, einen vierstimmigen Satz in G-Dur.

Für die Trompete gilt die gleiche Tempovorgabe wie für die Streicher, der Rhythmus aber ist anders (drei- statt vierteilig). Das sich stets gleich bleibende fünftönige Motiv[4] ist keiner Tonart zuzuordnen, so dass es bei jedem Trompeteneinsatz zu harmonischen Reibungen mit dem Streicher-

---

[3] Dabei kann die Besetzung durchaus variabel gehandhabt werden: Der Streicherpart kann von einem Streichquartett oder einem Streichorchester gespielt werden. Im Flötenquartett können einzelne Stimmen auch von Oboe und Klarinette übernommen werden. Und die Trompete kann durch Englischhorn, Oboe oder Klarinette ersetzt werden, allerdings nur, wenn keines dieser Instrumente im Part des Flötenquartetts zum Einsatz kommt (so Ives ausdrücklich in seiner »Note to Performers« auf Seite 10 der Partiturausgabe; New York, Hamburg 1985). Entscheidend ist also, dass die drei Instrumentengruppen in jedem Fall in ihrem Klangcharakter deutlich unterschieden bleiben.

[4] In der Originalversion von 1906 wird das Trompetenmotiv ohne jede Abweichung in identischer Gestalt wiederholt, allerdings gibt es mit jedem Einsatz eine dynamische Steigerung, bis der letzte Einsatz wieder im anfänglichen ppp ertönt. In der revidierten Version von 1930–35 bleibt das Motiv dynamisch starr, dafür wechselt der Schlusston jeweils zwischen c und h.

satz kommt. Die sieben Einsätze selbst erfolgen auf jeweils unterschiedlichen Zählzeiten und scheinen keiner erkennbaren Regel zu unterliegen außer der, dass sie jeweils einem Flöten-Einsatz vorausgehen bzw. folgen.

Dieses Wechselspiel von Trompete und Flöten ähnelt in der Tat dem von Frage und Antwort. Einer immer gleichen Frage folgt jeweils nach einer gewissen Besinnungspause eine Antwort – und dabei wird diese »Besinnungspause« mit jedem Einsatz der Flöten kürzer: Sie verlieren gewissermaßen die Geduld, wenn immer wieder die gleiche Frage gestellt wird, bis sie mit ihrem letzten Einsatz der Trompete gleichsam ins Wort fallen und sie dabei karikieren, indem sie das Trompeten-Thema im Zeitraffer-Tempo zitieren (siehe Abbildung 1). Diesem Verlauf entspricht die mit jedem Einsatz der Flöten zunehmende Steigerung in der Dynamik (vom piano im ersten Einsatz bis zum vierfachen forte im letzten), in der Harmonik (die chromatische Verdichtung und dissonante Schärfung des von Anfang an atonalen Satzes nimmt zu) und im Tempo.

Abbildung 1

Die Tempo-Beschleunigung wird von Ives auf eine höchst unkonventionelle Weise komponiert – nämlich nicht nur durch eine permanente Verkürzung der Notenwerte, sondern vor allem durch eine Verselbständigung des Flötenchors gegenüber der für die Streicher und die Trompete geltenden Tempovorgabe: Mit jedem ihrer Einsätze bekommt die Flötengruppe eine eigene, neue und zwar stets etwas schnellere Tempovorgabe[5]. Auf diese Weise kommt es zu einer schrittweisen Beschleunigung vom *Adagio* des ersten Einsatzes bis zum *Allegro-accel. to Presto* des letzten.

---

[5] Das führt im Notenbild dazu, dass sich ab dem zweiten Flöteneinsatz die Taktstriche des Flötensatzes nicht mehr mit den Taktstrichen des Streichersatzes decken (vgl. Abbildung 3).

Die Flöten folgen damit einer anderen Zeit und einem anderen Puls als die Streicher und auch die Trompete. Die Instrumentengruppen agieren also in unterschiedlichen Zeitkontinuen oder Welten. Und diese Differenz wird im Verlaufe des Stücks immer stärker und ausgeprägter. Die Entfernung, die Entfremdung nimmt zu. Und das scheint die anfängliche Vermutung durchaus zu bestätigen und zu bekräftigen, wonach es in diesem Stück um die musikalische Darstellung eines prekären Kommunikationsgeschehens gehen könnte.

Man kann aber auch zu einer ganz anderen Deutung kommen, wie das Heinz Enke tut, der sich in seiner Analyse ganz auf das konzentriert, was dieses Stück (wie übrigens auch sein zur gleichen Zeit entstandenes Schwesterwerk *Central Park in the Dark*) als kompositorisch Neues und Besonderes auszeichnet – nämlich eben jene Autonomie und gegenseitige Verselbständigung der Instrumentengruppen und musikalischen Schichten, ihr Agieren in unterschiedlichen Zeitkontinuen. Denn darin ereignet sich »die Intensivierung einer klanglichen Schicht gegenüber einer gleichbleibenden anderen [...] Und zwar Intensivierung im Tempo, in der rhythmischen und in der harmonischen Struktur.«[6] Diesen Befund interpretiert Heinz Enke in seiner Analyse so:

> »Gegen ein Kontinuum, dessen gleichförmiger Strom nur durch eine erratische Gruppe gegliedert erscheint, wird musikalische Zeit mehr und mehr intensiviert, oder: es wird musikalische Wirklichkeit aktiviert, die aufs Utopische zielt.«[7]

Auch eine solche Interpretation hat Einiges für sich und mindestens ebenso viel Anhalt am Stück wie unser erster Deutungsversuch. Dabei ist beiden Interpretationsansätzen zumindest eines gemeinsam: Bei beiden spielt die Trompetenstimme eine nur untergeordnete Rolle; sie gibt danach – ähnlich wie die Kinderfrage in Tucholskys Farce – lediglich den Anstoß zu einer immer komplexer werdenden und sich verselbständigenden Entwicklung. Doch ist die Bedeutung der Trompetenstimme damit hinreichend erfasst? Immerhin weist der Titel des Stücks explizit auf sie hin. Doch wonach fragt »the unanswered question«? Ihrem Klang zufolge scheint sie zumindest nicht nach etwas so Banalem zu fragen wie z.B. nach der Herkunft der Löcher im Käse ...

---

[6] HEINZ ENKE, Charles Ives' »The unanswered question«, in: GERHARD SCHUMACHER (Hg.), Zur musikalischen Analyse, Darmstadt 1984, 232–240, hier 237.

[7] Ebd., 239.

Die Trompete intoniert »The Perennial Question of Existence« – so Charles Ives selber in seinen der Partitur beigegebenen Anmerkungen, wo sich noch weitere das Stück deutende Hinweise finden.[8] Sie sind in den bisherigen Überlegungen mit Absicht nicht berücksichtigt worden, um zu sehen, wie weit eine Interpretation ohne solche Hilfestellungen – oder vielleicht auch Irreführungen – des Komponisten kommt. Und folgt man Heinz Enke, dann sind diese programmatischen Hinweise von Ives – wie auch die anderer Komponisten – grundsätzlich mit Vorsicht zu betrachten: »Man sollte derlei Auslassungen nicht ernster und nicht anders nehmen als Debussys Unterschriften unter seine Préludes.«[9]

Man kann sie aber auch ernst nehmen, sich zumindest ernsthaft auf sie einlassen und erkunden, wohin einen das führt. Und das soll im Folgenden versucht werden. Es geht Ives zufolge also um die ewige Frage der Existenz oder nach der Existenz. Diese Formulierung ist vage und vieldeutig genug. Verstehen wir darunter einmal jene Frage, die mit der Existenz selbst gestellt ist, die existentielle Frage nach dem Woher und Wohin und Wozu des Daseins, nach seinem Grund und Sinn und Ziel. Diese Frage wird von der Trompete intoniert und in derselben Form und Klangfarbe wiederholt gestellt. Die Flöten geben darauf jeweils Antwortversuche. Dieser Höreindruck wird von Ives als ausdrücklich gewollt bestätigt: Die Flöten sind »The Answers«.[10] Sie unternehmen – wie andere menschliche Wesen (»other human beings«) die Suche, ja die Jagd (»the hunt«) nach der verborgenen, der unsichtbaren Antwort (»The Invisible Answer«), und diese Jagd wird zunehmend aktiver, schneller und lauter (»gradually more active, faster and louder«), bis die um Antwort Kämpfenden (»The Fighting Answerers«) nach einer »geheimen Konferenz«[11] die Vergeblichkeit ihres Bemühens einsehen (»realize a futility«) und die Frage zu verspotten beginnen[12] (»begin to mock ›The Question‹«).

Der Verlauf des Stückes entspricht ziemlich genau diesen Hinweisen, auch wenn diese selbst zunächst ziemlich vage erscheinen. Vollends kryp-

---

[8] Note to Performers, a.a.O.

[9] ENKE, a.a.O., 239.

[10] Note to Performers, a.a.O.; dort auch die folgenden Zitate.

[11] Diese Bemerkung bezieht sich auf das Cluster der Flöten im Pianissimo mit den Tönen c-des-d-es zwischen der vorletzten und der letzten »Antwort« (die beiden Takte vor Ziffer F).

[12] Mit dem Zitieren der Frage im Zeitraffer am Beginn des letzten Flöteneinsatzes (Ziffer F; Abbildung 1).

tisch wirken sie jedoch, wenn es um die dritte Schicht und Instrumentengruppe des Stückes geht, die Streicher. Sie repräsentieren nach Ives die Stille oder das Schweigen der Druiden, die nichts wissen, sehen und hören (»The Silences oft the Druids – who Know, See and Hear Nothing«). Dieser Hinweis scheint in sich widersprüchlich zu sein, galten doch die Druiden in der keltischen Mythologie als die wahrhaft Weisen und Wissenden. Ihr Wissen allerdings war von besonderer Art, sie »bewahrten die religiöse Geheimlehre«.[13] Sie waren also Träger eines Wissens, das den Normalsterblichen versperrt blieb, und repräsentierten damit eine Sphäre des Hermetischen, Verborgenen und Unzugänglichen.

Wenn Ives' Bezug auf die Druiden in diesem Sinn gemeint sein sollte, dann ließe sich die Botschaft seines Stückes vielleicht so formulieren: Die »Frage der Existenz« – die existentielle Frage nach dem Woher, Wohin und Wozu des Daseins – führt ins Leere, weil ihre Beantwortung ein Wissen voraussetzte, das uns nicht zur Verfügung steht. Darum bleibt die Suche, die Jagd nach einer Antwort vergeblich. Und folglich wäre es klug und weise und ein Zeichen erwachsener Reife, sich die Vergeblichkeit dieses Bemühens einzugestehen und die Suche nach einer Antwort sein zu lassen – so wie es etwa Gottfried Benn in seinem Gedicht *Nur zwei Dinge* vorschlägt:

»Durch so viel Formen geschritten,
durch Ich und Wir und Du,
doch alles blieb erlitten
durch die ewige Frage: wozu?

Das ist eine Kinderfrage.
Dir wurde erst später bewußt,
es gibt nur eines: ertrage
– ob Sinn, ob Sucht, ob Sage –
dein fernbestimmtes: Du mußt.

Ob Rosen, ob Schnee, ob Meere,
was alles erblühte, verblich,
es gibt nur zwei Dinge: die Leere
und das gezeichnete Ich.«[14]

---

[13] Art. Druiden, in: Dtv-Brockhhaus-Lexikon Bd. 4, Wiesbaden/München 1984, 251.

[14] GOTTFRIED BENN, Gesammelte Werke, Bd. 1, Wiesbaden 1960, 342.

Recht besehen kann sich Benn von der »Kinderfrage« nach dem Wozu allerdings nur verabschieden, indem er sie zumindest implizit – und dazu noch in einer religiös hoch aufgeladenen Weise – beantwortet mit der Maxime: »Ertrage dein fernbestimmtes: Du mußt«. Eine vergleichbare Antwort gibt das Stück von Ives nicht. Aber verabschiedet es sich und die Hörenden damit wirklich von der Suche nach einer Antwort?

Am Ende steht jedenfalls die Frage – offen und unbeantwortet. Doch sie wird, wenn man genau hinsieht und hört, nicht als prinzipiell unbeantwortbar dargestellt. Ives' Hinweis auf die Druiden kann nämlich auch eine andere Pointe haben, als zunächst vermutet. Die von ihnen repräsentierte Sphäre des nicht oder schwer Zugänglichen ist nämlich zugleich auch die Sphäre des Unsichtbaren. Dies wird von Ives durch die Anweisung unterstrichen, dass die Streicher, die ja »das Schweigen der Druiden« verkörpern sollen, wenn möglich hinter der Bühne (»off stage«) platziert werden sollen,[15] also für die Hörer unsichtbar. Zudem eignet dieser Sphäre des Unsichtbaren auch ein Hauch von Ewigkeit durch die extrem lang gehaltenen Töne der Streicher, für deren Puls der Hörer spätestens nach den ersten Einsätzen der Flöten das Gefühl verliert, so dass sie gleichsam zeitlos erscheinen.[16] Diese Anmutung von Ewigkeit wird bei einer »off stage«-Aufführung noch dadurch verstärkt, dass die Hörer nicht wissen, wann das Stück anfängt und wann es aufhört – es erscheint gleichsam anfangs- und endlos. Und schließlich ist das Ganze noch mit einem akustischen Grenzphänomen verbunden; denn wenn man Ives' Vorgaben (»ppp con sordini« und »off stage«) konsequent realisiert, erklingen die Streicher für die Hörer an der Grenze zur Unhörbarkeit[17]: Es ist gewissermaßen klingende Stille – »The Silences«, wie Ives es nennt. Die durch all diese Eigenschaften charakterisierte Sphäre der Druiden ähnelt damit dem, was die

---

[15] Note to Performers, a.a.O.

[16] So auch FRANK MEHRING, Sphere Melodies. Die Manifestation transzendentalistischen Gedankenguts in der Musik der Avantgardisten Charles Ives und John Cage, Stuttgart/Weimar 2003, 478: »Das fehlende Kontinuum nimmt dem Zuhörer das Gefühl für zeitliche Strukturen. *The Unanswered Question* besitzt somit eine eigene Architektonik, die den Aspekt der Zeitlosigkeit zum Ausdruck bringt.«

[17] Dieser Eindruck kann sich kaum einstellen bei Aufführungen des Stücks, die das volle Sinfonieorchester einsetzen – die Streicher sind dann in der Regel schlicht zu laut, zumal sie sich kaum »off stage« platzieren lassen. Das gilt auch für die gängigen CD-Aufnahmen, zumal bei ihnen die für dieses Stück charakteristischen extremen Lautstärkeunterschiede eher nivelliert werden. Und der beschriebene »off stage«-Effekt lässt sich auf CD gar nicht realisieren.

Religionsphänomenologie als »das Heilige« beschreibt: »Eine Wirklichkeit, die immer präsent, aber nicht immer zugänglich ist«.[18]

Auf diesem Hintergrund bekommt Ives' Bild von der Jagd nach der *unsichtbaren* Antwort einen Sinn: Die Antwort auf die »Frage der Existenz« ist danach nicht im Sichtbaren, sondern im Unsichtbaren zu finden, nicht in der Immanenz, sondern in der Transzendenz, nicht im Zeitlichen, sondern im Ewigen, nicht im Getriebe, sondern in der Stille, nicht im Profanen, sondern im Heiligen – in jener Sphäre also, die im Stück von den Streichern verkörpert wird. Die Flöten und »andere menschliche Wesen«, die auf der Jagd nach jener Antwort sind, haben dem Stück zufolge ursprünglich durchaus auch eine Ahnung davon, wo diese Antwort zu suchen und zu finden wäre: In den ersten drei Flöten-Einsätzen ist nämlich »das Bewegungs-Schema dem des Streicher-Kontinuums verwandt, mit gegenläufigen Außenstimmen bei einigermaßen liegenden Innenstimmen.«[19] Genauer: Der für den Streichersatz charakteristischen Stimmführung einer im Sopran von Ton zu Ton absteigenden und im Bass gegenläufig aufsteigenden Tonleiter (besonders ausgeprägt T.26–45; vgl. Abbildung 3) ähnelt die Stimmführung im Sopran und Bass der Flöten bei ihren ersten drei Einsätzen, nur dass hier die auf- und absteigenden Linien verkürzt und chromatisch verengt sind[20]:

Abbildung 2

---

[18] MANFRED JOSUTTIS, Die Einführung in das Leben. Pastoraltheologie zwischen Phänomenologie und Spiritualität, Gütersloh 1996, 18.

[19] ENKE, a.a.O., 234.

[20] Vgl. entsprechend die Takte nach den Ziffern A und C. Die Ähnlichkeit in der Stimmführung ist in der ersten Version des Stückes noch ausgeprägter als in der zweiten.

Die Ähnlichkeit ist also da, aber sie ist nicht ausreichend für eine Antwort. Und darum kann sich die Frage auch nicht mit den Antworten zufrieden geben. Darum fragt sie weiter. Irgendwann aber scheint ihre Hartnäckigkeit den Suchenden lästig zu werden, worauf diese zunehmend den Sinn der Frage anzuzweifeln beginnen. Vom vierten Flöteneinsatz an verändert sich nämlich die Stimmführung der Flöten auffällig:

Abbildung 3 (Takt 36-42)

Die Stimmführung der Flöten ähnelt nun in keiner Weise mehr der des Streichersatzes, sondern gleicht sich dem Gestus der Frage an, bis mit dem letzten Einsatz die Frage im Zeitraffer wörtlich zitiert und »verspottet« wird (vgl. Abbildung 1). Die ursprüngliche Ahnung davon, wo eine Antwort auf die Frage der Existenz zu finden wäre, geht also in dem Moment verloren, wo die Frage selbst zum Thema wird. Und an die Stelle der Suche nach einer Antwort tritt die Problematisierung der Sinnhaftigkeit der Frage, bis man sich ganz von ihr verabschiedet.

Damit allerdings ist die Frage nicht aus der Welt, worauf der Schluss des Stückes mit dem nochmaligen Erklingen der Trompete die Hörer aufmerksam macht – nicht nur die Hörer, die noch auf der Suche nach einer Antwort sind, sondern auch die, die vielleicht schon wie die Flöten und »andere menschliche Wesen« Abschied genommen haben von jener Frage der Existenz. Am Ende werden die Hörenden mit der Unausweichlichkeit dieser Frage konfrontiert – doch nicht nur das, sie werden auch in einen Zustand versetzt, durch den zumindest eine Ahnung von einer Antwort in ihnen aufsteigen kann. Denn nachdem ein letztes Mal die Frage ertönt ist, erklingt jene Stille, jenes Schweigen (»the ›Silences‹«)[21], das von Anfang an da war und, so kann man den Eindruck bekommen, immer fortklingen wird. Ihm gilt nun in ungestörter Einsamkeit (»Undisturbed Solitude«)[22] alle Aufmerksamkeit – dem »Heiligen«, dem, was man nicht sieht, von dem man nicht weiß, woher es kommt, und das man kaum zu hören vermag[23], aber das doch da ist und wie aus jenseitiger Ferne erklingt.

Dem seine ganze Aufmerksamkeit zu schenken, sich darauf einzulassen und dem nachzusinnen und nachzuhören – dazu kann *The Unanswered Question* am Ende Hörerinnen und Hörer verlocken. Und damit kann dieses Stück in ihnen etwas wecken und anregen, was nach Schleiermacher konstitutiv für Religion ist, nämlich »Sinn und Geschmack fürs Unendliche«[24].

---

[21] Vgl. den ausdrücklichen Hinweis darauf in der Note to Performers, a.a.O.

[22] Ebd.

[23] Das gilt jedenfalls dann, wenn die Streicher »off stage« spielen und Ives' Dynamikvorgaben wirklich befolgen. Die Hörer, die nicht wissen und nicht sehen, woher der Klang kommt, und die ihn auch nur schwer hören können, werden damit in eine Situation versetzt, die dem Schweigen der Druiden korrespondiert, »die nichts wissen, sehen und hören«.

[24] FRIEDRICH SCHLEIERMACHER, Über die Religion. Reden an die Gebildeten unter ihren Verächtern (1799), GÜNTER MECKENSTOCK (Hg.), Berlin/New York 1999, 81, nach der Paginierung der Erstausgabe: R^1, 53.

Nicolas Schalz

Gesten von Lebensatem

Anton Webern: Bagatellen Nr. I und V aus Sechs Bagatellen für Streichquartett op. 9 (1913)[1]

Es geht im Folgenden nicht um explizite Analysen, sondern um Überlegungen – natürlich anhand analytischer Konkretionen – zu einer Fragestellung, die im Arbeitskreis »Theologische Musikästhetik« in Bezug auf die *Bagatellen für Streichquartett* von Anton Webern aufgekommen ist: Ließen sich diese Stücke unter der Prämisse des Arbeitskreises fassen? Anders gefragt: Könnten sie in den Rahmen einer »theologischen Musikästhetik« eingepasst werden oder wird dieser Rahmen dadurch nicht allzu sehr ausgeweitet und dadurch auch aufgeweicht? Es gibt sicher von vornherein keine exakten Beweise dafür, dass man ein solches Unterfangen überhaupt wagen sollte. Allenfalls gibt es ein paar Ansätze oder Tendenzen, die es nahe legen, sich einer solchen Aufgabe zu stellen, immer wissend, dass es in Sachen Ästhetik keine Evidenzen, sondern nur Hypothesen geben kann.

So möchte ich die Fragestellung im folgenden Sinne präzisieren: Was sind die ästhetischen Chiffren, die sich aus der analytischen Arbeit an den Stücken ergeben? Und: Kann man dafür oder in diesem Zusammenhang auch die Kategorie »theologisch« einbringen, ohne dass man den ästhetischen Befund strapaziert oder gar vergewaltigt?

Zur Bagatelle op. 9, Nr. I

Sie hat insgesamt nur 10 Takte und dauert auch nur eine halbe Minute. Harald Kaufmann hat die entscheidende Erkenntnis für die analytische Argumentation dieses Satzes formuliert:

---

[1] Taschenpartitur der Sechs Bagatellen für Streichquartett op. 9: Universal Edition Wien, TP Philharmonia Nr. 420.

> »Die Ton-Orte, die die Takte 1 bis 5 der *ersten Bagatelle* ergeben, werden in der zweiten Hälfte des Stückes in einer freien Krebs- und Spiegelungsform disponiert. Sie sind von Takt 10 an beginnend in Umstellungen, bei denen die Möglichkeit der Vertauschbarkeit von Oben und Unten, von Zuerst und Später, von Horizontale und Vertikale konsequent genutzt werden, als Krebs zu lesen.«[2]

Das bedeutet, dass es ein Zentrum gibt, auf das hin die erste Hälfte »hinläuft«, und von dem aus auf den Schluss hin die zweite Hälfte »zurückläuft«.

Das Zentrum ist selbstverständlich in den mittleren Takten 5 und 6 (dynamisch auch noch T.7) zu suchen. Hier finden sich die beiden Grundzellen des Satzes, wobei die erste nicht die strukturell wichtigste ist, sondern – in der Cellostimme – eine Art Fundament aus einem Tritonusklang in gleichen Dauerwerten, nämlich Vierteln bildet. Die beiden parallelen Außenwerte dieser ersten Grundzelle bilden einen *cis*-Klang: *cis* plus flageolettiertes *fis* (Klang: *cis''*), der Binnenklang besteht aus dem Ton *G*, wobei er seine Vierteldauer im Übergang zu Takt 6 in zwei Achtel aufspaltet. Die zweite Grundzelle ist die strukturell entscheidende, nicht nur für diesen Satz, sondern für das ganze Werk; wir werden sie somit auch in dem anderen noch zu besprechenden Satz wieder finden. Sie besteht aus einer doppelten Halbton-Intervallik bzw. aus zwei Halbton-Unterzellen: einmal der Folge *B-A*, zum andern der Folge *C-H*, natürlich, wie Kaufmann schreibt, auf Umstellungen oder Vertauschungen der vier Zellenklänge beruhend. Verorten wir zunächst diese vier Klänge: *B* in der Bratsche, *A* in der 1. Violine, *H* und *C* im Doppelklang des Cello (der Tritonus-Schritt im Anfang von T.6 ist von diesem »Strukturklang« auszunehmen; er gibt diesem, wie gesagt, ein Fundament; auch der Ton *Fis* in der 1. Violine ist vom Strukturklang auszunehmen; er gehört schon zur Spiegelungsgestalt von T.7). Der Strukturklang mit seinen beiden Halbton-Folgen hat sich, darauf werden wir zurückkommen müssen, unterdessen als Figur »geoutet«: als das Anagramm *B-A-C-H*.

Versuchen wir nun, die wichtigsten Korrespondenzen zwischen Grundgestalt und Krebsgestalt offenzulegen, indem wir von den Außengestalten ausgehen und von ihnen aus dann nach innen gehen.

---

[2] HARALD KAUFMANN, Struktur bei Schönberg, Figur bei Webern, in: DERS.: Spurlinien, , Wien 1969. – Der zweite Teil dieses Aufsatzes, mit dem Titel: Figur in Weberns erster Bagatelle, ist auch erschienen in: Musik-Konzepte Sonderband Anton Webern II, München 1984, 170.

Korrespondenzen zwischen den Außentakten:
Gerade der Anfang des Stückes ist sehr komplex, da wir hier ein paar Bezüge feststellen: einmal die parallelen Klänge *cis-c* (Übergang T.1 auf 2: *cis* in V1 und *c* in V2; damit korrespondierend der Schluss-Takt T.10: *cis* [mit flageolettiertem *fis*] in Vc und *c* in Va). Sodann der aus zwei Halbtonfolgen bestehende »Strukturklang« des absoluten Beginns (T.1 auf T.2 übergehend): die beiden Viertel *d-es* (*d* in Vc, *es* in Va), weiterzuführen auf die schon erwähnten Klänge *cis-c* (*cis* in V1 und *c* in V2); dieser Strukturklang ergibt also die Halbton-Folgen *cis-c* und *d-es*, die durch Ton-Umstellung im zweiten Paar sich *cis-c-es-d* lesen, was auf eine Kleine-Terz-Transposition des *B-A-C-H*-Anagramms hinausläuft; dieses bildet also nicht nur das Zentrum des Satzes, sondern eröffnet ihn auch. Die beiden ersten Klänge *d* (Vc) und *es* (Va) bilden darüber hinaus eine Art Introduktion im Grundmaß (= Viertel) des Stückes. (Zum Strukturklang im Schlusstakt – in Korrespondenz mit dem des 1. Taktes – s. weiter unten.)

Korrespondenzen zwischen T.2 und T.9:
Hier fallen zunächst Tritoni auf; in T.2: *c-ges* in V2, sowie *b-e* in V1; sodann, in T.9: *a-es* in der Folge V1 und V2, sowie *c-ges* in Va (untere Note des Doppelklangs *c-cis*) und in V2; auch der Tritonus-Klang *b-e* in Va und V2. Zu erwähnen bleiben Halbton-Folgen oder -Zusammenklänge: in T.2 *as-a* (V2 und Va), *b-h* (V1 und Va); in T.9 *gis-a* (Doppelklang in V1), *cis-c* (Doppelklang in Va), die Folge *f-e* in V2.

Korrespondenzen zwischen T.3 und T.8:
Terzraum in T.3: *g-es* (in V1) und in T.8: *cis-a* (d.h. *cis* [plus flageolettiertem *fis*] in Va als punktiertem Viertel, und *a* in V2 als nachschlagendem Achtel). Sept-Sprung in T.3 (*c-h*, in Vc) in Korrespondenz mit Halbtonfolge in T.8 (*c-h*, in V1). Die Schlussnote *h* in V1 (T.7), die mit der Folge *h-c* in V1 (T.8) eine Pendelbewegung eingeht, bildet mit dem Vc-Doppelklang *a-b* am Ende von T.7 wiederum die Struktur-Zelle *b-a-h-c*.

Korrespondenzen zwischen T.4 und T.7:
Sextraum in T.4: *gis-e* (Doppelklang in V2) und in T.7: *gis-e* (Folge in Vc). Ganzton-Folgen in T.4: *c-b* (in Va) und in T.7: *f-es* (in Va). Hinzuweisen bleibt in T.4 auf die Quart-Folge *b-es* [plus flageolettiertem *as*] in V2 und V1 und auf einen weiteren Sextklang *a-f* als Doppelklang in Vc.

Korrespondenzen zwischen T.5 und T.6:
S. oben. Zu ergänzen: Terzklang in T.5: *d-fis* in V2 und in T.6: *g* (Vc)-*h* (Va).

Was ist das ästhetische Ergebnis dieser vielen Korrespondenzen (es ließen sich durchaus noch mehr festhalten), die wir zwischen Grund- und Krebsgestalt der *Ersten Bagatelle* ausgemacht haben? Mehrere Aspekte fallen zusammen:

- Zunächst stellen wir fest, dass es eine allmähliche Aufbereitung aller möglichen intervallischen Energien zwischen dem tiefsten Ton der beginnenden Halbtonfolgen (*c* von V2 in T.2) und dem in T.5 erfolgenden Tritonus gibt und dieses chromatische Durchlaufen aller intervallischen Werte in der Krebsgestalt (vom Tritonus in T.6) bis für Halbtonfolge *cis-c* (T.10, in Vc und Va) sich wiederholt, ohne dass die gleichen Werte übernommen werden. Die Eckwerte der beiden Satzhälften sind stärker von Halbton und Tritonus imprägniert, die Takte dazwischen lassen Terz- und Sext-Klänge, auch große Sekunden hören. Das Ganze ist ein spiegelsymmetrisch gewebter, nach innen farblich fein abgestufter bzw. ausbalancierter Klangteppich, eine »organisch gewachsene« klangliche Gesamtanlage.
- Die Grundzellen dieser »organischen« Konstruktion, Tritonus und zwei Halbton-Folgen, aber auch die restlichen Intervallbildungen, werden ständig variiert oder transformiert: transponiert, gekürzt, erweitert, gespiegelt, krebsgängig geführt, in wechselnde klangfarbliche Konstellationen gebracht. Die den ganzen Satz tragende Krebs- und Spiegelungsform verläuft nie streng (wie später in der etablierten Dodekaphonie und im Serialismus), sondern in der Art eines subtil asymmetrischen Flusses, aus dem die intervallischen und damit auch klangfarblichen Erkennungsinseln herausragen.
- Der rhythmische und der dynamische Verlauf ähneln dem intervallisch-klangfarblichen. Die Viertel mit »schwerer Zählzeit« stellen mit den Achteln zusammen die häufigste Gruppe der Notenwerte (schwach vertreten: Sechzehntel und Tremoli). Das Stück beginnt langsam und im pianissimo, gerät dann zunehmend in Bewegung, hält in T.4 etwas inne (zwei Viertel-Sext-Doppelklänge hier), um in der etwas verschobenen Mitte, den Takten 6 und 7, den absoluten expressiven Höhepunkt zu erreichen (T.7 ist mit »heftig« bezeichnet); danach kommt die Musik in Abstufungen wieder zur Ruhe; dafür stehen in T.10 der akkordische ppp-Viertelklang *fis-g* (V1) und der leicht nachbebende Viertel-Celloklang, der mit der Bratsche zusammen ein letztes Mal die strukturelle Halbtonzelle *cis-c* zitiert.

- Das »semantische« Zentrum ist T.6, in dem die Klänge auch am weitesten auseinanderdriften (s. V1 und Vc), semantisches Zentrum deswegen, weil hier die entscheidende intervallische Grundzelle aus zwei Halbton-Folgen gewissermaßen »nach außen geschleudert« wird, regelrecht »explodiert«; es ist der »Strukturklang« des Stückes, der hier umschlägt in eine musikrhetorische Figur, in das Bach-Anagramm *B-A-C-H*. Diese Signatur hat schon, wenn auch transponiert und intern in den Werten umgestellt, den Satz eröffnet, erscheint weiterhin mit diesen vier Werten, abgesehen davon, dass sie ihre beiden Halbtonzellen auch einzeln über alle Takte verstreut: eine Dauerpräsenz, aber doch unglaublich subtil verborgen oder überdeckt. Nicht zuletzt bilden die beiden Schlussklänge von Bratsche und Cello in T.9 und 10 (Bratsche: *b* und *c*, Cello: *h* und *cis*) wieder den Strukturklang *B-A-C-H*, wenn auch in der Transposition *h-b-cis-c*, also um einen Halbton nach oben, und intern in den Werten verschoben bzw. umgekehrt: *b-h-cis-c*. So wie die Musik dieser *ersten Bagatelle* aus der Figur *B-A-C-H* erwächst, so mündet sie am Ende wieder in sie, trotz aller, auch zeitlicher Verschiebungen.

Die strukturelle Arbeit mutiert also in ein Figuren-Netzwerk. Dies ist ein erster Akzent hin auf ein theologisches Verständnis des Satzes: Die Hommage an Bach ist vielleicht auch eine Hommage an den Geist (um nicht Glauben zu sagen), der Bach inspiriert hat. Konkret: Hinter dem Anagramm versteckt sich die sog. »Kreuzfigur«, die wir öfters bei Bach finden, u.a. in den Kreuzigungsrufen der *Matthäuspassion*. Das wäre sicher eine theologische Interpretation, doch gegen sie spricht der leichte, fast luftige Gestus dieser Musik. Der andere Akzent hin auf ein theologisches Verständnis ergibt sich aus der geschilderten, mehrfach untermauerten Organizität des Satzes; er scheint wie aus einer naturhaften, geradezu pflanzlichen Metamorphosenkunst heraus erwachsen. Eine Geste von Lebensatem, letztlich, als solche durchaus plausibel.

Beide Akzente *kann* ich also theologisch »lesen«, ein Beweis für einen solchen Gehalt sind sie nicht. Aber das ist auch die *Kunst der Fuge* nicht.

Zur Bagatelle op. 9, Nr. V

Das Stück beginnt mit einem Viertöne-Klang: *c* in Va, *e* in Vc und die chromatische Folge *cis-dis* dazwischen. Es fehlt nur ein Ton in diesem chromatischen Feld: der Ton *d*; er wird im 2. Takt »nachgereicht«. Ligeti hat diesen Anfang treffend beschrieben:

> »Der pizzicato gespielte Mittel-Ton *d* ist nicht nur Endpunkt und gleichsam Schlüssel des vorangegangenen chromatischen Feldes [arco gespielt], sondern zugleich Ausgangspunkt einer neuen Feldbildung. Die obere Grenze des Feldes ist nun statt *e* ein *f*, die untere statt *c* ein *h*; also wurde der Umfang in beiden Richtungen chromatisch um je eine kleine Sekunde erweitert. Diese Tendenz zur Erweiterung wird dann weiterverfolgt; die obere Grenze des chromatischen harmonischen Feldes verschiebt sich von *f* zu *ges*, dann zu *g*, *as* und schließlich zu *b*; die untere Grenze sinkt indessen von *h* zu *b*, dann zu *a* und schließlich zu *g*. Auffallend bei dieser Feld-Erweiterung ist, dass die chromatische Bewegung, so konsequent sie begann, nicht vollkommen durchgeführt wird; die letzten Schritte – aufwärts von *as* zu *b* bzw. abwärts von *a* zu *g* – sind nicht mehr chromatisch; außerdem wird auch die anfängliche genaue Symmetrie später nicht mehr beibehalten: nach oben wird das harmonische Feld um einen Schritt mehr erweitert als nach unten.«[3]

Mit T.7 endet die erste Hälfte des Satzes (Endpunkt ist ein ppp nachschlagendes *as* pizzicato des Vc; bemerkenswert: die Vc-Stimme senkt sich nicht, wie vielleicht erwartet, sondern beschreibt, kontrapunktisch, einen Aufstiegsweg: von *e* über *f* und *g* nach *as*). Für das, was nach der chromatischen Introduktion, also ab Ton *d* in T.2 beginnt, hat Ligeti ein schönes Bild gebraucht: das Bild eines »großen Spinnennetzes«[4], das auseinander gezogen wird und damit auch in einem gewissen Maße zerreißt bzw. Lücken in der geordneten Netzerweiterung bekommt.

Die um einen Takt kleinere zweite Hälfte beginnt mit T.8 und endet mit T.13. Sie ist z.T. ähnlich, z.T. anders strukturiert als die erste. Das Bild vom Auseinanderziehen eines »Spinnennetzes« ist auch hier anwendbar. Ausgangspunkt ist T.8, eine Art »Knoten« in enger Lage: Va: *e*, V2: *es*, V1: *f* und erster Vc-Ton *d* in T.9; von hier aus steigt V1 aufwärts (*f-ges-as*) und das Vc macht von dem zweiten Ton *cis* in T.9 an eine Abwärtsbewegung über *g* nach *e*). Trotzdem ergeben sich andere Konsequenzen als in der ersten Hälfte. Wenn in dieser nach der chromatischen Introduktion eine einzige große Auseinanderfaltung des Gewebes sich herausbildet, dann löst das Auseinanderziehen des Netzes in der zweiten Hälfte eine Reihe von eher drei- als viertönigen, in sich jeweils chromatisch strukturierten Klanggruppen aus, die sich meist nur noch über einen Ton miteinander berühren. Es sind zarte Gebilde in einem durchweg pp/ppp gehaltenen

---

[3] György Ligeti, Aspekte der Webernschen Kompositionstechnik, in: Musik-Konzepte Sonderband Anton Webern II, München 1984, 73–74.

[4] Ebd., 75.

Klangraum (auch die erste Hälfte hatte diesen pp/ppp-Raum), etwas wie sanfte »Knäuel« in einem Gewebe, von dem nur der Schluss-Takt abgesprengt erscheint – er hat die Funktion in etwa einer eintaktigen »Coda«. Die Ausgangsgruppe (T.8 inkl. 1.Vc-Ton in T.9) wurde schon beschrieben. Die nächste Gruppe geht von diesem Vc-Ton aus und erweitert sich über das Vc-*cis* auf das *c* von V2 und das *h* von Va; die beiden Schlussklänge von T.9, *c* und *h*, werden in T.10 hinein weitergeführt. Mit dem diese Schlussklänge überlappenden *ges* von V1 in T.10 setzt eine weitere Gruppe die »Auseinanderziehungsarbeit« des chromatischen Ausgangs-Klangfeldes fort: T.10 (*ges* in V1), T.11 (Zusammenklang *gis* in V2 und *a* in Va), T.12 (*g* in Vc sowie *as* in V1, auch auf das *gis* von V2 in T.11 beziehbar).

Die letzte, nun auch durch Achtelpause abgetrennte Klanggruppe ist T.13: ein akkordischer Zusammenklang von V1 (*es*), V2 (*h*), Va (*cis*) und Vc (*e*), dem nur noch ein verlöschendes *d* in der Va nachbebt. Damit entspricht der Schluss-Takt dem ersten, der einen ähnlichen Klang bot (allerdings ohne das *h* von V2), den dann das in T.2 einfallende *d* von V1 chromatisch ergänzte bzw. »auffüllte«. Dieses *d* erweist sich somit von Anfang und Ende her als ein Hauptton des Stückes (es taucht nur noch in T.9 auf, im ersten Vc-Klang). Unter Einbezug dieses jeweils nachschlagenden *d* enthalten beide Rahmentakte den »Strukturklang« des Werkes, so wie wir ihn in Satz I kennengelernt haben, man könnte auch sagen: übernehmen beide die Funktion eines »Strukturklangs« (s. Satz I), m.a.W. sie zitieren, jedoch transponiert, das Anagramm *B-A-C-H*.

Ästhetisches Fazit zu Satz V

- Mit Ausnahme der Rahmentakte findet sich der genannte »Strukturklang« sonst nicht in den chromatischen Klanggruppen des Stückes; es dominieren zwar Ballungen von chromatischen Tonfolgen; sie schließen aber durchweg nur zwei oder drei eng beieinander liegende Halbtöne ein, nicht die vier des »Strukturklangs«. Es entsteht eine sowohl organisch durchgebildete wie freie, fast improvisatorische Form. Ligeti dazu:

»Wir erleben einen organischen Vorgang: Die Form, weder schematisch-konstruiert noch ungebunden-frei, entsteht wie etwas Lebendiges aus dem Wachsen, Schrumpfen, neuerlichen Wachsen und schließlich Auseinanderreißen des chromatischen harmonischen Feldes.«[5]

- Satz V ist stärker als Satz I ein Klangfarbenstück. Es ist unglaublich, wie umfassend Webern hier die Klänge differenziert; es wechseln sich ständig, sozusagen von Klang zu Klang, Bezeichnungen ab wie »am Steg«, »mit Dämpfer«, »am Steg mit Dämpfer«, »arco«, »pizzicato«, sowohl in der Aufeinanderfolge als auch simultan. Ligeti präzisiert:

»Zwischen den Tonhöhen und der Klangfarbenverteilung [gibt es] insofern eine Beziehung, als dieselbe Tonhöhe nie in derselben Spielart wiederkehrt, also derselbe Ton seine Klangfarbe stets wechselt.«[6]

Die strukturelle Arbeit dieses V. Satzes mutiert weniger wie die des I. Satzes in ein »Figuren-Netzwerk« als viel mehr in ein »Klangfarben-Netzwerk«, erstellt auf der Grundlage einer bis dahin kaum je so wahrgenommenen Organizität des kompakten Gewebes. Oben war von »naturhafter, geradezu pflanzlicher Metamorphosenkunst« die Rede; dies gilt auch hier und die »Klangfarbenverteilung« in Satz V erhöht diese Kunst sogar noch. Auch die Formulierung »Gesten von Lebensatem« passt auf diesen Satz. Das assoziiert zumindest, wie in Satz I, eine »theologische Lesart« der Musik.

Es können hier die restlichen *Bagatellen* nicht mehr analytisch besprochen werden, doch zeigt auch schon ein erstes Studium der gesamten Partitur, dass die kompakte Faktur allen Sätzen gemeinsam bzw. ähnlich ist. Dazu gehören selbstverständlich die organische Struktur des Gewebes, die Dominanz chromatischer Felder, die Umspielung von dem, was »Strukturklang« genannt wurde (auch wenn meist nur eine Halbtonfolge in eine Klanggruppe eingeht), die subtil klangfarbliche Differenzierung im Zusammenhang mit einer extrem ausgeloteten Rhythmik und nicht zuletzt, trotz solcher hoher Konstruktivität, das freie, naturhafte »Atmen« dieser Musik.

Es empfiehlt sich, abschließend noch einmal den Widmungstext Schönbergs[7] zu lesen, auch wenn dessen leicht religiös pathetischer Sprachtonfall heute z.T. befremdet:

---

[5] Ebd., 76.

[6] Ebd., 76.

[7] In: Universal Edition Wien, TP Philharmonia Nr. 420, 2.

»So eindringlich für diese Stücke die Fürsprache ihrer Kürze, so nötig ist andrerseits solche Fürsprache eben für diese Kürze. Man bedenke, welche Enthaltsamkeit dazu gehört, sich so kurz zu fassen. Jeder Blick lässt sich zu einem Gedicht, jeder Seufzer zu einem Roman ausdehnen. Aber: einen Roman durch eine einzige Geste, ein Glück durch ein einziges Aufatmen auszudrücken: solche Konzentration findet sich nur, wo Wehleidigkeit in entsprechendem Maße fehlt.

Diese Stücke wird nur verstehen, wer dem Glauben angehört, dass sich durch Töne etwas nur durch Töne Sagbares ausdrücken lässt. Einer Kritik halten sie so wenig stand wie dieser und wie jeder Glaube. Kann der Glaube Berge versetzen, so kann dafür der Unglaube sie nicht vorhanden sein lassen. Gegen solche Ohnmacht ist der Glaube ohnmächtig.

Weiß der Spieler nun, wie der Spieler diese Stücke spielen, der Zuhörer, wie er sie annehmen soll? Können gläubige Spieler und Zuhörer verfehlen, sich einander hinzugeben? Was aber soll man mit den Heiden anfangen? Feuer und Schwert können sie zur Ruhe verhalten; in Bann zu halten aber sind nur Gläubige.

Möge ihnen diese Stille klingen!« (Mödling, Juni 1924 – Arnold Schönberg)

Es geht in diesem Text nicht in erster Linie um die Gegenüberstellung von »Gläubigen« und »Heiden«. Was Schönberg »gläubig« nennt, ist die Fähigkeit oder die Haltung, einem so zarten und febrilen Zustand wie den Webernschen *Bagatellen* sich überhaupt anzuvertrauen, d.h. letztlich, sich auf das Unerhörte dieser Musik einzulassen. Dies braucht eine seelische Disponibilität, die dem entspricht, was die Bereitschaft für eine »mystische Erfahrung« ausmacht. Der Mystiker, Schönbergs »Gläubiger«, agiert nicht gegen die Ratio, damit auch nicht gegen »Gesetz« und »Reihe«, rationale Kategorien der Webernschen Musik in höchster Konzentration, sondern geht über diese hinaus, über-schreitet sie. Zur Transrationalität der *Streichquartett-Bagatellen* Weberns gehört, dass er ihre dichte Konstruktivität nicht verleugnet oder abstreift, sondern sie dahin transzendiert, wo die Seele für diese »einzige Geste«, dieses »eine Glück«, dieses »einzige Aufatmen« empfänglich wird, wovon Schönberg spricht. Eine solche Erfahrung mit solcher Musik zu machen, ließe sich durchaus als Argument für eine »theologische« Lesart der *Bagatellen* verstehen. Es muss klar sein, dass in unserem Fall nur die Musik, bzw. die Ästhetik, die Lehrmeisterin der Theologie sein kann, letztere nicht an ihre Stelle rücken kann und so das Ganze für sich vereinnahmen würde. Im Sinne einer solchen Lesart könnten die vielen crescendo- und decrescendo-Bezeichnungen in den *Bagatellen* durchaus als »Aufatmen«, als »Ein-und-Aus-Atmen«-Gesten, als Gesten von aktivem Leben interpretiert werden; es wäre aber auch möglich, sie als Gesten eines dialektischen Prozesses von Werden und Vergehen zu deuten, von Aufblühen und Verschwinden, als physische wie metaphysische Einheit von Klang und Stille.

Wie auch immer: Ich verhehle nicht, dass ich persönlich diese frühen atonalen Stücke noch den geliebten großartigen späten *Klavier-Variationen op. 27*, in denen die Rationalität der Dodekaphonie einen ihrer größten Triumphe feiert, vorziehe. Es liegt wohl am Wunder ihrer »Unschuld«, das darin besteht, dass sie dem ohne Zweifel überzeugenden Charme einer total durchgebildeten Rationalität bzw. einer stupende verästelten musikalischen Gesetzhaftigkeit, gepaart mit hoher Expressivität, nicht, noch nicht erlegen sind. Sie sind unmittelbar anrührende »Gesten von Lebensatem«.

Sechs Bagatellen für Streichquartett

I

Anton Webern, Op. 9

Universal Edition Nr. 7575

Weberns Bagatellen op. 9, Nr. I und V: Universal Edition Wien / London Taschenpartitur Philharmonia Nr. 420

Eva-Maria Houben

Sprachlos

Jehan Alain: Litanies JA 119 (1937)

»Ich habe Vertrauen. Beten wir, beten wir aus all unseren Kräften.« So Jehan Alain in einem Brief aus Belgien, am 16. Mai 1940, wenige Wochen vor seinem Tod.[1] (Er starb bei Saumur am 20. Juni 1940 anlässlich eines gefährlichen Kurierdienstes.) In einem früheren Brief, ebenfalls in Kriegsnot 1940 geschrieben, heißt es:

> »Am Ende noch eine wunderbare Einzelheit: ›Tu nobis, victor Rex, miserere. Amen. Alleluja.‹ ›O siegreicher König, habe Erbarmen mit uns. Amen. Alleluja.‹ Dieses unwahrscheinliche, aber psychologisch zutreffende Beieinander von ›Erbarme Dich unser‹ und ›Alleluja‹. Das bedeutet: ›Erbarme Dich unser, der Sünder‹, und dann kann es ›Alleluja‹ heißen, weil wir ja wissen, daß Christus auferstanden ist [...]«

Diese drei Jahre nach der Entstehung des Orgelstücks *Litanies* (1937) geäußerten Worte scheinen nicht nur eine religiöse, sondern auch eine künstlerische Haltung wiederzugeben, aus der heraus ein Orgelwerk wie jenes geboren werden konnte, geht es doch um die Artikulation eines »unwahrscheinlichen Beieinanders«, das sprachlos macht, sobald man es zu fassen sucht.

Litanies, das wohl bekannteste Orgelwerk Jehan Alains, ist ein Gebet ohne Worte. Die Orgel »spricht«, indem sie – wie eine Stimme – Atemphrasen artikuliert, indem sie – wie eine Stimme – immer atemloser wird, bis sie sich fast überschlägt, ja außer sich gerät. Am Schluss ist ein Zustand von

[1] Deutsche Übersetzung zit. nach: Helga Schauerte, Jehan Alain (1911–1940). Das Orgelwerk. Eine monographische Studie, (Kölner Beiträge zur Musikforschung 137), Regensburg 1983, 186. Hier auch das folgende Zitat.

Ekstase erreicht, ein Kulminationspunkt, ein Augenblick der Sprach- und Atemlosigkeit. Der zum Schrei geöffnete Mund der Orgel lässt den Hörer allein zwischen Not und Vertrauen, zwischen der Sehnsucht nach einem Begreifen mit Hilfe des Wortes und der Unmöglichkeit von Sprachfindung, zwischen »Vernunft« und »Glauben« - mitten im »unwahrscheinlichen Beieinander« (Jehan Alain) von »Kyrie eleison« und »Alleluja«: »Beten wir aus all unseren Kräften« (Alain), beten wir ohne Unterlass - auch und gerade wortlos und sprachlos.

Litanies, das Werk, das schon zu Lebzeiten Alains veröffentlicht wurde,

> »entstand in seiner Urfassung, wie aus Notizen im Manuskript hervorgeht, als ›Geschichte eines Mannes, der einen kleinen dreirädrigen Wagen vor sich herschiebt. Hinter ihm stehen zwanzig Polizisten, die ihn mit Backsteinen bewerfen.‹ Dieses bizarre (keineswegs humoristische) Programm formulierte Alain im Sommer 1937, als er unter Angstträumen litt. Für die Reinfassung war zunächst der Titel *Supplications* (flehentliche Bitten) vorgesehen, bevor Alain die Nachricht vom tödlichen Bergunfall seiner Schwester Marie-Odile erhielt und den endgültigen Titel wählte unter Beifügung der [dem Werk vorangestellten] Erläuterung.«[2]

Dieses ›Motto‹ lautet:

> »Quand l'âme chrétienne ne trouve plus de mots nouveaux dans la détresse pour implorer la miséricorde de Dieu, elle répète sans cesse la même invocation avec une foi véhémente. La raison atteint sa limite. Seule la foi poursuit son ascension.«[3]

Der Versuch einer Übersetzung:

> »Wenn die christliche Seele in ihrer Verzweiflung keine Worte mehr findet, um das Erbarmen Gottes zu erflehen, wiederholt sie ohne Unterlass mit immer drängenderem Glauben dieselbe Anrufung. Die Vernunft erreicht ihre Grenzen. Der Glaube allein vollbringt die Errettung.«

---

[2] Gerhard Blum, Art. Alain, Jehan, in: Hermann J. Busch / Matthias Geuting (Hgg.), Lexikon der Orgel. Orgelbau - Orgelspiel - Komponisten und ihre Werke - Interpreten. Mit einem Geleitwort von Ton Koopman, Laaber 2007, 36-38, hier 38.

[3] Marie-Claire Alain, L'Œuvre d'Orgue de Jehan Alain. Nouvelle Edition refondue d'après les manuscrits originaux avec annotations et registrations nouvelles. Tome II, Paris 1971, 31.

Die Litanei gliedert sich in Ruf / Anrufung und Bitte als Antwort:

> »In einer älteren, bis zur Antike zurückreichenden Vortragsweise werden Ruf und Bitte vom Vorbeter vorgetragen und von der Gemeinde wiederholt.«[4]

Die Bitte »Kyrie eleison« ist seit dem 4. Jahrhundert als Eröffnungsformel oder als Antwort üblich.[5]

Alains *Litanies* für Orgel beginnt mit einer Eröffnung »quasi recitativo«, also gleichsam sprechend: In einer zweigliedrigen, durch Pausen deutlich strukturierten und vom Umfeld abgegrenzten Phrase lassen sich Ruf und Antwort erkennen. Die folgenden vier Takte (»Lirico ma sempre vivo«) treten wiederum als Ruf und Antwort in Erscheinung, wobei beide Teile jeweils verdoppelt, also einmal wiederholt, vorkommen.

Jehan Alain, Litanies (Takt 1-7), L'Œuvre d'Orgue de Jehan Alain. Tome II, 31. © Alphonse Leduc (Paris 1971)

---

[4] MAGDA MARX-WEBER, Art. Litanei, in: LUDWIG FINSCHER (Hg.), MGG. Sachteil 5, Kassel 1996, 1364-1372, hier 1364.

[5] Ebd., 1365.

Die Litaneiformel ist verkürzt worden; ihr sprechähnlicher Duktus (»bien articulé«) bleibt bei dieser Verkürzung unversehrt erhalten. Gleichwohl beginnt bereits hier zu Beginn der Prozess zunehmender Atemlosigkeit: Die Pausen, die bei der ersten Einführung der unverkürzten Litaneiformel nicht nur gliedernde Funktion hatten, sondern auch Raum ließen zum »Atemholen«, fehlen. Ab jetzt wird es im Zuge sich mehr und mehr überstürzender Ereignisse keine Pause mehr geben.

Die nun folgenden zwei Takte (Takt 6–7) fassen die ersten vier Takte des »Lirico«-Teils zusammen, indem sie die viergliedrige Struktur beibehalten, aber nur mehr den Themenkopf der Formel (3 Achtel plus 5 Achtel) präsentieren.

So stellt sich die Komposition nach der Eröffnungsformel in folgenden zeitlichen Proportionen dar:

Litaneiformel a – Wiederholung von a – Litaneiformel a' (Transposition von a) – Wiederholung von a': 4 Takte.

Verkürzung der Formel (in der transponierten Form, oktavversetzt) b – Wiederholung b – Variante b' – Wiederholung von b': 2 Takte.

Exakte Gliederung in übersichtliche zeitliche Proportionen bestimmt den weiteren Verlauf der Komposition – bis zur Tempoänderung »Subito più lento e intimo« (Takt 30); ab dann gerät die Litanei allerdings »aus den Fugen«. Bis zur Tempomodifikation ergibt sich folgende Strukturierung der Proportionen bezüglich Formelthema (a) und Formelkopf (b) (ohne Berücksichtigung von Variationen):

T.1: erste ungekürzte Erscheinung der Formel mit Pausenzäsuren

T.2 – 5:	a + a + a + a	4 Takte
T.6 – 7:	b + b + b + b	2 Takte
T.8 – 11:	a + a + a + a	4 Takte
T.12 – 13:	b + b + b + b	2 Takte
T.14 – 17:	a + a + a + a	4 Takte
T.18 – 19:	a + a	2 Takte
T.20 – 23:	b + b + b + b + b + b + b + b	4 Takte
T.24 – 25:	a + a	2 Takte
T.26 – 29:	b + b + b + b + b + b + b + b	4 Takte

Kurz vor dem Tempowechsel und dem Beginn des Abschnitts »Subito più lento e intimo« gibt es eine kurze Atemzäsur: Als Spieler empfindet man diese Zäsur zusammen mit dem kurzen zweitaktigen »lento«-Teil vielleicht wie eine Insel, auf der man kurz ruhen und neu Atem schöpfen kann vor der nun folgenden Raserei, die bis zum Limit führt.

Die bislang wohlgeordneten Proportionen verlieren sich im dem »lento«-Einschub folgenden Teil, der das Tempo des Anfangs (»Vivo«) wieder aufnimmt.

T.30 – 31:	Subito più lento e intimo	
T.32 – 34:	a + a + a	3 Takte
T.35 – 38:	b + b + b + b + b + b + b + b	4 Takte
T.39 – 40:	a + a	2 Takte
T.41 – 43:	b + b + b + b + b + b	3 Takte
T.44 – 46:	a + a + a	3 Takte
T.47 – 48:	b + b + b + b	2 Takte

Dass das Spiel zunehmend atemloser wird, zeigt sich auch in der Verschiebung von Akzenten: Noch bevor die Formel zu Ende gespielt ist, erfolgt bereits die Addition von Registern:

Jehan Alain, Litanies (Takte 44–46), L'Œuvre d'Orgue de Jehan Alain. Tome II, 34. © Alphonse Leduc (Paris 1971)

Einen neuen Halt verspricht der Rückgriff auf das Anfangstempo des ersten Taktes »Tempo du début (Récitativo)«: Ruf und Antwort werden ungekürzt wiederholt, die Pausen des Anfangs aber durch einen stark verkürzten Formeleinwurf (»Vivacissimo«) ersetzt. Die Rede mit erhobener Stimme steigert sich zum »Declamato«: Und nun folgt ein »largo«-Teil (»Un poco più largo«), der die Formel (a) und Verkürzungen dann in steter Beschleunigung bringt. Das Tempo steigert sich dermaßen, dass die Formel – akkordisch in der linken Hand zu spielen – kaum mehr unbeschädigt zu Gehör zu bringen ist. Alain waren Ungenauigkeiten beim Vortrag lieber als ein Nachlassen im Tempo.[6] Mit dem Tempo steigert sich die Lautstärke. Die Formel kurz vor Schluss – in überwältigenden Tutti-Akkorden (»fff«) – ist

---

[6] Vgl. SCHAUERTE, Jehan Alain, 65.

nurmehr ein Torso, der dann, in noch weiter getriebener Beschleunigung (»accelerando sempre«) weiter fragmentiert wird. Die Bewegung mündet in fast still stehende, lang gehaltene Akkorde (»Plus large«): Und erneut wird, nach einer kurzen Atemzäsur, »a Tempo« ein letzter Beschleunigungsvorgang in Gang gesetzt (»stringendo molto«). Glaubt man als Hörer der letzten Beschleunigung fast nicht, dass es wirklich die letzte ist, so glaubt man dem (vor)-letzten Akkord kaum seine Kraft, tatsächlich den Schluss herbeizuführen. Ein erneuter Anlauf nach einer weiteren Atemzäsur erst findet den abschließenden Akkord, der beide Füße und alle zehn Finger des Spielers beansprucht. Die Unmöglichkeit einer Schlussgebung trifft sich mit deren Notwendigkeit. Es ist Schluss, wenn die physischen Grenzen und damit die Formen des »Machbaren« erreicht sind. Der Schluss wird herbeigetrommelt, herbeigespielt und -geatmet, bis hin zur Atemlosigkeit.

»Elle répète sans cesse la même invocation« – die Seele »wiederholt ohne Unterlass dieselbe Anrufung«. Geht das überhaupt? – ohne Unterlass? – ohne Unterbrechung?

Der Vortrag von *Litanies* erfordert vom Spieler die Mobilisierung seiner Kraftreserven und enorme Konzentration: Am Schluss ist wirklich ein Zustand von Atemlosigkeit, von Erschöpfung erreicht. Jehan Alain selbst äußerte sich zur Spielweise dieses Gebets, das er mit einem Wirbelwind verglich. Aufhorchen lässt sein Verständnis von Gebet[7]:

> »Ein Gebet ist keine Klage, sondern ein Tornado, der alles, was sich in seinem Weg befindet, hinwegfegt: eine Art von Besessenheit, die die Ohren der Menschen und auch die Gottes erfüllen muß! Wenn man am Ende nicht völlig erschöpft ist, hat man das Stück weder richtig verstanden noch so gespielt, wie ich es mir vorstelle.«

Aber dann ist auch Schluss: Alles in diesem Erdenleben hat ein Ende, auch die Anspannung eines Vortrags, selbst die Ekstase, in die ein Beter, ein Trommler hineinfallen mag. Die Wiederholung selbst führt es vor Augen und Ohren: Wiederholung »ohne Unterlass« (»sans cesse« – wie es im Motto heißt) ist weder möglich noch denkbar. Und so schließt das Stück dann auch mit einem Fortissimo-Akkord, der verhallt. Und jetzt?

Schon in der alten Kirche hatte man die Form des »immerwährenden Lobpreises« (»laus perennis«) gefunden, bei dem sich die Betenden, Mön-

---

[7] Zit. nach SCHAUERTE, ebd.

che zumeist, in ununterbrochenem Gotteslob ablösten. Die Betenden folgten dabei einem festgelegten Zeitplan.[8]

Einen weiteren Zugang zu der Form des Betens »ohne Unterlass« könnte die Unterscheidung von »innerem und äußerem Gebet in der christlichen Tradition« sein.[9] Das »äußere« Gebet ist mündliches, hörbar gesprochenes Gebet, das »innere« unhörbares, unausgesprochenes Gebet, einer »Gebetshaltung« vergleichbar. Wie Anselm Grün es referiert, gibt es zweierlei Arten von Verhältnis des äußeren zum inneren Gebet bzw. umgekehrt. Im einen Fall findet der Beter über das äußerlich gesprochene Wort zum inneren Beten, im anderen Fall ist das innere Gebet, das auch als »Sehnsucht« des Menschen nach Gott umschrieben werden könnte, Anstoß zum äußeren Beten: Ein unablässiges Beten, so führe es Augustinus aus, könne nur als Verschmelzung von äußerem und innerem Beten verstanden werden, da niemand unablässig äußerlich sichtbar und hörbar zu beten imstande sei. Grün kommentiert Augustinus:

> »Das unablässige Gebet besteht somit nicht in unablässigen Gebeten, sondern in einer ununterbrochenen Sehnsucht, die auf Gott gerichtet ist. Es ist die unablässige Sehnsucht des Herzens, die Sehnsucht der Liebe, das beständige Ausschauhalten nach Gott.«[10]

Und:

> »Das äußere Gebet ist für Augustinus also ein immer neues Anfachen unserer Sehnsucht nach dem Reiche Gottes, die in den Alltagsgeschäften zu erkalten droht. Wir brauchen Gott im Gebet nicht zu belehren oder ihn zu erweichen, daß er uns hilft, sondern wir stacheln darin unsere Sehnsucht nach ihm an.«

Der Ruf »Kyrie eleison«, »Erbarme Dich unser«, ist, als äußerer Gebetsruf, in diesem Sinne nicht nur als Wunsch oder Bitte zu verstehen, sondern auch als Lobpreis Gottes, als Ausdruck der Sehnsucht nach seiner Liebe. Die Litanei als ausgesprochene Anrufung, die sich irgendwann erschöpft wie jeder Vorgang im irdischen Leben, wird als zeitweilig sich nach außen

---

[8] Vgl. JOSEF ANDREAS JUNGMANN, Christliches Beten in Wandel und Bestand. Mit einem Vorwort zur Neuausgabe von KLEMENS RICHTER (Gemeinde im Gottesdienst), Freiburg im Breisgau 1991, 52ff.

[9] Zum Folgenden vgl. ANSELM GRÜN, Chorgebet und Kontemplation, (Münsterschwarzacher Kleinschriften 50) Münsterschwarzach ³2002, 15–26.

[10] Ebd., 19. – Das Folgende ebd., 21.

kehrender Lebensprozess ins »immerwährende« Gebet einbezogen: Sie taucht aus diesem auf und mündet wieder in dieses ein. Umgekehrt tritt die immerwährende Sehnsucht in der Anrufung nach außen, tritt sie ein in die Begrenztheit irdischer Sprache, irdischer Rezitation und Deklamation.

In diesem Sinne ist Alains Orgelstück (als »Anstachelung«, als »Anfachen«, als Anstiftung) mit dem Schlussakkord nicht an ein Ende gekommen. Beschlossen wird lediglich der hörbare Ruf – aus der Notwendigkeit des Schließens heraus. Die körperliche und geistige Erschöpfung des Interpreten und des Hörers sind absehbar, werden regelrecht herbeigeatmet.

Zu hören kann sein, dass der Ruf nicht an ein Ende gekommen ist. Es geht weiter: im Nachhall des sich nun öffnenden Raumes, in der Stille des Nachhörens. Ein Schluss ergibt sich notgedrungen aus der Begrenztheit physischer Kraft, aus der Begrenztheit irdischer Bedingungen und Möglichkeiten (des Betens wie des Musizierens und Hörens). Das Transitorische der Aufführungssituation und das magische »Nunc Stans« der Sehnsuchts- und Gebetshaltung werden versöhnt im Nachhall und bei einem Nachhören, das ein Nachsinnen, Nachdenken werden könnte.

Diese Gedanken abschließen könnte Karlheinz Stockhausens Unterscheidung zwischen Anfang und Beginn und zwischen Ende und Schluss – eine Unterscheidung, die er mit Blick auf die »Momentform« traf[11]:

> »Wenn ich sage Anfang, so denke ich an einen Vorgang, etwas hebt an, spielt sich ein; wenn ich sage Ende, so denke ich an etwas, das zu Ende geht, ausklingt, verlöscht.
>
> Hingegen verbinde ich mit den Worten Beginn und Schluß die Vorstellung von Zäsuren, die eine Dauer als Ausschnitt aus einem Kontinuum heraus begrenzen. Anfang und Ende eignen demnach geschlossenen Entwicklungsformen, die ich auch dramatische Formen nannte; Beginn und Schluß eignen offenen Momentformen.«

Ausgehend von dieser Unterscheidung hat Alains Orgelstück *Litanies* als groß angelegte Steigerungswelle, die anhebt und ausgeht, einen Anfang und ein Ende; gleichwohl kann sich dieses Ende spielend und hörend in einen Schluss verwandeln lassen, sobald Spieler und Hörer an diesem (aus spieltechnischen Gründen zwangsläufigen) Ende hinausspringen: Hinaus

---

[11] Karlheinz Stockhausen, Momentform. Neue Zusammenhänge zwischen Aufführungsdauer, Werkdauer und Moment, in: ders., Texte zur elektronischen und instrumentalen Musik. Bd. 1. Aufsätze 1952–1962 zur Theorie des Komponierens, mit einem Nachwort versehen v. Dieter Schnebel (Hg.). (Du Mont Dokumente) Köln 1963, 189-210, hier 207.

aus der Musik, hinaus aus dem Aufführungsraum, hinein in Lebensalltag, in ein »Weiter«.

Die Stille nach der Ausführung, die allerdings erst durch die vergängliche Ausführung geöffnet werden konnte, trägt weiter. So verweist *Litanies* als Komposition über sich hinaus. Der lang ausgehaltene Schlussakkord entlässt Spieler und Hörer in die Stille, in den Raum, in das Leben danach (nach dem Orgelklang, nach dem Konzert, nach dem Musikhören) – vielleicht in eine Stille voller Vertrauen.

Klaus Röhring

Ein wunderbarer Tausch

Olivier Messiaen: L'échange
Vingt Regards sur l'enfant Jésus, No. 3 (1944)

Annäherung

Beim ersten Hören dieses dritten »Blickes« auf das Jesus-Kind aus Olivier Messiaens 20 musikalischen Betrachtungen wird der Hörer gleich bleibende und irgendwie sich verändernde Töne, Klänge, Spielfiguren wahrnehmen. Besonders auffällig ist eine Figur, die in Oktavgriffen nicht nur ein großes crescendo durchläuft, sondern auch sich mehr und mehr auseinander spreizt und auf ihrem dynamischen Höhepunkt die Distanz von zwei Oktaven erreicht. Bei wiederholtem Hören wird man feststellen, dass sich ein Wechsel ereignet zwischen gleich bleibenden und sich verändernden Figuren. Einer zunächst gleich bleibenden schnellen abfallenden Figur folgen zum Zweiten die in Oktavgriffen im crescendo sich steigernden und im Ambitus sich spreizenden Töne. Danach ertönt drittens ein gleich bleibend pulsierender Akkord, dem viertens wiederum eine schnelle Spielfigur, eine Nonole, folgt, an der man kleine, aber doch auch deutliche Veränderungen wahrnehmen kann. Danach fällt zum Fünften eine schnelle Gegenbewegung von Tönen auf, an der sich auch Veränderungen vollziehen.

Dieser fünffache Wechsel durchzieht das ganze Stück bis zu einer Coda, in der die beiden ersten Figuren gleichbleibend sich dreifach wiederholen, bis die Oktavfigur übrig bleibt, sich dreifach wiederholend, und nach einer langen Pause in zeitlicher Streckung wiederkehrt, um am Ende wie auf einen Ton hin zusammenzufallen.

Dieser erste oder zweite Höreindruck wird durch das Studium der Partitur bestätigt und in seiner ganzen kompositorischen Raffinesse deutlich. Auf den Titel des Stückes und den von Messiaen vorangestellten Text bezogen werden diese fünf musikalischen Figuren auch in ihrer theologische Bedeutung interpretierbar.

Der Titel des Werkes »Vingt Regards sur l'enfant Jésus« »geht zurück auf eine Schrift von Dom Marmion, einem sehr bedeutenden belgischen Geistlichen, in der er von den verschiedenen Blicken spricht, die das Jesuskind und seine Krippe trafen [...] Ich habe diese Gedanken aufgenommen und weitergeführt«,[1] schreibt Messiaen. Wer wirft nun seine »Blicke« (regards) auf das Jesuskind? Drei Gruppen lassen sich hier ausmachen.

Zunächst, wie erwartet, Personen, die auf das Kind blicken: der Vater, die Jungfrau, die Engel, die Propheten, die Hirten und die Weisen. Dann wird vom Komponisten eine Gruppe eingeführt, die er als »immaterielle und symbolische Wesen« bezeichnet: die Zeit, die Höhe, die Stille, der Stern und das Kreuz.

Eine dritte Gruppe bewegt sich zwischen diesen beiden Extremen. Sie umfasst den »Blick der Kirche der Liebe«, den »Blick des Geistes der Freude«, den »Blick des Sohnes auf den Sohn«, den »Blick der furchtbaren Salbung« (hier handelt es sich um das Thema der Taufe Jesu).

Darüber hinaus gibt es dann noch eine Gruppe von Stücken in diesem Werk, die nicht von einem auf das Jesuskind fallenden Blick sprechen, sondern von theologischen Vorstellungsinhalten und Begriffen bestimmt sind, die Messiaen als auf Jesus bezogen (regardant Jésus) interpretiert. Dabei handelt es sich um Titel, welche die Allmacht Gottes beschreiben oder die zwei Naturen Jesu, so in »L'echange« (Der Austausch); »Der Kuss des Jesuskindes«; »Ich schlafe, aber mein Herz wacht«.

Man muss bei allem bedenken, dass das französische Wort regard verschiedene Bedeutungen hat, wie: der konkrete Blick, Blickwinkel, Perspektive, Hinsicht, Achtung.

Messiaen hat sein Werk zyklisch angelegt. Die Querverbindungen, die hier zwischen den einzelnen Stücken gezogen werden, betreffen nicht nur musikalische Parameter, sondern auch die theologischen Inhalte. Um diese dritte aus Messiaens zwanzig Betrachtungen verstehen und deuten zu können, empfiehlt es sich, zunächst einen Blick auf die Struktur des ganzen Werkes zu werfen und die Stellung von »L'échange« in dieser Gesamtheit.

---

[1] OLIVIER MESSIAEN zit. nach ALOISE MICHAELY, Die Musik Olivier Messiaens. Untersuchungen zum Gesamtschaffen, Hamburg 1987, 37.

VINGT REGARDS

Exposition

I Thema: Die Liebe GOTTES: Regard du Père

II Der STERN von Bethlehem: Regard du l'étoile

III Die zwei NATUREN CHRISTI: L'échange

IV Die JUNGFRAU: Regard de la Vierge

V Der GEKREUZIGTE und das Mensch gewordene Wort: Regard du Fils sur le Fils

Durchführung

VI Die Schöpfung der Welt (ALPHA): Par Lui tout a été fait (1. Synthese)

VII Jesus Menschensohn: Regard de la Croix

VIII Hosianna in der Höhe: Regard des hauteurs

IX Freude: Zeit und Ewigkeit: Regard du temps

X Ekstase der Freude: Regard de l'Esprit de joie

XI Das Jesus-Kind als der Sohn Gottes: Première communion de la Vierge

XII Das allmächtige Wort: La parole toute puissante (das Wort, das ...)

XIII Gott unter uns; die Heilige Nacht: NOEL (... mit der Welt in Verbindung tritt)

XIV Engel (... auch durch die Engel)

XV Das süße Jesus-Kind: Le baiser de l'Enfant-Jésus

XVI Anekdotische Figuren: Regard des Prophètes, des Bergers et des Mages

XVII Das Unaussprechliche: Regard du silence

XVIII Die Taufe Jesu und die Macht des Wortes: Regard de l'Onction terrible

XIX Der im Schlaf wachende Jesus-Knabe: Je dors, mais mon coer veille

XX Die Zukunft der Kirche (OMEGA): Regard de l'Eglise d'amour

Man sieht in dieser schematischen Übersicht, dass Messiaen Exposition wie Durchführung symmetrisch ordnet und dadurch interne musikalische wie auch theologische Beziehungen herstellt und auf sie verweist. (Streichung wegen Doppelung)

I	Thema: Die Liebe GOTTES: Regard du Père
II	Der STERN von Bethlehem: Regard du l'étoile
III	Die zwei NATUREN CHRISTI: L'échange
IV	Die JUNGFRAU: Regard de la Vierge
V	Der GEKREUZIGTE und das Mensch gewordene Wort: Regard du Fils sur le Fils

Auffallend ist hier besonders die Zahl Fünf, die man bei Messiaen die christologische nennen könnte. Sie begegnet etwa auch bei J. S. Bach in der »Matthäuspassion«, z.B. im »Fünf Wunden«-Choral, in den Buchstaben des Namens Jesu selbst oder im frühchristlichen Wort und Symbol Ichthys (Fisch), dessen einzelne Buchstaben »Jesus Christos Theou hyos soter« (Jesus Christus Gottes Sohn Retter) bedeuten.

J	E	S	U	S	I	X	Ξ	Ύ	Σ
1	2	3	4	5	1	2	3	4	5

In der Exposition, zu der »L'échange« gehört, ist dieses Stück nicht nur die dritte Betrachtung der zwanzig des ganzen Werkes, sondern auch die Mitte der fünf Betrachtungen der Exposition. Diese haben jedoch auch um diese Mitte herum zweimal eine Dreiersymmetrie.

Die Fünfersymmetrie I–V: Nr. I und Nr. V entsprechen sich, da sie jeweils (vom Blick) einer der göttlichen Personen handeln.

Nr. II und Nr. IV entsprechen sich, da sie von Liebe und Leid / Stern und Kreuz handeln.

Nr. III ist das Zentrum: Der »Handel«, der Wechsel oder Tausch von Himmel und Erde/ Gott und Mensch.

Erste Dreiersymmetrie I–III: Nr. I und Nr. III entsprechen sich, da der unwandelbare, ewige Gott sich in den »Handel« einlässt, sich entäußert.

Nr. II bildet hier die Mitte, da er beiden Elemente Stern und Kreuz, auf die sich das Ewige und Zeitliche beziehen, die beiden »Seiten« Gottes anzeigt.

Zweite Dreiersymmetrie III–V: Nr. III und Nr. V entsprechen sich, da der »Wechsel/Handel« vom Göttlichen zum Menschlichen (Inkarnation) sich in Jesus Christus und seinen beiden »Naturen« widerspiegelt: vere deus – vere homo.

Nr. IV. ist hier die Mitte, da durch die wundersame Jungfrauen-Geburt Jesus der vere deus und der vere homo ist. Durch die Ohrenempfängnis (des Wortes Gottes) der Maria wird dieses ewige Wort als Mensch Jesus durch Maria geboren.

Dieser komplexe symmetrische Aufbau macht die besondere Stellung von »L'échange« deutlich und verweist so schon formal auf die kompositorische wie theologische Bedeutung dieser musikalischen Betrachtung im Gesamtzusammenhang der »Vingt Regards«.

Messiaen hat, wie bei allen anderen Betrachtungen / Blicken, auch dieser dritten Betrachtung einen Text (den er bei der Uraufführung am 26. März 1945 jeweils vorlas) vorangestellt:

> *»Descente en gerbe, montée en spirale; terrible commerce humano-divin. Dieu se fait homme pour nous rendre dieux [...]«* (»Garbenartiger Abstieg, spiralförmiger Aufstieg; ehrfurchterregender menschlich-göttlicher Handel. Gott verwandelt sich in einen Menschen, um uns göttlich zu machen [...]«)

Struktur[2]

Das Stück besteht aus fünf Komponenten, zwei unveränderlichen und drei veränderlichen, die zwölfmal erscheinen bzw. transformiert werden und dann in eine Coda münden.

1. Komponente: Die Funkengarbe – unveränderlich, bestehend aus abwechselnden kleinen Terzen.

Sie geht über in die

[2] Die Analyse verdankt viel den Untersuchungen von SIGLIND BRUHN, Betrachtungen zur Geburt von Bethlehem (Eine mehrdimensionale Sinfonie), in: SIGLIND BRUHN, Messiaens musikalische Sprache des Glaubens, Waldkirch 2006, 139ff.

2. Komponente – unveränderlich, bestehend aus 3 Sechzehnteltriolen auf dem zentralen Cluster von ES-E-F-GES.

Zwischen diese beiden unveränderlichen Komponenten, die man auch als eine Komponente mit zwei Segmenten bezeichnen könnte, erscheint die

3. Komponente – veränderlich.

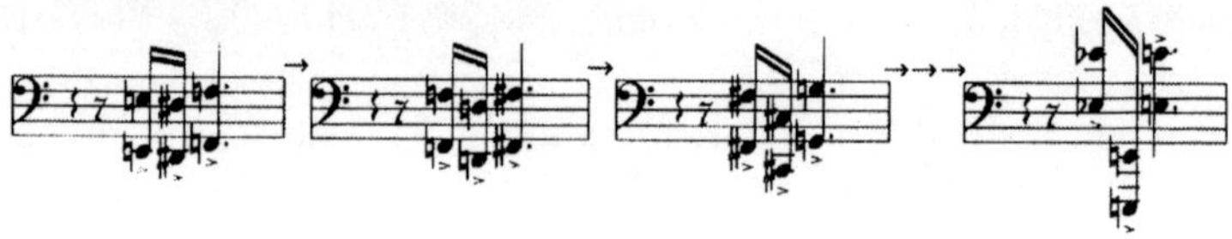

Die Komponente beginnt auf dem »e« (= Ton-Zentrum). Der erste und dritte Ton der Komponente steigen in Halbtonstufen chromatisch auf, der zweite Ton 12 Halbtonstufen chromatisch ab. Dadurch entsteht eine sich ständig erweiternde Tonspreizung, die ihren Höhepunkt in einem Zweioktavsprung auf »e« (Ton-Zentrum) erreicht.

4. Komponente: Die Spirale – veränderlich.

Diese Nonole steigt mit den Tönen 1–6+8 12 Halbtonstufen chromatisch aufwärts und mit den Tönen 7 und 9 chromatisch abwärts, so dass sich eine Tonspreizung ergibt, wobei sich der jeweilige 1. Ton (Ausgangston) und der 7. und 9. Ton mehr und mehr (von unten und oben her) nähern und schließlich kreuzen (T.10 und 12): Somit findet ein Wechsel, ein Austausch statt.

5. Komponente: »Christusfigur« – veränderlich und unveränderlich zugleich.

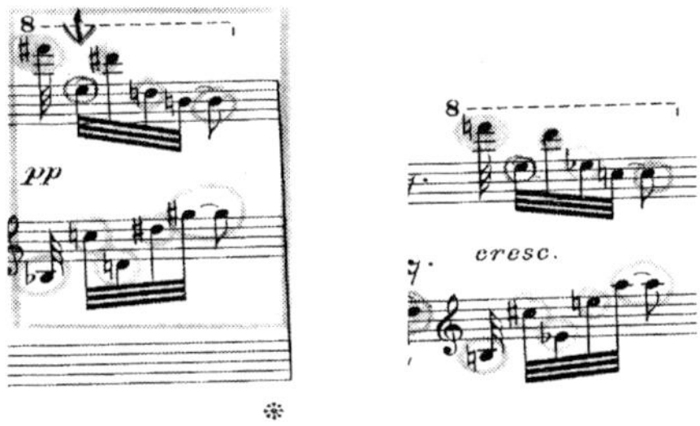

Von den Noten der Figur in der rechten Hand fallen die 1. und 3. Note 12 Halbtonstufen abwärts, während die 4. und 5. Note 12 Halbtonstufen jeweils im Abstand einer fallenden kleinen Terz aufsteigen. Die 2. Note, das Tonzentrum »e«, bleibt unverändert. Die dritte Note dieser Figur nähert sich dabei immer mehr der zweiten Note an, bis sie auf dem gleich bleibenden »e« ankommt.

Die Noten der Figur der linken Hand steigen alle 12 Halbtonstufen aufwärts. Dabei ist zu beobachten, dass die ersten beiden Töne die ersten beiden Töne der 4. Komponente, wenn auch um eine bzw. zwei Oktaven versetzt, aufnehmen, so dass auch hier Gleichbleibendes zur vorhergehenden Figur wahrzunehmen ist.

Die Figuren der linken und rechten Hand verhalten sich in gewisser Weise spiegelbildlich zueinander.

Coda T.25–31:
Die Coda ist fünfmal durch die Zahl 3 gekennzeichnet:
Dreimal die Garbenfigur, gefolgt von dreimal Komponente 2 e-es-f
Dreimal Komponente 2
Dreimal Viertelpause
3 Töne der Komponente 2 in Vergrößerung
3-facher Schlussimpuls, endend auf dem »e« (gleich bleibender Zentralton)

So ergibt sich (bis auf die Coda) ein durchgängiger Wechsel der fünf Komponenten von unveränderlich > veränderlich > unveränderlich > veränderlich > veränderlich / unveränderlich. Letzteres wirkt wie eine Bündelung der vorhergehenden Komponenten:

Dies zeigt sich deutlich im Notenbild der einzelnen Seiten, durch das man das Gleichbleibende und sich Verändernde in der Struktur des Stückes sehr gut wahrnehmen kann. Der erste oder zweite Höreindruck bestätigt sich schon auf den ersten Blick in die Partitur.

(Takt 7–12)

Deutung

Durch den von Messiaen vorgegebenen Text wird die Bedeutung und Symbolik dieser Komponenten bereits angedeutet: Garbenartiger Abstieg und spiralförmiger Aufstieg bedeuten zunächst einmal das Absteigen (Geburt) Jesu und das Wiederauffahren zum Himmel (Himmelfahrt).

Das Wort *gerbe*/Garbe bedeutet das straußartige Zusammenbinden von Heu oder Blumen oder auch die garben- und straußartigen Feuerwerksbilder. Beide Bilder haben den Charakter von etwas Schönem, aber Vergänglichem. *Gerbe* kann aber auch den Schweif eines Kometen meinen und würde sich dann auch assoziativ auf den Stern von Bethlehem beziehen, von dessen »Blick« zuvor die Rede war.

Terrible commerce: Das Wort terrible kommt auch im Titel von Nr. XVIII vor: »Regard de l'Onction terrible« (Blick der furchtbaren Salbung). Beide Male dürfte jedoch nicht »schrecklich«, sondern »ehrfurchterregend« gemeint sein. Es geht um einen nicht zu verstehenden »Handel« zwischen Gott und Mensch, um einen unbegreiflichen Austausch. »Cur deus homo?« Warum wurde Gott Mensch? Das ist die uralte Frage, der Theologie und Frömmigkeit schon immer nachsinnen. Messiaen gibt die Antwort: »Gott verwandelt sich in einen Menschen, um uns göttlich zu machen.«

Diesem theologischen Gedanken dienen die einzelnen Komponenten, ihre Unveränderlichkeit und ihre Transformationen in 12 Halbtonschritten auf- oder abwärts, das Gleichbleibende und das sich Verändernde. Wobei das chromatische Total auch für die Totalität, also das alle Welt Betreffende (Heiland der Welt), stehen kann.

Komponente 1, Funkengarbe: Sie bleibt 12 mal unveränderlich. Dabei kommt sie plötzlich von oben her, stürzt gleichsam wie ein Lichtfunken vom Himmel auf die Erde herab.

Komponente 2 ist eine sehr akzentuierte, in Oktavgriffen zu spielende Dreiernotengruppe, die sich nach oben und unten hin spreizt, bis sie den Tonraum von zwei Oktaven durchspringt, zweimal das Diapason, als sollten damit Himmel und Erde, der ganze Kosmos umfasst werden.

Komponente 3 löst sich aus der kleinen Terz es-ges, auf welcher die Funkengarbe endete, und schwingt jeweils in die drei Sechzehnteltriolen auf dem gleichbleibenden Cluster ES-E-F-GES aus. Dies ist das Symbol für den ewigen, gleich bleibenden Gott:

> *»Dieu, c'est le trait en tierces alternées : ce qui ne bouge pas, ce qui est tout petit.«* (»Gott, das ist die Linienführung in abwechselnden Terzen: das, was sich nicht bewegt, das, was sehr klein ist.«)
>
> *»L'homme, ce sont les autres fragments qui grandissent et deviennent, selon un procédé de développement que j'appelle: ›agrandissement asymétrique‹.«* (»Der Mensch, das sind die anderen Fragmente, die wachsen und enorm werden, mittels eines Prozesses, den ich ›asymmetrische Spreizung‹ genannt habe.«)[3]

Dieser gleich bleibende, ewige Gott geht in die Zeit ein, er »entäußert sich« (Phil 2,5–11), so dass das Ewige (Gleichbleibende) und das Zeitliche (Ver-

---

[3] OLIVIER MESSIAEN, Note de l'auteur, deutsche Übersetzung von SIGLIND BRUHN, Messiaens musikalische Sprache, 175.

änderliche) zusammenkommen und in Jesus Christus zu einer Einheit werden.

Komponente 4, Spirale: Das Veränderliche, Zeitliche wächst, spreizt sich; es bewegt sich aufwärts und abwärts. Abwärts ist es die Bewegung der Inkarnation. Es beinhaltet aber auch die Aufwärtsbewegung, das Spiralhafte. Das ist nach dem Text Messiaens die Gegenbewegung der Menschen, die aufgrund der Menschwerdung Gottes, mit ihm versöhnt, nun »aufsteigen« können, um »göttlich« zu werden. Wie ist das zu verstehen?

Messiaen bezieht sich, wie erwähnt, mit seinen »Vingt Regards« auf das Buch von Dom Columba Marmion »Christus in seinen Geheimnissen«[4], aus dem er viele seiner Titel und Bilder der »Vingt Regards« genommen hat. Dort zitiert Marmion im 7. Kapitel mit dem Titel »O wunderbarer Austausch!«[5] mit Blick auf die Mitternachtsmesse des Weihnachtsfestes das Stillgebet:

> »Genehm sei dir, o Herr, die Opfergabe der heutigen Festfeier, auf dass wir mit dem Beistand deiner Gnade durch diesen hochheiligen Tausch demjenigen gleichförmig erfunden werden, durch den unsere Natur mit dir vereint ist.« (Entsprechend der gegenwärtig gültigen Formulierung müsste es »Gabengebet« heißen und lauten: »Allmächtiger Gott, / in dieser hochheiligen Nacht / bringen wir dir unsere Gaben dar. / Nimm sie an / und gib, dass wir durch den wunderbaren Tausch / deinem Sohn gleichgestaltet werden, / in dem unsere menschliche Natur / mit deinem göttlichen Wesen vereint ist. / Darum bitten wir durch ihn, Christus, unseren Herrn.«)

Es ist der »hehre Austausch«, der sich »zwischen dem Schöpfer und dem Geschöpfe, zwischen Himmel und Erde vollzieht und der das innere Wesen des Weihnachtsgeheimnisses ausmacht.« Zu Weihnachten ereignet sich eine dreifache Geburt: die ewige Geburt »aus dem Schoße des Vaters«, die »zeitliche Geburt Christi in Bethlehem« und die »Geburt Christi in den Herzen der Gläubigen«. Diese drei Geburten begegnen schon in Messiaens Orgelzyklus von 1935 »La nativité du Seigneur«.

So besteht nun der eine »Vorgang des Austausches« darin, dass Gott unsere Natur »entlehnt«, »um sie in persönlicher Verbindung mit sich zu vereinigen«. Das ist die erste und die zweite Geburt. Der andere »Vorgang« besteht darin, dass »das ewige Wort« für die menschliche Natur »als Aus-

---

[4] Abt D. Columba Marmion OSB, Christus in seinen Geheimnissen, übertragen von M. Benedicta v. Spiegel OSB, Paderborn 1931.

[5] Marmion, a.a.O., 117ff.

tausch Anteil und Mitbesitz an seiner Gottheit gibt; es macht uns seiner göttlichen Natur teilhaftig, so dass sich ein Austausch vollzieht, wie er wunderbarer nicht gedacht werden kann.« Dieser Austausch bedeutet auch, dass dem natürlichen Leben der Menschen ein »neues Leben«, das »es überragt und krönt, hinzugefügt« wird. Dadurch werden die Menschen zu »Gotteskindern, zu Brüdern Jesu Christi«; das ist die dritte, die geistliche Geburt. Der Tausch Gottes mit den Menschen macht Gott »leidensfähig«. Durch dieses Leiden versöhnt Gott die Menschen mit sich und bringt sie aus Hochmut, Ungehorsam, Begierlichkeit, »die uns das göttliche Leben geraubt« haben, wieder zu Gott zurück. »Indem sich Gott herablässt, das Leben der Menschen zu leben, wird der Mensch zum Leben Gottes erhoben.« Somit ist und bleibt dieser Austausch in mehrfacher Hinsicht wunderbar: Durch jungfräuliche Geburt; durch die »unauflösliche, ohne Vermischung bestehende Verbindung zwischen Gottheit und Menschheit in der einen Person des Wortes«; in »seiner Quelle, die keine andere ist als Gottes unendliche Liebe«; in »seiner Wirkung und seinen Früchten«, d.h. in Gottes »Freundschaft«, im »Anrecht auf das ewige Erbe« und im Ruhen seines Blickes »mit Liebe und Wohlgefallen auf der Menschheit«.[6]

Marmions Ausführungen lassen Messiaens Satz »Gott verwandelt sich in einen Menschen, um uns göttlich zu machen [...]« nun nicht so verstehen, dass durch diesen Austausch die Menschen zu Göttern (sicut deus, similis altissimo, was ja die superbia, die Ursünde selbst wäre) werden, sondern im Sinn der Gotteskindschaft. Diese bedeutet für Messiaen die in Jesus Christus, also im Weihnachtsgeschehen, begründete bleibende Einheit des Menschlichen und Göttlichen, im Sinn des »auserwählten Geschlechtes«, wie es im Lutherlied »Vom Himmel kam der Engel Schar« heißt: »Zuletzt müsst ihr doch haben recht / ihr seid nun worden Gotts Geschlecht. / Des danket Gott in Ewigkeit, / geduldig, fröhlich allezeit.«[7] Es kann also keine Gottgleichheit oder Gottähnlichkeit gemeint sein, sondern »nur« die in Christus gegebene bleibende Zugehörigkeit zu Gottes »Geschlecht«. Denn, wenn es eine Gleichheit oder Ähnlichkeit gäbe, dann nicht die mit Gott, sondern höchsten die mit den Engeln. Eine andere konnte sich z.B. Martin Luther nicht denken: »Er ist auf Erden kommen arm, / dass er unser sich erbarm / und in dem Himmel mache reich / und seinen lieben Engeln gleich. / Kyrieleis.«

---

[6] Marmion, 127ff.

[7] EG 25,6.

Man könnte diesen Austausch aber auch im Sinn des Weihnachtsliedes »Lobt Gott, ihr Christen alle gleich« verstehen und deuten:

Er wechselt mit uns wunderlich;
Fleisch und Blut nimmt er an
und gibt uns in seines Vaters Reich
die klare Gottheit dran.

Er wird ein Knecht und ich ein Herr,
das mag ein Wechsel sein!
Wie könnte's doch sein freundlicher,
das herze Jesulein.

Dieser Choral spricht / singt von diesem Wechsel, gebraucht sogar das Wort »l'échange«. Hier aber ist der Tausch nicht Gott gegen Mensch, Mensch gegen Gott, sondern Knecht gegen Herr – im Sinn von Luthers berühmter Formel »Ein Christenmensch ist ein freier Herr aller Dinge und niemanden untertan – im Glauben.« Das ist ein wesentlicher Unterschied.

Komponente 5, Christusfigur: An dieser Komponente, die man ihrer Stellung als fünfte Komponente, aber auch der Fünf-Ton-Zahl wegen »Christusfigur« nennen könnte, kann man die Vergöttlichungsthese in Frage stellen. Mit den beiden verschiedenen, sich spiegelbildlich verhaltenden Figuren der rechten und linken Hand, ist eher der Gedanke der imago dei verbunden, dass der Mensch – als Mensch – das Ebenbild/Spiegelbild Gottes ist. In Jesus Christus kann er es in seiner reinen Gestalt wahrnehmen und sehen. Dass sich darum in der Figur der rechten Hand das gleich bleibende »e« zeigt, auf das sich die ersten drei Noten im Verlauf zu bewegen/verengen, zeigt die Göttlichkeit, das vere deus. Das bedeuten – nach Messiaens Worten – dann auch die kleinen Terzen der beiden letzten Noten. So dass hier in einer Figur das Wechselnde, sich Verändernde (Irdische) und das Gleichbleibende (Ewige) zur Erscheinung, zum Erklingen kommen: vere deus – vere homo.

Die Figur der linken Hand in der »Christusfigur« (Komponente 4) bei Messiaen steigt immer chromatisch auf, was heißen könnte, dass in diesem spiegelbildlichen Verhältnis, als Nachfolge, die Menschen in die göttliche Sphäre einbezogen werden, biblisch: in Gemeinschaft mit Gott, um Gottes Kinder zu werden. Das aber ist etwas ganz anderes als dass Menschen zu Göttern werden. Das »um uns göttlich zu machen« kann eigentlich nur so verstanden werden: In Jesus Christus haben die Menschen als Kinder Gottes göttliche Würde, die sich in ihrer Freiheit ausdrückt, »Herren« und nicht »Sklaven« zu sein. Vielleicht könnte man aber auch jene »Gottwerdung«, jene mittelalterliche filiatio dei bei Messiaen in Sinn von Nicolaus von Cues verstehen, der diese nicht mehr als eine dem hierarchischen Prinzip gemäße Stufenfolge der Bewegung, der Erleuchtung und der schließlichen Einigung mit Gott versteht, sondern als einen einheitlichen Akt, der durch die Menschwerdung Gottes in Christus und durch die dadurch gegebene Einheit des Göttlichen und Menschlichen die Menschen in ein unmittelbares Verhältnis zu Gott setzt. Dies aber nicht durch eine durch die Musik hervorgerufene Ekstase oder Entrückung, sondern im Sinn einer musikalischen visio intellectualis. Beim Cusanus ist es die Mathematik, die diese visio ausmacht. Bei Messiaen könnten es die kompositorische Logik und die musikalischen Proportionen sein, durch die sich die Gegensätze des Menschlichen und Göttlichen, des Irdischen/Kosmischen und Himmlischen, von Zeit und Ewigkeit tauschhaft vereinen. Messiaens Modi, Rhythmik, rhythmische Chromatik, Dauern, die »kommunizierbare Sprache« und andere Elemente und Techniken seiner »Musikalischen Sprache« könnten sich als solche Bindeglieder verstehen und deuten lassen. In dieser Hinsicht kann man sagen, dass Messiaens Musik ein Moment des religiösen Prozesses selbst ist, aber nicht im Sinn einer Entsprechung des Endlichen mit dem Unendlichen, da es zwischen beiden, wie Cusanus gezeigt hat, keine Proportion gibt (»finiti et infiniti nulla proportio«[8]), sondern im Sinn des Hervorbringens, des Produzierens.

Messiaen nennt dies auch »toucher à Dieu«: »C'est pourquoi j'ai [...] essayé de produire une musique qui touche à tout sans de toucher à Dieu. – Darum habe ich versucht, eine Musik hervorzubringen, die alle Dinge betastet, ohne aufzuhören, Gott zu betasten.«[9]

---

[8] Zitat Cusanus in: JOACHIM RITTER / KARLFRIED GRÜNDER, Historisches Wörterbuch der Philosophie, Darmstadt 1987, Bd. 7, 1497.

[9] Messiaen-Zitat aus: OLIVER MESSIAEN, Die Technik meiner musikalischen Sprache, übersetzt von Sieglinde Ahrens, Paris, o.J., 6.

Die Geheimnisse Gottes als Geheimnisse zu gestalten, ihnen damit musikalisch zu entsprechen, bedeutet für Messiaen, Gott zu berühren, vorsichtiger noch: Gott zu betasten. Es geht Messiaen nicht darum, etwas darzustellen, sondern nur einem Geheimnis zu entsprechen. Fast könnte man von einer analogia artificialis sprechen. Also keine Wesensgleicheit, sondern eine schöpferische Ähnlichkeit: »So wie in der Kunst der Mensch schöpferisch sei, so Gott in der Schöpfung künstlerisch.«[10] In dieser Hinsicht zeigt er sich zu »Gotts Geschlecht« gehörig. Möglicherweise ist auch der theologische Satz »Dieu se fait homme pour nous rendre dieux [...]« nur so zu verstehen.

Die Coda

Wie so oft bei Messiaen werden solche theologischen Zusammenhänge in Bezug zur Trinität gebracht, da nach Messiaen sich solche Aussagen nur trinitarisch deuten und verstehen lassen. Auch hier gebraucht er, wie schon dargelegt, die Dreizahl in fünf verschiedenen Formen. Der abschließende *ffff* -Takt mit dem dreifachen Schlussimpuls wirkt dabei wie ein Amen, d.h. »Es ist gewisslich wahr.« Auf diesen sich in der Zeit verändernden Gott ist als den ewigen Verlass: »Was er zusagt, das hält er gewiss.« Damit rückt Messiaen dieses Weihnachts-Geschehen auch, wie fast alle seine Werke, in ein eschatologisches Licht. Die Zugehörigkeit zu Gottes Geschlecht ist die Zukunft der Kirche, die »Eglise d'amour« (Vingt Regards XX). Die Musik öffnet dazu nur einen Vorhang, damit Streiflichter des Jenseits (»Élairs sur l'au-delà [...]«) in unserer Welt aufblitzen, damit für einen kurzen Augenblick diese ewige Kirche (»Apparition de l'Église éternelle«) erscheine, damit wir die »Auferstehung des Leibes« als die von – den Engeln gleichenden – verklärten Leiber (»Le Corps glorieux«) erahnen können, um nur diese drei Beispiele aus seinem Werk zu erwähnen.

Messiaen hat seine musikalische Theologie, welche die »Wahrheit des Glaubens verwirklicht« so zusammengefasst:

> »Wenn die musikalische Malerei, die farbige Musik, der Farbklang ihn (Gott) durch das blendende Licht preisen, so stimmen sie ein in den schönen Lobgesang des Gloria, der zu Gott und Christus spricht: ›Du allein bist der Heilige, du allein bist der Höchste!‹ Indem sie das tun, helfen sie uns, besser zu leben, besser unseren Tod, besser unsere Auferstehung von den Toten und das neue Leben, das uns erwartet, vorzubereiten. Sie sind ein hervorragender Durch-

---

[10] Friedrich Schleiermacher: Ästhetik (1819/25), Thomas Lehnerer (Hg.) Hamburg 1984, 7.

> gang (passage), eine hervorragendes Vorspiel (prélude) zum Unsagbaren und Unsichtbaren.«[11]

Nach-Klang

Hört man nach einer solchen Analyse und theologischen Deutung, auch mit Kenntnis von Messiaens Titel und Untertitel, dieses Werkes nochmals, so hat man sicher seine »Unschuld« verloren. Man hört »genauer«, hört die genannten Strukturen, die fünf verschiedenen Komponenten, ihr Gleichbleibendes und ihre Verschiedenheiten, kann die kompositorische Form bewusst nachvollziehen. Dieses wahrnehmende, ästhetische Hören ist eine Welt für sich, die sich allein genügen kann als Mitspielen des Spiels der Musik, ihrer Gestalten, ihrer Formen und Formung. Die andere Welt ist die des erkennenden Verstehens. Diese kann sich zwar in den deutenden Begriffen, in den oft so poetischen Beschreibungen, wie Messiaen sie gibt, verselbstständigen, sich vom ästhetischen Hören und Verstehen entfernen, in sich selbst verlieren. Bleibt sie aber auf die klangliche Interpretation der Musik gerichtet – und das ist eine der wesentlichen Voraussetzungen und Aufgaben einer Theologischen Musikästhetik – dann kann sie dem ästhetischen Hören eine weitere Dimension hinzufügen und das Hören bereichern, da sie den Tönen, den Figuren und Formen ein »Meinen« zuschreiben kann, das sie »zwar ermöglichen, selbst aber ästhetisch nicht sind«[12].

Dieses »Meinen« vermag dann den Titel »L'échange« mit der gehörten Musik in Übereinstimmung zu bringen. Messiaen setzt eigentlich auch voraus, dass die Werk- und Satztitel wie seine Kommentare bekannt sind; die Aneignung derselben wird mehr oder weniger als Teil des Aktes des Anhörens vorausgesetzt. Der Hörer soll erfahren, wovon die Musik handelt. Diese theologische Musik Messiaens beruht nicht

> »auf einer mehr oder weniger persönlichen Weltanschauung des Komponisten, auf einer Art Privatmystik, sondern: sie weiß sich eingebunden in eine (kirchlich-) theologische Tradition, ist rational nach-vollziehbares und verantwortliches Reden über Gott [...]«[13]

---

[11] Zit. nach Michaely, a.a.O., 148f.

[12] Hans Heinrich Eggebrecht, Bachs Kunst der Fuge. Erscheinung und Deutung, Wilhelmshaven 1998, 13.

[13] Michaely a.a.O., 6.

Freilich verhält es sich mit seiner Musik und Theologie wie mit seiner Musik und den Farben. Wie man diese hören kann, ohne jene zu sehen,[14] – sofern man kein Synästhetiker ist und damit auch Messiaens Farben nicht nachvollziehen kann – so kann man die Schönheit dieser Musik hören ohne jedoch die Theologie nachvollziehen zu müssen. Auch Ungläubige und Andersgläubige können sie hören und lieben, sie zumindest faszinierend finden. Messiaen bekennt:

> »Ich bin ein Christ, wie wir alle Christen sind, und ich meine, dass man im heutigen Zeitalter der Ökumene, wie übrigens zu allen Epochen, den religiösen Unterschieden keinen allzu großen Wert beimessen sollte. Alle, orthodoxe, katholische und protestantische Christen, Israeliten, selbst Buddhisten, suchen Gott, finden Gott. Mein Werk wendet sich an alle, die glauben – und auch an alle anderen.«[15]

Für Messiaen ist die Musik eine Symbolsprache, die nur dann als solche funktioniert, wenn man erzählt, was sie sagt. Es geht also bei seiner Musik darum, »dass beide Seiten, die begrifflich symbolische und die unbegrifflich ästhetische, unmittelbar sich gegenseitig unterstreichen und beleuchten«. Freilich gilt es zu wissen, dass mit »dieser Forderung [...] der Interpretation des symbolischen Meinens die Verselbstständigung entzogen« wird. Sie »wird an das ästhetische Bedeuten festgebunden, vermag es zu unterstreichen, zu vertiefen, auch zu ergänzen, dient aber als selbst Unbeweisbares zu keinem Beweis«[16]. Hans Heinrich Eggebrecht hat dies als eine Bewegung des Ich beschrieben, das um die »Musik als Achse« kreist.

> »Doch nie wird das kreisende Ich, sei es der einzelne Rezipient oder sei es die Rezeption überhaupt, das Ziel erreichen, nie die Achse berühren. Eine Endgültigkeit des Verstehens verwehrt die Kunst; sie kennt kein Ziel und lässt sich nicht berühren. Sie ist aus ihrer Mitte heraus, die sie verbirgt, ein unendliches Strahlen in jedem Augenblick, in dem das Kreisen geschieht. Und das Ich in seiner kreisenden Bewegung sucht diese sich verbergende Mitte, die Quelle des Strahlens, sucht sie aus seiner eigenen Mitte heraus, wo das Erle-

---

[14] Messiaen berichtet von einer Erfahrung, die er mit seinen Schülern hatte: »Ich habe oft in meiner Klasse den Schülern Akkorde vorgespielt und sie gefragt: ›Welche Farbe ist das?‹ – sie haben überhaupt nichts gesehen [...].«

[15] Almut RÖSSLER, Beiträge zur geistigen Welt Olivier Messiaens mit Originaltexten des Komponisten, Duisburg 1993, 53.

[16] EGGEBRECHT, a.a.O., 21.

ben wohnt. Aber das Ich in seinem Erleben und Suchen bleibt immer ein Ich: ein Subjekt, ein Begrenztes, Determiniertes, Individualisiertes, geprägt durch die geschichtliche Zeit, die Herkunft und die Lebensbefindlichkeit. Es kann in seiner Hingegebenheit, in seinem Erleben und Suchen nicht und niemals die Unendlichkeit des Strahlens empfangen und erreichen, sondern nur ein Strahlen, nur jenes, das seine Ichlichkeit auslöst, entzündet, aktualisiert und zu empfangen bereit und imstande ist.«[17]

---

[17] Hans Heinrich Eggebrecht, Musik verstehen, München 1995, 180.

Stefan Berg

»What has been composed?«

John Cage: Music for Piano (1952–1956)

John Cages *Music for Piano* ist eine hermeneutische Herausforderung. Der Notentext: ein Konvolut von Blättern, auf denen meist nur vereinzelte, mehr oder weniger dicht gestreute Einzelnoten zu finden sind. Entsprechend die Klanglichkeit: mal solitäre, mal gehäufte Klänge und Geräusche am Klavier erzeugt. Das alles soll ein Werk des Zufalls sein. Es wird berichtet, Cage habe sich die Noten von den mal hier, mal dort auf einem Blatt Papier auftretenden Unreinheiten zuspielen lassen und Toncharakteristika wie die Artikulation durch Münzwürfe mit Hilfe des *I Ging* ermittelt; das Weitere – etwa die Dynamik, das Tempo oder die Kombination eines Blattes mit anderen Blättern des Konvoluts – sei freigestellt, also ganz dem (oder den) Interpreten überlassen.

An ein Stück, über das solches zu berichten ist, kann man nicht mit der gleichen hermeneutischen Methode herangehen wie etwa an Beethovens *Mondscheinsonate*, wo zwischen dem musikalischen Willen des Komponisten, dem Notentext und dem zu realisierenden Klang ungleich engere Bezüge hergestellt bzw. prognostiziert werden können. Aus diesem Grund muss in den Abschnitten I. und II. Grundsätzliches erörtert werden.

I.

In einem ersten Schritt soll etwas klarer umrissen werden, worin eigentlich genau die hermeneutische Herausforderung besteht. Daher zunächst eine Überlegung dazu, welcher Weg nicht gangbar erscheint, nämlich derjenige einer konventionellen Werkanalyse. Ihr methodischer Zugriff wird – stark vereinfacht gesagt – durch Rekurs auf zwei ästhetisch-hermeneutische Kardinalkategorien strukturiert: dem »Werk« einerseits und seinem kreativ-genialen Schöpfer, dem »Komponisten« andererseits. Hauptaugenmerk letztlich jeder damit operierenden Analyse ist es, die beiden grammatischen Elemente aufeinander beziehbar zu machen, also das musikalische Objekt – es liege gedruckt oder klingend vor – mit dem musikalischen

Subjekt zu liieren, das sich für die wesentlichen Strukturen seiner Faktur verantwortlich zeichnet.[1] Die zu klärenden Fragen lauten: Welches ist die musikalische Substanz des Werkes? Warum ist diese so und nicht anders verfasst? Was ist die dem allem zugrundeliegende kompositorische Intention? Bisweilen treten mit »Interpret« und »Hörer« noch weitere hermeneutische Kategorien hinzu, doch bleiben sie stets auf »Werk« und »Komponist« hin bezogen, schließlich ist es das »Werk« eines »Komponisten«, das da interpretiert und gehört wird.

Dieser damit sehr holzschnittartig skizzierte und in der Praxis immer wieder anders verlaufende Weg ist bei der *Music for Piano* aufgrund der erheblichen Rolle des Zufalls sowie der weitgehenden, dem Interpreten zugestandenen Freiheiten nicht ohne Weiteres gangbar. Es muss befürchtet werden, dass mehr vorliegt als eine bloße Störung bzw. Relativierung der skizzierten Grammatik, und man muss ernsthaft die Frage stellen, ob Cage überhaupt als »Komponist« und die *Music for Piano* überhaupt als »Werk« im eigentlichen Sinn fungieren. Cage hat die Töne im Notentext ja nicht bewusst-intentional dorthin gesetzt, wo sie nun stehen, sondern sie sind dort gewissermaßen von selbst zu liegen gekommen. Ist das »Komponieren«? Und ebenso wenig hat er die Klänge exakt dorthin befohlen, wo sie uns im Hören faktisch begegnen, denn ihren Ort in der Zeit hat allein der Interpret bestimmt. Liegt dem Gehörten ein »Werk« zu Grunde?

Angesichts einer Musik, bei der immer in Betracht gezogen werden muss, dass bei ihrer Komposition ganz Anderes hätte herauskommen können, und von der man annehmen darf, dass sie bei jeder neuen Aufführung ganz anders klingen wird, verbietet sich jeder ästhetische *courant normal*.[2] Würde man sich hier an die genannte Grammatik klammern, so wären ihre beiden Kernelemente vermutlich nur im Modus der Defizienz haltbar: Cage kein richter Komponist, weil nicht gewiss ist, was er eigentlich komponiert hat, die *Music for Piano* kein richtiges Werk, weil man nicht sicher sein kann, welchen Klang man von ihr erwarten darf. Den Amerikaner könnte man unter diesem Blickwinkel vielleicht bestenfalls noch als einen Musik-

---

[1] Die konventionelle Analyse musikalischer Werke zeigt sich demnach in der Regel als eine Mischform zwischen Werk- und Subjekthermeneutik, vgl. INGOLF U. DALFERTH, Radikale Theologie, Forum Theologische Literaturzeitung XXIII, Leipzig 2010, 48–51.

[2] Vgl. an dieser Stelle HEINZ-KLAUS METZGER, John Cage oder Die freigelassene Musik, in: HEINZ-KLAUS METZGER / RAINER RIEHN (Hgg.), Musik-Konzepte. Sonderband John Cage (I), München 1978, 5–17. Metzger macht das von mir hier beschriebene Problem an einem »Wechsel der Funktion von Notentexten« fest. Es werde umgestellt von einer Resultat- auf eine Aktionsschrift.

philosophen bezeichnen, sein Stück ein Beitrag mit letztlich nur »metaästhetischer Pointe«.[3] Dann wäre man zwar auf sicherem Boden, hätte die vertraute Grammatik von »Werk« und »Komponist« nicht aus den Händen geben müssen, doch würde man so der *Music for Piano* nicht gerecht, würde so doch überhört, dass die *Music for Piano* spätestens sobald sie in einem Konzert erklingt faktisch ein ästhetisches Ereignis *ist*. Es *ist* Musik, was wir da zu hören bekommen, und nicht ein Beitrag zu einer klingenden Philosophie. Aber: Es ist eine Musik, zu der man einen anderen hermeneutischen Zugang finden muss, um ihre Stärke in den Blick zu bekommen.[4] Auch dann wird womöglich noch von einem »Werk« und einem »Komponisten« gesprochen werden können, doch sehr wahrscheinlich unter anderen Voraussetzungen.

II.

Um hermeneutisch anders anzusetzen, liegt es nahe, sich darauf zu besinnen, was den Hörer eigentlich betrifft, und das ist die konkrete musikalische Situation, in der die *Music for Piano* erklingt und gehört wird – oder noch konsequenter formuliert: die konkrete musikalische Situation, die durch die *Music for Piano* konstituiert wird, ja, die die *Music for Piano* ist.

Dass dieser Zugang nicht aus der Luft gegriffen ist, dass sich also auch Cage weniger als Schöpfer von Werken als ein solcher von Situationen begriffen hat,[5] lässt sich an einer Passage aus *Für die Vögel* nachvollziehen. Im ersten der Gespräche mit Daniel Charles kommt die Sprache darauf,

---

[3] So sinngemäß über die aleatorische Musik Cages zu lesen bei MATTHIAS VOGEL, Nachvollzug und die Erfahrung musikalischen Sinns, in: ALEXANDER BECKER / MATTHIAS VOGEL (Hgg.), Musikalischer Sinn. Beiträge zu einer Philosophie der Musik, Frankfurt am Main 2007, 314-368, hier 363.

[4] Die damit initiierte Suche nach geeigneten hermeneutischen Kategorien ereignet sich vor dem Hintergrund einer umfassenden Verschiebung philosophischer Paradigmen im 20. Jahrhundert: sei es erkenntnistheoretisch weg von der objektivierbaren Substanz hin zur sich vollziehenden Relation – man denke an Husserl oder Heidegger –, sei es zeichentheoretisch weg von der unveränderlichen Bedeutung hin zum kontextbezogenen Gebrauch – man denke an Wittgenstein. Die Ästhetik ist von dieser Bewegung nicht ausgenommen, erfolgt in ihr doch eine Umstellung von einer Produktions- zu einer Rezeptionsästhetik. Interessanterweise bleibt die Musikästhetik an Innovationskraft hier weit hinter Bildästhetiken mit ihrer Huldigung von Präsenz und Performanz zurück.

[5] Dass es ihm um das Initiieren von Aktionen und Prozessen gegangen sei (vgl. etwa METZGER, Die freigelassene Musik), hängt mit dem Situationsbezug zusammen, bedingen Aktionen und Prozesse doch die Konstitution einer bestimmten Situation.

dass Cage 1937 vorgeschlagen hatte, »das Wort ›Musik‹ durch den Ausdruck ›Klangorganisation‹ zu ersetzen«[6]. Im Anschluss zeichnet sich ab, dass der wesentliche Unterschied für Cage darin liegt, dass derjenige, der »Musik« machen wolle, immer dazu tendieren werde, überkommene musikalische Situationen und ihre Strukturen zu imitieren, zu kopieren, zu reproduzieren oder zu wiederholen, dass aber derjenige, der »Klänge organisiere«, ganz neue Situationen kreieren könne, weil er sich von allen strukturellen Vorgaben und Erwartungen frei machen könne. Cage und der ihn interviewende Daniel Charles im Wortlaut:

> »[Cage:] Außerdem war, was ich erreichen wollte, genau das Gegenteil: nicht die Wiederholung einer uns bekannten Situation, und die so bleiben kann wie sie ist, ohne daß wir uns verpflichtet fühlten einzugreifen, sondern eine vollkommen neue Situation, in der überhaupt irgendein Klang oder Geräusch mit irgendeinem anderen auftritt.
>
> *[Charles:] Was Sie eine ›experimentelle‹ Situation nennen.*
>
> Ja, eine Situation, in der nichts von vorneherein ausgewählt wurde, in der es keine Verpflichtungen und Verbote gibt, in der nichts voraussagbar ist.
>
> *Eine Situation der Anarchie?*
>
> Sicherlich!«[7]

Wenn Cages Arbeit diesen Ausführungen zufolge auf die Genese von ganz konkreten Situationen des Klingens und Hörens zielt, dann muss auch eine dem angemessene musikalische Hermeneutik von der Situation her denken. Wir benötigen also nicht eine Produktionsästhetik und Werkhermeneutik, denn eine solche interessiert sich ja letztlich vor allem für das, was *jenseits* jeder Aufführung und ihrer Situation liegt, sondern wir benötigen eine *Situationshermeneutik*, die die konkreten Situationen des Klingens und Hörens *als solche* in den Blick zu nehmen erlaubt.[8]

---

[6] JOHN CAGE, Für die Vögel. Gespräche mit Daniel Charles, Berlin 1984, 83. In der hier beginnenden Passage erfolgt auch eine Auseinandersetzung mit Pierre Schaeffers *Solfège de l'objet sonore* (1967).

[7] Ebd., 84.

[8] Was mir hier für Cage als musikalische Situationshermeneutik vorschwebt, lehnt sich an das, was DALFERTH, a.a.O., 51-58 als »Ereignishermeneutik« bezeichnet. Dabei

Nun ist die Situation etwas, das man hermeneutisch schwer in die Finger bekommt. Sie ist in höchstem Maße instabil, verändert sich laufend und präsentiert sich überdies für jeden in einer anderen Perspektive. Es ist daher streng genommen für jeden Anwesenden eine andere Situation, und dies nicht nur deshalb, weil jeder in sie etwas anderes mitbringt, sich daher die Aufmerksamkeit in ihr auf etwas anderes richtet, und sie so für jeden auf etwas anderes hinausläuft, sondern auch deshalb, weil sich das, was sich zeigt und hören lässt, sowie *als was* sich dieses zeigt und *als was* es sich hören lässt, zwangsläufig für jeden etwas anderes sein muss. Der im Modus der Wissenschaft unaufgebbare Anspruch auf objektive Beschreibung und Analyse stößt hier notwendig an Grenzen, und so kommt man nicht umhin, sich aus heuristischen Gründen an das zu halten, was mutmaßlich für einen Grossteil der Anwesenden als Beschreibung der Situation akzeptiert werden dürfte, was sich also auf ihre relativ stabilsten Parameter konzentriert. Diese stabilen Parameter sind gewissermaßen Spuren eines »Werks«, die von einem ›Komponisten‹ als hintergründigem Gestalter der Situation in ihr gelegt wurden. Die oben kritisierte Grammatik von »Werk« und »Komponist« ist demnach nicht vollkommen *passé*, doch liegt die Pointe einer Situationshermeneutik darauf, sie nur mehr als Spuren von der Situation her in den Blick zu nehmen. Sie werden demnach relativiert, verlieren deswegen aber nicht vollständig an Relevanz. Auch in der Situation des Hörens lässt sich bekanntlich fragen: »Was ist das, was ich höre?« und »Wer hat das gemacht?«. So wie der Konzertbesucher in der Regel nicht unvorbereitet in die Situation des Hörens hineinstolpert, sondern sich vor dem Dimmen der Saalbeleuchtung zumindest darüber in Kenntnis setzt, was denn nun eigentlich folgt, so sollten die Nennung der unvermeidlichen Fakten, die in jedem Programmheft stehen könnten, auch am Beginn einer situationsbezogenen Analyse der *Music for Piano* stehen. Dies wird die Abschnitte III. bis V. in Anspruch nehmen.

III.

Die *Music for Piano* ist ein Zyklus, der sich aus 84 Einzelnummern zusammensetzt.[9] Die folgende Übersicht zeigt die in Gruppen eingeteilte Struktur des Zyklus, die sich ganz simpel aus der Ordnung der Veröffentli-

---

steht die »Dynamik des Sinnbildens« (51) und »der kreative Sinnprozess« (52) im Fokus.

[9] Hinzu kommt eine 85. Nummer, die zwar ebenfalls den Titel *Music for Piano* trägt, die aber für eine andere Besetzung (*for piano and electronics*) und nach sechs Jahren Pause geschrieben wurde. Ich nehme sie im Folgenden aus.

chung gewinnen lässt.[10] Diese Gruppen zeichnen sich durch diverse Gemeinsamkeiten und Differenzen aus, was an der folgenden Übersicht abgelesen werden kann. Ich führe alle interessanten Daten (Jahr der Entstehung [1], Widmungsträger, ggf. mit Kompositionsanlass [2], Umfang [3], einleitenden Paratext [4], Notation [5] und Kompositionsmethode [6]) auf.

<table>
<tr><td colspan="3">Music for Piano 1</td></tr>
<tr><td>[1] 1952</td><td>[2] »for JoAnne Melcher« (Tänzerin, die die Komposition für ihre Choreographie Paths and events bestellte)</td><td>[3] 4 Seiten</td></tr>
<tr><td colspan="3">[4] »Notes written in space = to time (7 seconds = 1 system). Accidentals apply only to notes they directly precede. Durations free; pedals free. Manner of producing piano tone free (including pizz., striking, scratching and muting strings, etc., production of harmonies etc.)«</td></tr>
<tr><td colspan="3">[5] konventionelle Klavierpartitur mit gängigen Schlüsseln, ohne Takteinteilung, mit Angabe von Tonhöhe und Lautstärkenangabe</td></tr>
<tr><td colspan="3">[6] Suche nach möglichst vielen Papierunreinheiten in zuvor definierter Zeit</td></tr>
</table>

<table>
<tr><td colspan="3">Music for Piano 2</td></tr>
<tr><td>[1] 1953</td><td>[2] »for Louise Lippold« (Tänzerin)</td><td>[3] 4 Seiten</td></tr>
<tr><td colspan="3">[4] »Pedal held throughout; dynamics free; tempo free«</td></tr>
<tr><td colspan="3">[5] konventionelle Klavierpartitur mit wechselnden Schlüsseln, mit Takteinteilung, mit Angabe von Tonhöhe und Artikulation</td></tr>
<tr><td colspan="3">[6] Suche nach Papierunreinheiten; Zuweisung von Schlüssel und Artikulation durch I Ging</td></tr>
</table>

<table>
<tr><td colspan="3">Music for Piano 3</td></tr>
<tr><td>[1] 1953</td><td>[2] »for Morton Feldman«</td><td>[3] 1 Seite</td></tr>
<tr><td colspan="3">[4] »Pedal held throughout; dynamics free; tempo free«</td></tr>
<tr><td colspan="3">[5] konventionelle Klavierpartitur mit wechselnden Schlüsseln, Angabe von Tonhöhe und Artikulation</td></tr>
<tr><td colspan="3">[6] Suche nach Papierunreinheiten; Zuweisung von Schlüssel und Artikulation durch I Ging</td></tr>
</table>

[10] Erschienen ist die *Music for Piano* in der Edition Peters unter den Nummern P6729 bis P6736.

<table>
<tr><td colspan="3">Music for Piano 4–19</td></tr>
<tr><td>[1] 1953</td><td>[2] »for Eta Harick-Schneider« (komponiert für Merce Cunninghams Choreographie Solo Suite in Space and Time)</td><td>[3] 16 x 1 Seite</td></tr>
<tr><td colspan="3">[4] »Pedal held throughout; dynamics and tempo (or changing tempi) free.«
»These pages may be played as separate pieces or continuosly as one piece or:« [sic!]</td></tr>
<tr><td colspan="3">[5] konventionelle Klavierpartitur mit wechselnden Schlüsseln, Angabe von Tonhöhe und Artikulation</td></tr>
<tr><td colspan="3">[6] Suche nach Papierunreinheiten; Zuweisung von Schlüssel und Artikulation durch I Ging</td></tr>
</table>

<table>
<tr><td colspan="3">Music for Piano 20</td></tr>
<tr><td>[1] 1953</td><td>[2] »for Jimmy Curley« (ebenfalls komponiert für die Solo Suite in Space and Time)</td><td>[3] 1 Seite</td></tr>
<tr><td colspan="3">[4] »Pedal throughout; tempo and dynamics free«</td></tr>
<tr><td colspan="3">[5] konventionelle Klavierpartitur mit wechselnden Schlüsseln, Angabe von Tonhöhe und Artikulation</td></tr>
<tr><td colspan="3">[6] Suche nach Papierunreinheiten; Zuweisung von Schlüssel und Artikulation durch I Ging</td></tr>
</table>

<table>
<tr><td colspan="3">Music for Piano 21–36 und 37–52</td></tr>
<tr><td>[1] 1955</td><td>[2] »for David Weinrib« (ebenfalls komponiert für die Solo Suite in Space and Time)</td><td>[3] 2 x 16 x 1 Seite</td></tr>
<tr><td colspan="3">[4] »These pieces constitute two groups of 16 Pieces (21–36, 37–52) which may be played alone or together and with or without music for piano 4–19. Their length in time is free and there may or may not be silence between them or they may be overlapped. Given a programmed time-length, the pianists may make a calculation such that their concert will fill it.«</td></tr>
<tr><td colspan="3">[5] Klavierpartitur aus zwei Systemen (wechselnde Schlüssel) mit einer Linie dazwischen, die unterscheidet zwischen Tonproduktion innen oder außen</td></tr>
<tr><td colspan="3">[6] Suche nach Papierunreinheiten; Zuweisung von Schlüssel und Artikulation durch I Ging</td></tr>
</table>

Music for Piano 53-68		
[1] 1956	[2] »for Grete Sultan« (ebenfalls komponiert für die *Solo Suite in Space and Time*)	[3] 16 x 1 Seite
[4] »This is a group of 16 Pieces which may be played alone or together and with or without ›Music for piano‹ 4-19, 21-36, 37-52; their length in time is free and there may or may not be silence between them or they may be overlapped. Given a programmed time-length, the pianists may make a calculation such that their concert will fill it. A system (often incomplete) is 2 staves with line between. Notes above this line are noises produced on the interior piano structure, below on the exterior, manually or with beaters. M = muted, P = pizz. (free combinations and free pedals and harmonics) duration of individual tones and dynamics are free.«		
[5] unvollständige, d.h. nur fragmentarisch erscheinende Klavierpartitur aus zwei Systemen (wechselnde Schlüssel) mit einer Linie dazwischen, die unterscheidet zwischen Tonproduktion innen oder außen		
[6] Suche nach Papierunreinheiten; Zuweisung von Schlüssel und Artikulation durch *I Ging*		

Music for Piano 69-84		
[1] 1956	[2] »for Lois and Emile de Antonio« (ebenfalls komponiert für die *Solo Suite in Space and Time*)	[3] 16 x 1 Seite
[4] »This is a group of 16 Pieces which may be played alone or together and with or without ›Music for piano‹ 4-19, 21-36, 37-52, 53-68; their length in time is free and there may or may not be silence between them or they may be overlapped. Given a programmed time-length, the pianists may make a calculation such that their concert will fill it. A system (often incomplete) is two staves with line between. Notes above this line are noises produced on the interior piano structure, below on the exterior, manually or with beaters. M = muted, P = pizz. (free combinations and harmonics and pedals; duration of individual tones and dynamics also free.«		
[5] unvollständige, d.h. nur fragmentarisch erscheinende Klavierpartitur aus zwei Systemen (wechselnde Schlüssel) mit einer Linie dazwischen, die unterscheidet zwischen Tonproduktion innen oder außen		
[6] Suche nach Papierunreinheiten; Zuweisung von Schlüssel und Artikulation durch *I Ging*		

Die interessanten Gemeinsamkeiten und Differenzen können mit Hilfe dieser Zusammenstellung von den Leserinnen und Lesern selbstständig nachvollzogen werden, so dass ich hier nur drei Dinge hervorzuheben brauche: Erstens ist zu bemerken, dass Cage Kompositionsmethode und Notationsweise mehrmals leicht verändert (vgl. z.B. 1 gegenüber 2-20 und 21-84), zweitens, dass er mit und ab 21 das Klangspektrum durch Geräusche erweitert, die innen und außen am Klaviergehäuse erzeugt werden, sowie drittens, dass 1, 2, 3 und 20 als Solitäre aus den 16er-Gruppen 4-19, 21-36, 37-52, 53-68 und 69-84 herausfallen.[11] Auch wenn die Grundidee – die Arbeit mit Papierunreinheiten und *I-Ging*-Orakeln[12] – durchläuft, gibt es eine gewisse Varianz in den Details, und diese haben zum Teil mehr oder minder auffällige klangliche Auswirkungen.

IV.

Einer genaueren Erklärung bedarf die in obiger Übersicht unter [6] nur angedeutete Kompositionsmethode. Bevor ich auf ihre Einzelheiten zu sprechen komme, einige Worte zum Hintergrund ihrer Entstehung.[13] In *Für die Vögel* findet sich eine anekdotische Passage, die ihre Geburt aus der Zeitnot beschreibt:

> »*[Charles:] Sie haben es jedoch fertiggebracht, dem* I Ging *untreu zu werden, als sie zum Beispiel anhand der Unvollkommenheiten eines Blatts Papier komponiert haben.*
>
> [Cage:] Ja, für meine *Music for Piano*. In Darmstadt hat mich sogar einer meiner Studenten gefragt, was er tun sollte, wenn er ein Blatt Papier ohne Unvollkommenheiten vor sich hätte.

---

[11] Der Grund dafür ist rätselhaft: Ist es eine bewusst gesetzte Ordnung? Bedeuten diese Zahlen und Proportionen etwas? Oder muss man es ganz pragmatisch verstehen: Dass die ersten drei Nummern herausfallen, weil sich das Konzept erst schrittweise bildete und Cage es erst mit und ab Nummer 4 einigermaßen fixierte? Aber warum fügt er dann mit Nummer 20 einen weiteren Solitär ein?

[12] Vgl. DENNIS R. SCHILLING, Yijing. Das Buch der Wandlungen, Frankfurt am Main 2009; in dieser Ausgabe finden sich hilfreiche Kommentare zum Verständnis dieses alten chinesischen Orakelbuches, das im Kern eine Sammlung von 64 sechszeiligen Strichmustern (Hexagrammen) und ihnen zugeordneten Orakelsprüchen ist.

[13] Bei dieser Gelegenheit verweise ich auf eine Arbeit, an der man sehr schön die Verortung der *Music for Piano* innerhalb des Cage'schen Œuvres nachvollziehen kann: JAMES PRITCHETT, The music of John Cage, Cambridge 1993; vgl. hier insbesondere 36-137.

Aber warum haben Sie diese Technik der ›Zufälligkeiten im Papier‹ übernommen?

Die Benutzung des *I Ging* nahm anfangs sehr viel Zeit in Anspruch. Für jeden Aspekt eines jeden Klangs, für jeden Parameter den ich, wenn Sie so wollen, dem Zufall unterwerfen wollte, mußte ich drei Münzen sechsmal werfen.

Um Hexagramme zu machen.

Ja, es nahm geraume Zeit in Anspruch und bedurfte äusserster Präzision. So habe ich Williams *Mix* komponiert. Eines Tages, als ich damit beschäftigt war, daran zu arbeiten, klingelte das Telefon: eine Tänzerin bat mich, sofort eine Musik für ihre Aufführung zu schreiben. Also sagte ich mir, daß ich eine Möglichkeit finden müsse, um schneller arbeiten zu können und nicht, wie es meistens der Fall war, so übertrieben langsam. Sicherlich hatte ich die Absicht, die Arbeit an *Williams Mix* und anderen Stücken wie bisher, durch Befragung des *I Ging*, fortzusetzen. Aber ich wollte mir auch eine sehr schnelle Technik aneignen, um ein Musikstück zu schreiben. Maler arbeiten zum Beispiel mit Ölfarben langsam und schnell mit Wasserfarben. Gut, während ich über das Problem der Schreibgeschwindigkeit nachdachte, sah ich auf mein Blatt Papier und fand meine ›Wasserfarben‹: plötzlich entdeckte ich, daß die Musik, alle Musik, schon da war.«[14]

Man erfährt hier sehr schön etwas von den pragmatischen Zwängen, unter denen sich jedes Komponieren vollzieht. Doch dass auf dem unreinen weißen Blatt alle Musik schon da wäre, das dürfte doch eine rhetorische Übertreibung sein, denn es ist – wie sich im Folgenden noch genauer zeigen wird – ein gewisser technischer und ganz erheblicher kultureller Aufwand nötig, um das weiße, aber unreine Papier, das unbeschriebene, aber deswegen noch nicht gänzlich leere Blatt musikalisch lesbar zu machen und zum klingen zu bringen.

Der Kern dieser musikalischen Lesbarmachung ist eine Kompositionshandlung. Cage hat sie am ausführlichsten für die Nummern 21 bis 52 beschrieben:

»*To Describe the Process of Composition Used in Music for Piano 21–52*

1. Given ink, pen, and sheets of transparent paper of determined dimensions, a master page (without notations) is made, having four total systems. ›Total‹ here means having enough space above and below each staff to permit its be-

---

[14] CAGE, a.a.O., 40f.

ing either bass or treble. Thus, there being the conventional two staves (one for each hand), each has enough space above it to accommodate nine ledger lines (as equidistant as those of the staves) and below it to accommodate six ledger lines plus (leaving room for the extreme low piano key and string). Between the two there is a narrow space, bisected by a line, allowing for the notation of noises produced by hand or beater upon the interior (above the line) or exterior (below the line) piano construction. Measurements are such that the entire sheet (within margins) is potentially useful.

2. Laying the master page aside, chance operations derived from the *I-Ching* and channeled within certain limits (1–128 for 21–36; 1–32 for 37–52) (which are established in relation to relative difficulty of performance) are employed to determine the number of sounds per page.

3. A blank sheet of transparent paper is then placed so that its pointal imperfections may readily be observed. That number of imperfections corresponding to the determined number of sounds is intensified with pencil.

4. Placing the penciled sheet in a registered way upon the master page, first the staves and interline and then the ledger lines where necessary are inscribed in ink. Secondly, conventional whole notes are written in ink wherever a penciled point falls within the area of staves or ledger lines, inked-in notes (crotchets without stems) being written wherever such a point falls within the space between the two staves. This operation is done roughly, since, through the use of conventional lines and spaces, points falling in the latter are in the majority. Thus it is determined that a point, though not on a line, is actually more nearly so than it is at the center of the adjacent space.

5. Eight single coin tosses are made determining the clefs, bass or treble, and inscribed in ink.

6. The sixty-four possibilities of the *I-Ching* are divided by chance operations into three groups relative to three categories: normal (played on the keyboard); muted; and plucked (the two latter played on the strings). For example, having tossed numbers 6 and 44, a number 1 through 5 will produce a normal; 6 through 43 a muted; 44 through 64 a plucked piano tone. A certain weight of probability exists in favor of the second and third categories. Though this has not appeared to be of consequence, it indicates a possible change in ›technique.‹ The categories having been determined, notations (M and P) are conveniently placed in reference to the notes.

A similar procedure is followed to determine whether a tone is natural, sharp, or flat, the procedure being altered, of course, for the two extreme keys where only two possibilities exist.

> 7. The notation of the composition is thus completed. Much that occurs in performance has not been determined. Therefore, the following note is fixed at the head of the manuscript: »These pieces constitute two groups of sixteen pieces (21–36; 37–52) which may be played alone or together and with or without Music for Piano 4–19.[1] Their length in time is free; there mayor may not be silence between them; they may be overlapped. Given a programed time length, the pianists may make a calculation such that their concert will fill it. Duration of individual tones and dynamics are free.
>
> The composition of these pieces followed a different procedure and, furthermore, did not include interior and exterior construction noises.«[15]

Das alles atmet die ruhige Strenge einer rituellen Handlung, gemahnt in seiner disziplinierten Konzentration an eine meditative Kalligraphie.[16] Die Anweisungen sind so präzise, dass sie nicht nur so gut wie keiner Erläuterungen bedürfen, sondern dass im Grunde jeder in der Lage wäre, sie umzusetzen und beliebig viele weitere Nummern der *Music for Piano* zu erzeugen. Cage zeigt sich hier ein Stück weit als Konzeptkünstler im Sinn der *Conceptual Art* wie sie in den 1960er Jahren etwa von Sol LeWitt geprägt wurde.

V.

Was ist auf der bis hierhin gelegten Basis über die Form der *Music for Piano* zu sagen? – eine Frage, die sich bei einer experimentell-aleatorischen Komposition sicher nicht gerade aufdrängt.

Der Zyklus kann vermutlich am ehesten als Variation bestimmt werden. Das ist bei näherem Hinsehen jedoch vertrackter als es im ersten Moment scheinen mag. Man muss sich klar machen, was hier genau variiert und was davon hörbar wird. Die musikalische Variation lebt bekanntlich von der mehr oder minder oberflächlichen Veränderung einer im Kern stabilen Struktur, man denke an die Variation einer prägnanten Notenfolge. Diese Dialektik aus Nonvarianz und Varianz kann bei einer konventionellen Variation von jedem Hörer unmittelbar an der Oberfläche des Hörbaren nachvollzogen werden, weil jede einzelne Variation einer bestimmten Variationsmethode unterliegt. Im Fall der *Music for Piano* ist die Sache anders

---

[15] JOHN CAGE, To Describe the Process of Composition Used in *Music for Piano 21–52*, in: Ders., Silence. Lectures and Writings, Middletown Conn. 1961, 60f.

[16] Ähnliches begegnet übrigens in der *Music for Carillon*, der eine Bastel- und Faltanleitung zu Grunde liegt, nach der mit Papier und Schere zu hantieren ist.

gelagert. Die Invarianz liegt hier in der Strenge der durchzuführenden Kompositionshandlung, wobei die Normiertheit des Papiers sowie die fortdauernde Zuhandenheit der Hilfsmittel als *conditio sine qua non* der Durchführung hinzugehören. Die Varianz wiederum ergibt sich weniger aus den Abweichungen, die sich unweigerlich einstellen, wenn ein abstraktes Muster unter kontingenten Bedingungen immer wieder neu realisiert wird, als vielmehr aus der Verschiedenartigkeit des verwendeten Materials (die je kontingente Gestalt der Unreinheit des Papiers) einerseits, der Verschiedenheit der Resultate der einzelnen Orakelbefragungen andererseits. Die spezifische Spannung von Varianz und Invarianz, gewissermaßen das Wie des Funktionierens dieser Variation ist jedoch viel weniger an der Oberfläche des Hörbaren nachvollziehbar als es bei einer konventionellen Variation der Fall ist. Das eigentlich Invariante liegt hier dem Hörbaren gänzlich voraus, und man kann es bestenfalls insofern erahnen, als es für eine gewisse Einheitlichkeit, um nicht zu sagen: Einförmigkeit des Hörbaren verantwortlich zeichnet. Die eigentlich stabile und in diesem Fall überaus robuste Struktur als solche, also die Kompositionshandlung, bekommt man nicht zu Gehör – und man weiß ja noch nicht einmal so recht, wo man ihre Spuren im Hörbaren suchen sollte, weil zumindest innerhalb der 16er Gruppen zwischen den einzelnen Nummern keine Zäsuren markiert werden.

Im Titel ist von »Variationen« natürlich keine Rede. Was erklingt, wird nicht durch Zuordnung zu einer Gattung perspektiviert wie es bei den *Sonatas and Interludes* (1946–48) oder den *Etudes Australes* (1974–75) geschieht, ebenso wenig durch Setzung eines Zeitabschnitts wie *4'33"* (1952) oder *34'46.776* (1954), und auch nicht durch Nennung eines irgendwie sprechenden Titels im Sinne eines Angebots einer musikexternen Ordnung[17] wie bei den *Daughters of the lonesome Isle* (1945) oder der *Winter Music* (1957). Was erklingt, ist schlicht und einfach *Music*, und damit gesellt sich der Zyklus am ehesten zu Werken wie der *Music of Changes* (1951) oder der *Music for Carillon* (1952–1967). *Music for Piano* – einfacher kann man es kaum mehr machen, und dahinter steht sicherlich die Intention, die Hörerwartung bzw. die musikalische Assoziations- und Ima-

[17] Von einer »musikexternen Ordnung« – im Gegensatz zu »musikimmanenten« – spreche ich dort, wo zur musikalischen Orientierung von einem musikalischen Bezugspunkt auf etwas rekurriert wird, in dem eine Auswahl und Anordnung nichtmusikalischen Materials getroffen ist. Vgl. STEFAN BERG, Was heißt: Sich in Musik orientieren? Skizze einer Hermeneutik musikalischer Orientierung, in: INGOLF U. DALFERTH / STEFAN BERG (Hgg.), Gestalteter Klang – gestalteter Sinn. Orientierungsstrategien in Musik und Religion im Wandel der Zeit, Leipzig 2011, 15–53.

ginationskraft so wenig wie irgendwie möglich zu lenken – und das heißt natürlich immer auch: einzuschränken. Man erwartet weder die Form der *Sonata* noch eine Dauer von *4'33"*, man stellt sich weder auf vereinsamte *Daughters* noch auf sich wandelnde *Change*-Strukturen ein. Man rechnet nur mit *Music for Piano*, und damit bleibt *ex ante* ein immenser Raum musikalischer Möglichkeiten geöffnet, nämlich nichts weniger als der der *Music* insgesamt. Der Titel stellt das Zuhörende demnach in den Raum der Totalität der Musik.

Wir kommen damit immer näher an die musikalische Situation heran, denn schon die Titelgebung beeinflusst meine Hörsituation erheblich, indem sie meine Erwartung unweigerlich präformiert und mich auf etwas Kommendes einstellen lässt. Lese ich im Programmheft, dass nun eine *Fugue* folgt, wird ohne dass ich bewusst etwas dafür tun müsste, meine gesamte Fugenerfahrung aktiviert, lese ich dort, dass nun *Music* folgt, dann ... – ja, dann werde ich mich wohl überraschen lassen müssen.

VI.

Nun kann endlich die Situation des Hörens genauer in den Blick genommen werden. Die *Music for Piano* wird im Grunde erst hier wirklich: indem in einer Situation Klang entsteht und auf einen Hörer trifft. Was dabei passiert, soll Schritt für Schritt erkundet werden.

Wie steht es also um das klangliche Material, mit dem der Hörer in seiner Hörsituation konfrontiert wird? Worauf ist das, was klingt und was ich höre, gegründet? Wo kommt es her? In diesem Zusammenhang ist gründlich zu erörtern, was es eigentlich bedeutet, dass alle zu hörenden Töne und Geräusche auf Zufällen basieren: Denn dass *dieser* Ton *so* klingt und nicht ein anderer anders, liegt darin begründet, dass eine Unreinheit im Papier da war, wo sie eben war, und eine Orakelbefragung das erbracht hat, was sie eben erbracht hat. Was soll man zu etwas sagen, worauf offenbar niemand einen Einfluss hatte? Entsprechend müsste man ganz die Offenheit betonen, mit der sich Cage das klangliche Material von irgendwoher zuspielen ließ. Dieser Aspekt war in der Tat auch für Cage von zentraler Relevanz. Man kann dies schön an einer Passage aus *Für die Vögel* nachvollziehen, in dem von der Akzeptanz und Hinnahme dessen die Rede ist, was einem durch den Zufall zugespielt wird:

> »*[Charles:] Sie lehnen aber nichts im* I Ging *ab?*
>
> [Cage:] Ich akzeptiere und habe immer alles akzeptiert, was mir das *I Ging* offenbart hat.

Warum?

Ich habe nie daran gedacht, es nicht zu akzeptieren! Das ist genau das erste, was uns das *I Ging* lehrt: Akzeptanz, Hinnahme. Es treibt folgende Lektion wesentlich voran: wenn wir Zufallsoperationen benutzen wollen, müssen wir die Resultate akzeptieren. Wir haben kein Recht, sie zu benutzen, wenn wir entschlossen sind, die Resultate zu kritisieren und eine bessere Antwort zu suchen. Faktisch verspricht das *I Ging* jedem, der auf seiner guten Antwort besteht, ein vollkommen trauriges Los. Wenn ich nach einer Zufallsoperation unglücklich bin, wenn das Resultat mich nicht befriedigt, habe ich zumindest die Möglichkeit, mich zu mäßigen, mich zu ändern, indem ich es akzeptiere. Wenn ich aber darauf bestehe, das *I Ging* zu ändern, dann ändert sich zwar das *I Ging*, aber nicht ich, und ich habe nichts erreicht und nichts erfüllt!«[18]

Das Zitierte macht das Zuspielen der Klänge durch den Zufall überaus stark. Dies kulminiert in der Verwendung des Verbs »offenbaren«, worin auf eine immense, das Musikalische radikal überschreitende Autorität verwiesen wird, der unbedingt Folge zu leisten ist. Im Konfliktfall, also wenn das zugespielte musikalische Material der eigenen musikalischen Intuition widerspricht, muss sich nicht das Zugespielte ändern, sondern der, dem es zugespielt wird. Man gewinnt den Eindruck, Cage verfüge über das musikalische Material gar nicht recht, sei ihm ausgeliefert, würde sich ihm demütig unterwerfen.

Doch Cage lässt sich die Klänge nicht allein vom Zufall zuspielen, sondern er überlässt seinen Interpreten in vielerlei Hinsicht auch noch die Freiheit, mit den ihm zugespielten Klängen umzugehen. Damit nimmt Cage seine Verfügungsgewalt über das klangliche Material ein weiteres Mal zurück, und auch dies geschieht ohne Zweifel bewusst und wird von ihm daher immer wieder hervorgehoben. Man kann dies z.B. dem Kommentar entnehmen, den er der oben zitierten Kompositionsanweisung zu *Music for Piano 21–52* beigegeben hat:

»COMMENTARY:

A performance is characterized by the programed time length calculated beforehand and adhered to through the use of a stop watch. This is primarily of use in relation to an entire page, secondarily of use in relation, to say, a system; for it is possible that, though the space of the page is here equal to time, the performance being realized by a human being rather than a machine, such space may be interpreted as moving, not only constantly, but faster or slower.

---

[18] CAGE, Für die Vögel, 107.

> Thus, finally, nothing has been determined by the notation as far as performance time is concerned. And, as concerns timbre (the noises, the three categories) next to nothing has been determined. This is especially the case where P is interpreted as meaning a plucked *muted* string or M a muted *plucked* string. Nor, indeed, have the points on the strings where these latter operations are to be made been indicated. And this may be considered a fundamental omission – nothing has been indicated regarding the architecture of the room in which the music is to be played and the placement (customarily distant one from another) of the instruments (how many?) therein. All these elements, evidently of paramount importance, point the question: What has been composed?«[19]

Die Feststellung »Nothing has been determined« ist der Kontrapunkt, die Frage »What has been composed?« der Kulminationspunkt. Erinnert man sich bei dieser Gelegenheit noch einer der in obiger Übersicht abgedruckten Anweisungen, etwa »(free combinations and free pedals and harmonics) duration of individual tones and dynamics are free« für 53–68, so könnte man die Überzeugung gewinnen, dass Cage seine Verfügungsgewalt über die räumliche, zeitliche und klangliche Gestaltung der Situation radikal minimiert. Will sich der Komponist Cage durch Expansion der Zufalls- und Freiheitsräume nahezu ganz auflösen? Gilt auch für Cage, was Cage in *Silence* über Feldman schreibt: »He has changed the responsibility of the composer from making to accepting«[20]? Und um dies alles zu stützen, könnte man tatsächlich ohne Weiteres auf Cages Beschäftigung mit der Zen-Philosophie eingehen, ein Lob auf die Passivität anstimmen, und alles ergäbe ein in sich weitgehend stimmiges Bild.

Aus alldem würde für mich als Hörer folgen, dass ich mich möglichst wenig um die Frage zu kümmern hätte, was eigentlich in der Situation, in der ich mich vorfinde, durch jemanden gemacht ist. Das bis hierhin Gesammelte signalisiert mir: »Sei offen und lass Dich überraschen! Es lässt sich ohnehin nichts prognostizieren.« – In der Tat scheint dies eine adäquate Hörhaltung zu sein, erlaubt sie es doch, sich in konzentrierter Gelöstheit in diese eigentümliche Klangwelt hinein zu begeben. Man wird sehr ruhig, wenn man so hört, und man erwartet staunend, welcher Klang sich wohl ergeben und wie er sich zu den anderen gesellen wird.

---

[19] Ders., To Describe the Process of Composition Used in Music for Piano 21–52, hier 61.

[20] John Cage, Lecture on Something, in: Ders., Silence. Lectures and Writings, Middletown Conn. 1961, 128–145, hier 129.

VII.

Auch wenn das Hören der *Music for Piano* auf diese Weise wunderbar gelingt, so mag doch früher oder später folgende Frage aufkommen: Wenn hier wirklich der Zufall und die Freiheit regieren, warum ist die Klanglichkeit – bei allen Überraschungen im Detail – im Grossen und Ganzen doch so einheitlich? Ist Cage tatsächlich nur der extrem zurückhaltende Moderator, als der er sich inszeniert und an den viele seiner Adepten glauben: einer, der dem Zufall und den Interpreten Gestaltungsräume zur freien Verfügung überlässt, damit sie diese bespielen können? Oder genauer: Wie groß ist Cages Einfluss auf die Klanglichkeit der Situation, in der sich der Hörer der *Music for Piano* vorfindet, tatsächlich? Auch wenn die Frage »What has been composed?« sicher nicht mit »everything« zu beantworten sein wird, darf man sie deshalb gleich mit »nothing« beantworten?

Zufall und Freiheit in allen interpretatorischen Ehren: Sie ändern nichts daran, dass der *Music for Piano* ein Klangkonzept zu Grunde liegt, das sich durch klar benennbare kompositorische Entscheidungen auszeichnet.[21] Cage kontrolliert den Klang mehr als es im ersten Moment scheinen mag. Die Spur im Klang, die zu einem Komponisten führt, kann bei findiger Fährtenleserei nämlich doch ein Stück weit verfolgt werden. Ich beziehe mich auf die Kompositionshandlung für *21–52* und nenne sechs Punkte:

(1.) Zu Schritt 1: Cage verwendet ein weißes Blatt Papier. Er verwendet kein Pergament und auch kein Zebrafell. Auf einem weißen Blatt industriell hergestellten Papier sind großflächige Flecken und Muster – jedenfalls wenn die Produktkontrolle vor Auslieferung einigermaßen funktioniert – faktisch ausgeschlossen. Es dominiert stets der Weißraum, ja es ist Weißraum *par excellence*. Die verbleibenden minimalen Unreinheiten sind in der Regel so selten, dass sie nur gelegentlich eng beieinander zu liegen kommen. Das hat klangliche Konsequenzen: Die Töne sind vereinzelt, gruppieren sich nur ausnahmsweise, erscheinen wie in die Stille geworfen.[22] Das weiße Blatt mit seiner minimalen Zeichnung fungiert als die konzeptionelle Keimzelle der Klanglichkeit – und verweist damit sowohl

---

[21] Vgl. METZGER, Die freigelassene Musik, der auf Seite 16 sehr schön davon schreibt, dass Cage den Musikern »ein Feld spezifischer Möglichkeiten« entwerfe. Worauf ich hier den Akzent lege, ist, dass dieses Feld tatsächlich relativ genau abgesteckt ist.

[22] Ich erinnere an die oft zitierte Formulierung »Throwing sound into silence«; vgl. JEAN-JACQUES NATTIEZ (Hg.), The Boulez-Cage Correspondance, Cambridge 1993, 78.

musikalisch-werkintern auf die Stille von Cages *4'33"* wie nonmusikalisch-werkextern auf die Weiße von Rauschenbergs *White Paintings.*

(2.) Ebenfalls zu Schritt 1: Die Entscheidung für eine bestimmte Gestaltung der *master page* ist gleichbedeutend mit einer Entscheidung für weitere Aspekte der Klanglichkeit. Die graphische Platzierung der Notenzeilen (zur Notation der Klaviertöne) sowie der Linie (zur Notation der Klaviergeräusche) bedingt, dass schätzungsweise sechs Siebtel der Unreinheiten zu Tönen werden, die *via* Klaviatur oder direkt an den Saiten erzeugt werden, und etwa nur ein Siebtel zu Geräuschen, die am Gehäuse zu spielen sind. Das klangliche Potential der Saiten wird demnach erheblich wahrscheinlicher aktiviert als das des Gehäuses. Ob das Gehäuse innen oder außen bespielt wird, ist indes gleich wahrscheinlich. Dies alles erzeugt eine charakteristische Gewichtung in der Balance der Klänge.

(3.) Zu Schritt 2: Cage legt die Menge der zu suchenden Unreinheiten, und damit die Menge der später vorhandenen Noten selbst fest. Genauer: Die Orakelbefragung bestimmt die Notenanzahl nicht gänzlich frei, sondern nur innerhalb eines von Cage vorgängig definierten Zahlenraums. Cage hat in diesem Fall entschieden: Die Nummern 21 bis 36 sollen klanglich dichter sein als 37 bis 52, weil im ersten Fall zwischen 1 und 128, im zweiten nur zwischen 1 und 32 Noten gesucht werden. Um diese Zahlen einzuschätzen: 128 Noten ist so in etwa das, was sich in acht Takten einer durchschnittlichen Beethovensonate im gängingen Notensatz findet, also keine Unmenge, sondern ein für ein ganzes Blatt eher spärliches Maß. Dabei ist natürlich zu veranschlagen, dass Cage die Aufführungsdauer offen lässt und die Kombination mehrerer Blätter gestattet, was zu einer gewissen Verdichtung führt; doch das ändert nichts daran, dass das Material eine extreme klangliche Dichte nicht gerade nahelegt.[23]

(4.) Zu Schritt 5: Die Wahrscheinlichkeit, dass eine Note mit Bass- oder Sopranschlüssel versehen wird, ist – sofern die acht Münzwürfe nicht einem Schema folgen, von dem man in der zitierten Anweisung nichts erfährt – gleich hoch. Weil dies für jede einzelne Note durchgeführt wird,

---

[23] Auch die graphisch-ästhetische Gestaltung der Blätter spielt hier eine gewisse Rolle. Als kundige Musikanten sind wir gewohnt, die Fläche eines Notenblattes als vor uns ausgebreitete Zeit zu verstehen. Finden wir auf diesem Blatt nur wenige – zudem in niedrigen Werten – notierte Noten, so liegt es uns näher, den Klang weit auszufächern als ihn zu ballen, ihn eher langsam vorüberziehen als schnell vorbeihuschen zu lassen. Auch widerspräche es unserer Intuition, alle vier Sekunden zu blättern. Das alles sind Faktoren, die zwar nicht zwingend wirksam sind, doch um an dieser Stelle vom alltagsmusikalischen *usus* abzuweichen, muss erst einmal bewusst eine entsprechende interpretatorische Entscheidung getroffen werden.

sind relativ große Intervallsprünge von einem Ton zum nächsten recht wahrscheinlich. Es ist demnach ein Klang angelegt, in dem in kürzester Zeit höchste und tiefste Töne neben- und nacheinander erklingen.

(5.) Zu Schritt 6: Innerhalb der Gruppe 21–52 als Ganzes werden drei Modi der Klangartikulation, das heißt konventionelle, *muted-* und *pizzicato-*Klänge als grundsätzlich gleich wahrscheinlich taxiert. Indem jedoch für jedes einzelne Blatt ein individueller Verteilungsschlüssel festgelegt wird, wird für jedes eine ganz bestimmte klangliche Disposition wahrscheinlich gemacht, was je nachdem zur Dominanz eines Modus führen kann, zur Betonung zweier oder zu einem Gleichgewicht aller drei. In welchem Maß sich der Verteilschlüssel tatsächlich als markante Klangdisposition realisiert, hängt freilich ganz von den faktischen Ergebnissen der Orakelbefragung ab.

(6.) Ebenfalls zu Schritt 6: Analog zu (5.) wird ermittelt, ob ein Ton natürlich, erhöht (♯) oder erniedrigt (♭) notiert wird. Auch hier gilt, dass aufs Ganze gesehen alle drei Möglichkeiten gleich wahrscheinlich sind, dass für jede einzelne Nummer aber aufgrund des individuellen Verteilschlüssels eine bestimmte klangliche Disposition bevorzugt wird.

Mit den aufgeführten Punkten hat Cage bewusst eine bestimmte Disposition des Klangraums vorgenommen und damit zugleich eine unendliche Menge von denkbaren Alternativen ausgeschlossen. Um die daraus resultierende Klanglichkeit näher zu charakterisieren, möchte ich auf die Metapher des Ausstreuens zurückgreifen. Die Klänge in ihrer Tonhöhe, rhythmischen Struktur und Artikulation wirken auf den Hörer *wie ausgestreut*, stehen also in einem lockeren Neben- und Beieinander, und dazu gehört, dass man ihnen die Zufälligkeit, mit der sie am einen oder andern Ort im Klangraum zu liegen kommen, gleichsam anhört.[24] Eine wilde »Willkürlichkeit« nimmt man in alldem jedoch nicht wahr, denn dazu ist das klangliche Material durch die oben skizzierten sechs Punkte zu konsequent disponiert. Eine krude »Beziehungslosigkeit« hört man ebenso wenig, denn die Klänge sind einander relativ ähnlich und entsteigen demselben Klangreservoir, sie stehen überdies in nachbarschaftlicher Nähe, neigen sich einander durch die bloße Gravitation des Beieinander zu und nehmen im Ohr des Hörers so unwillkürlich Beziehung auf – doch eben eine solche,

---

[24] Eine schöne Metapher verwendet PRITCHETT, a.a.O., 95: »In the *Music for Carillon* and *Music for Piano* [...] the forms are all identical and of the simplest type: the single point. Hence their beauty is not as complex and rich, but akin to that of a starry night sky: not an unsatisfactory result, but a limited one. The superimposition of multiple pieces changes only the density of points, but not the overall effect.«

die vorläufig, fragil und nicht näher bestimmt erscheint. Die Frage »What has been composed?« ist damit durchaus zu beantworten: das Wie-ausgestreut-Sein sich einander zuneigender Klänge, das sich ein Wie-Zufällig bewahrt ohne in ein Rein-Willkürlich zu kippen.

Dieser prägnante und durchaus komplexe Charakter der klanglichen Disposition wird durch die Freiheiten, die dem oder den Interpreten gelassen werden, nicht grundsätzlich tangiert. Weder eine Überlagerung mehrerer Blätter, noch eine extreme zeitliche Dehnung oder Stauchung vermag robuste Strukturen zu erzeugen, die das Wie-Ausgestreut-Sein stören würden. Allein auf die Beziehungsfähigkeit der Klänge, ihre nachbarschaftliche Gravitation kann ein Interpret einen moderaten Einfluss nehmen, und zwar vor allem durch die Dynamik einerseits und die Tonlängengestaltung andererseits. Beide Wege erlauben es aber nur, relativ weiche Strukturen im Wie-Ausgestreuten zu schaffen und ausgewählte Klänge etwas stärker aneinander zu binden – einerseits etwa durch Gleichbleiben der Lautstärke, Crescendo, Decrescendo, Kontraste etc., andererseits etwa durch Erzeugen von Harmonien, sie seien konsonant oder dissonant.

VIII.

Was bedeutet es nun für denjenigen, der sich in der Situation der *Music for Piano* vorfindet, dass er mit einem Klang konfrontiert wird, der den Charakter des Wie-Ausgestreuten besitzt? Zwei Tendenzen sind denkbar.

Man kann zum einen das subversive Moment betonen. In einem Wie-Ausgestreuten liegt, so könnte man es interpretieren, kein Sinn, das heißt dem einzelnen Klang wird durch Isolation bewusst sein sinnkonstituierender Kontext vorenthalten. Entsprechend kann ein Hörer das Wie-Ausgestreut-Sein des Klangs destruktiv als ein Entzug von Sinn wahrnehmen. Ganz auf dieser Linie spricht Albrecht Wellmer in Hinblick auf Cages Œuvre insgesamt vom »Sinnentzug als ein[em] sinnsubversiven Spiel mit sinnhaften Momenten der Realität«[25], was dann weiter auf Folgendes hinausläuft:

> »Was die Befreiung des Klangs durch seine Dekontextualisierung und ›Entsemantisierung‹ betrifft, so ließe sich Cages Musik als eine Extremform jener

---

[25] ALBRECHT WELLMER, Versuch über Musik und Sprache, München 2009, 228.

> modernen Kunstformen verstehen, die auf dem Weg des Sinnentzugs Erfahrung verändern bzw. neue Erfahrungen provozieren wollen.«[26]

> »Fraglich ist [...], ob Werke dieser Art sich noch als ein ›unendliches Reflexionsmedium‹ begreifen lassen: Weder der Sinn ihres Sinnentzugs noch, im gegenteiligen Fall, die sinngeladene (das heißt: Reflexionen stimulierende) Konzeption – so scheint es – ist ein in der Materialität der Werke selbst ›zirkulierender‹ Sinn; vielmehr, so scheint es, handelt es sich in beiden Fällen um ein konzeptionelles Moment im Prozeß einer künstlerischen Produktion, dessen Sinn es ist, bestimmte Erfahrungen oder Reflexionen anzustoßen.«[27]

Und weiter:

> »So bedeutet die Öffnung der Musik zur Nichtmusik das Gegenteil einer Nivellierung des Unterschieds zwischen Kunst und Nichtkunst, zwischen Musik und Nichtmusik; nicht die Nivellierung dieses Unterschieds, sondern eine neue Art des Bezugs der Musik als Kunst auf die Nichtmusik [...] ist die Pointe von Cages Öffnung der Musik zur Nichtmusik. Dies, allgemein gesprochen, ist der Sinn ihres Sinnentzugs.«[28]

Man kann an diesen Überlegungen Interessantes aufzeigen. Dass Cage etwa in der *Music for Piano* Klänge als voneinander isolierte Ereignisse behandelt, ist eine durchaus richtige Beobachtung, und aus Sicht der musikalischen Tradition haftet dem einigermaßen notwendig etwas Subversives an. In meinen Augen wird Cage damit aber in ein schiefes Licht gerückt, denn man unterstellt nicht nur, dass Cage in erster Linie auf das Destruktive ausgewesen sei, sondern man erschwert damit auch zugleich die Wahrnehmung konstruktiver Aspekte. Das dabei im Untergrund wirksame ästhetische Problem ist, dass Wellmer weiterhin einen Sinn *im Werk* sucht, diesen aber nicht findet, so dass er ihn eben nur noch *ganz außerhalb des Werkes* suchen kann. Von dieser Dynamik getrieben verlässt er die Ebene der eigentlichen ästhetischen Erfahrung und weicht auf eine metaästhetische aus, so dass er am Ende gar nicht mehr von Cages Musik spricht, sondern von Musik und Nichtmusik im Allgemeinen. Das sind Überlegungen, die man selbstredend an Cages Musik anschließen kann,

---

[26] Ebd., 244.

[27] Ebd., 246.

[28] Ebd., 249.

sie sind also gar nicht falsch, nur sollten sie eben nicht vollständig an die Stelle der Auseinandersetzung mit den eigentlichen ästhetischen Phänomenen treten. Wellmer ist so gesehen ein gutes Beispiel für die Probleme, die sich einstellen, wo man sich allzu stark an werkästhetische Prämissen klammert. Man erkennt schön, wie dies auf eine Betonung des Defizitären (es gehe um bloße Sinn-Subversion) und ein Ausweichen auf eine nonmusikalische Relevanz (es gehe um Meta-Ästhetisches) hinausläuft. Um dies zu korrigieren, nehme ich noch einmal die Situation des Hörens in den Blick: Wird es hier überhaupt zwingend als Problem wahrgenommen, dass die Klänge wie ausgestreut und mehr oder minder von einander isoliert wirken? Und läuft unsere Suche nach Sinn wirklich ins völlig Leere, wird sie etwa sistiert, nur weil uns ein Programmheft darüber in Kenntnis setzt, dass wir mit Zufälligkeiten konfrontiert werden?

Worauf ich hinaus will, wird deutlicher, wenn ich nun und zum anderen das konstruktive Moment in den Vordergrund rücke, das in der Konfrontation mit dem Wie-Ausgestreuten der *Music for Piano* liegen kann. Dazu möchte ich zunächst hervorheben, dass Cage Zusammenhang nicht grundsätzlich vermeidet, sondern dass er eine offene Situation schafft, in der sich Zusammenhänge erst noch ergeben müssen. Die Vereinzelung der Elemente hat ihr Ziel also nicht in der Wirklichkeit der Isolation, sondern in der Möglichkeit von Zusammenhang. Genauer: Cage schafft nicht einen musikalischen Wirklichkeitsraum, in dem der Zusammenhang schon aufgrund des Rekurses auf vorgegebene kulturelle Ordnungen verwirklicht wäre, sondern er kreiert einen musikalischen Möglichkeitsraum, in dem der Zusammenhang erst noch entsteht. Sinn wird demnach nicht entzogen, sondern es wird eine Situation geschaffen, in der das Kommen des Sinns erwartet wird. Sinn wird unter dieser Perspektive zu einem unverfügbaren Geschenk, das dem Hörer zuteil werden kann. Diese Gabe kann sich wohlgemerkt sowohl anlässlich des Klanges wie anlässlich der Stille ereignen. Die Klänge betten sich ja in die Stille, und die Stille wird von den Klängen umschlossen. In dem Moment, wenn mich die klangliche Schönheit[29] eines ganz für sich allein stehenden Tones unvorbereitet trifft, so gewinnt er seine Prägnanz ja gerade aus dem stillen Kontext, in dem er steht. Das heißt: Die Weißräume der Stille sind in den Prozess der Gabe von Sinn mit

[29] Nicht zufällig betonen antike Schönheitstheorien die Proportion: Die Pointe der Proportion ist nicht ein bestimmtes numerisches Maß als solches, sondern der Umstand, dass Proportionalität zwischen den Elementen gleichbedeutend ist mit Beziehung zwischen den Elementen. Das Schöne steckt im Zusammenhängen – und man müsste dies einmal neu formulieren, ohne in harmonisierende Verengungen zu geraten.

hineingenommen. Die Klänge nehmen nicht nur zu ihresgleichen Beziehung auf, sondern auch zur Stille.

Dass sich die Gabe von Zusammenhang im Wie-Ausgestreuten ereignet, liegt darin begründet, dass unsere Aufmerksamkeit nicht anders kann, als jede Situation, in der wir uns vorfinden, auf sinnvolle Strukturen hin zu überprüfen. Dies lässt sich faktisch nicht sistieren, sondern höchstens *qua* Lenkung der Aufmerksamkeit auf einen anderen Gegenstand fokussieren. Wer also in die Situation der *Music for Piano* ohne Ablenkung, unvoreingenommen suchend und offen für Überraschungen hineinhorcht, dessen Aufmerksamkeit dürfte zumeist einen Sinn entdecken und sei er noch so minimal und noch so zerbrechlich. In dieser Richtung – unverkennbar vom Zen beeinflusst – äußert sich auch Cage in *Für die Vögel:*

> »Ich weiß sehr gut, daß die Dinge einander durchdringen. Aber ich denke, sie durchdringen einander viel fruchtbarer und mit mehr Komplexität, wenn ich selbst keine Verbindung herstelle. Dann treffen sie sich und formen die Zahl eins. Aber gleichzeitig behindern sie sich nicht. Sie sind sie selbst. Sie sind. Und da jedes es selbst ist, gibt es in der Zahl eins eine Pluralität.«[30]

Das Hören ist fruchtbar, es entsteht und wächst etwas, die Dinge treffen sich und formen darin etwas – darauf kommt es an. Indem uns Cage also mit der klanglich überaus komplexen Situation des Wie-Ausgestreuten konfrontiert, bietet er unserer Aufmerksamkeit das Material, an dem und in dem sie ihre konstruktiv-lustvolle Suche nach Sinn durchführen wird. Ein für die überraschende Gabe von Sinn geöffnetes *happy new ear* kann die Situation der *Music for Piano* als ein Lustgarten möglicher Sinn-Entdeckungen empfinden. Welche dies sind, kann natürlich nicht *ex ante* für alle Hörer prognostiziert, sondern nur *ex post* von jedem einzelnen berichtet werden.

IX.

Es muss nun weiter darüber reflektiert werden, dass das *happy new ear* seine lustvollen Sinn-Entdeckungen unter bemerkenswerten Umständen

---

[30] CAGE, Für die Vögel, 86. Kurz zuvor: »Suzuki lehrte mich, daß wir in Wirklichkeit niemals aufhören, einen Maßstab außerhalb des Lebens der Dinge anzuwenden, und daß wir anschließend darauf bedacht sind, jedes Ding innerhalb des Rahmens dieses Maßstabs zu rekonstruieren. Wir versuchen, durch den Gebrauch dieses Rahmens Beziehungen zwischen den Dingen zu postulieren. Dementsprechend verlieren wir die Dinge, wir vergessen sie, oder wir entstellen sie.«

durchführt. Die Situation des Hörens der *Music for Piano* wird ja nicht allein durch eine bestimmte Charakteristik des klanglichen Materials geprägt. Das Hören ereignet sich – in der Regel und kurz gesagt – im *setting* eines Konzerts:[31] ein vom Alltag in Raum, Stimmung, Kleidung usw. durchaus im Wortsinn durch Erhöhung des Bodenlevels abgesetzter Ort, ein Mit- und Beieinander von Connaisseurs auf engstem Raum, phasenweise kollektive, stille Konzentration auf die Bühne, phasenweise individuelles Gespräch mit Programmheft und Nachbarn. Betrachtet man dieses *setting* genauer, so stellt man fest, dass die ganze Situation von Musikalität gleichsam durchtränkt ist. Musik allerorten: In der Geschichte und Zukunft des architektonischen Raums,[32] im Instrument, in der Gelehrsamkeit des Programmheftes, in der Pausenkonversation, in den Flyern und Plakaten rundherum, den ausliegenden CDs, vor allem aber in den Kompetenzen und Erfahrungen der Anwesenden. Schon allein die pure Präsenz des Konzertflügels und des ihn beherrschenden Pianisten – um eines näher herauszugreifen – repräsentiert einen gewaltigen Raum musikalischer Möglichkeiten, denn auf demselben Instrument, auf dem im einen Moment die *Music for Piano* erklingt, könnte im anderen ein Rachmaninow-*Prélude* gegeben werden. All das schwingt als der immense Raum des Musikalisch-Möglichen in der Situation mit und bildet gewissermaßen den Horizont, in dem sich alles vollzieht und von dem alles umschlossen wird. Der Kulturraum »Musik« ist daher um vieles größer als die bloße Materialität des Klangs. Vielmehr bettet sich der Klang in die Situation und erhält seine Musikalität von hier.

Auch bei Cage finden sich solche Überlegungen angedeutet, wie folgende Passage aus *Für die Vögel* nahelegt:

> »[Cage:] Dennoch gibt es bei Varèse noch ein Vorurteil gegenüber der Kontrolle bei Klängen oder Geräuschen. Er versucht die Klänge nach seinem Willen, seiner Phantasie zurechtzubiegen. Und diese Tatsache störte uns ziemlich schnell. Wir wußten, daß er die Klänge nicht vollkommen befreien würde. Was wir suchten, war irgendwie viel bescheidener: ganz einfach Klänge. Reine einfache Klänge.

---

[31] Beim heimischen Hören liegen die Dinge etwas, aber nicht grundsätzlich anders. Die Sache ist hier komplexer, weil die Konzertsituation in der Regel als ideale Referenzgröße präsent bleibt. Um die Dinge nicht unnötig kompliziert zu machen, beschränke ich mich im Folgenden auf eine konventionelle Konzertsituation.

[32] Greifbar besonders dort, wo sich exponierte Inschriften wie »Mozart«, »Haydn«, »Beethoven« und »Schumann« finden wie in der Zürcher Tonhalle.

> *[Charles:] Ohne das geringste musikalische* a priori*?*
>
> *Unseres* Erachtens konnte jeder Klang durch die einfache Tatsache musikalisch werden, daß er in ein musikalisches Stück aufgenommen werden konnte.«[33]

Was Cage hier unter anderem anspricht, ist der Umstand, dass ein Klang seine Musikalität allein aus seiner Verwendung gewinnt, also aus einem bestimmten Gebrauch in einem bestimmten situativen Kontext. Die »Aufnahme eines Klanges in ein musikalisches Stück« meint vor allem dies: Ein Klang wird musikalisch, also in das kulturelle System »Musik« integriert, indem er in ein Stück aufgenommen wird, und natürlich letztlich auch indem dieses Stück in bestimmten Situationen erklingt, also in den entsprechend disponierten Räumen, auf den entsprechend disponierten Instrumenten, vor dem entsprechend disponierten Publikum usw.[34] Die Situation spielt dem Klang daher gewissermaßen seine Musikalität zu, und dies geschieht eben genau dadurch, dass ihn die Situation in den Horizont all dessen rückt, was musikalisch möglich ist.

Ich habe diesen Zusammenhang grob umrissen, weil er mir überaus wichtig erscheint, um zu verstehen, wie das *happy new ear* seine lustvollen Sinn-Entdeckungen in der Situation des Hörens der *Music for Piano* überhaupt durchführen kann. Alle Befreiungs- und Anarchierhetorik Cages darf nicht darüber hinwegtäuschen, dass auch das vollkommene *happy new ear* in maximaler Unvoreingenommenheit niemals von dem in der Situation des Konzertes mit präsenten Musikalisch-Möglichen isoliert wäre. Musikalischer Sinn ist zumindest als potentieller Sinn in der Situation des Hörens allgegenwärtig, und je tiefer das Ohr durch Hörerfahrung und -kompetenz mit dem Musikalisch-Möglichen vertraut ist, desto fruchtbarer wird sich sein Sinn-Entdecken im Wie-zufällig-Ausgestreuten vollziehen. Der Unterschied zwischen dem *new ear* und dem *old ear* liegt also nicht darin, dass

---

[33] CAGE, Für die Vögel, 81.

[34] Dies wird auch angedeutet bei GÜNTER SEUBOLD, Verdinglichter Zufall, Verräumlichte Stille, Weiße Stille, in: CLAUS-STEFFEN MAHNKOPF (Hg.), Mythos Cage, Hofheim 1999, 161–178, wo es Seite 168 heißt: »Auch noch die ›Musik‹ Cages [...] lebt von dieser abendländisch-autonomen Musiktradition, ohne die sie unverständlich bliebe. Cages Musik steht auf den Schultern eines Riesen. Und sollte er dadurch auch ›mehr‹ hören – ohne diese Schultern, d.h. ohne die Tradition, wäre Cages Ansinnen zum Scheitern verurteilt. Cage braucht die Tradition, und das nicht nur temporär-übergängig.«

ersteres kulturell unbefleckt und letzteres kulturell verbildet wäre, sondern darin, dass das eine zu spielerischer Offenheit bereit ist und seine durchaus riskante Sinnsuche *happy* vollziehen kann, dass das andere hingegen das Risiko der Offenheit scheut, daher auf bestimmte Erwartungen fixiert ist und so irgendwann *unhappy* resignieren wird, wenn sie nicht befriedigt werden. Ohne ein gewisses Maß an musikalischer Erfahrung und Bildung aber hätte das *happy new ear* – jedenfalls meiner, an diesem Punkt sicherlich recht konservativen Meinung nach – gar nicht die Sensibilität, etwa die berückende Schönheit der sich in der *Music for Piano* wie zufällig ergebenden Harmonien zu würdigen. Damit einem das Zarte und Vergängliche als unverfügbare Gabe zufallen kann, muss einem wohl schon Robusteres aufgedrängt worden sein.

Diese Lesart steht in einer gewissen Reibung zu Interpretationen, die Cages Beschäftigung mit dem Zen-Buddhismus in den Vordergrund rücken und von hier aus die reine Unmittelbarkeit, das Streben nach fortlaufender Reduktion und die Faszination für eine ganz in sich ruhende Stille hervorheben. Eine solche Betonung östlicher Einflüsse hat ohne Zweifel ihre *particula veri*, doch halte ich Cages Musik – und erst recht unseren Umgang mit ihr – für westlicher, als oft eingestanden wird. Dies hängt nicht nur an den Situationen, für die sie konzipiert wurde und in denen sie uns nun begegnet. Man kann gewisse Beobachtungen auch direkt an Cages Arbeit machen. Dazu kehre ich noch einmal zurück zu seinem Hantieren mit weißem Papier. Das Meditative, Kalligraphische und Rituelle ist ersichtlich, die Idee, die Stille des Papiers in eine minimale Musik zu transformieren, unverkennbar. Aber in alldem liegt mehr, wie folgende Gegenüberstellung anschaulich machen soll:

Abbildung 1

Die Music *for Piano* setzt beide hier schematisch dargestellten Seiten voraus. Links das leere Blatt mit seinen minimalen, wie ausgestreut verteilten Unreinheiten, das als die konzeptionelle Keimzelle der Klanglichkeit fungiert. Rechts die von Cage entworfene *master page* mit ihren Linien zur Notierung der Klaviertöne und -geräusche, die nicht nur der Fixierung, sondern auch der Ermittlung der Klänge dient. Eine solche *master page* zu entwerfen ist nur möglich auf der Basis der ihr vorausliegenden und sie umgebenden Musikkultur, ja man kann sagen: In ihr ist ein erheblicher Teil unserer abendländisch-westlichen Tradition, ihrer musikalischen Techniken und Möglichkeiten gegenwärtig. Genauer: Ihr graphisches Design ist ein Trieb aus dem Stamm abendländischer Notation, und ihre Handhabbarkeit, also ihre Funktion bei der Ermittlung, Fixierung und Realisierung der Klavierklänge nur durch ihre Bezogenheit auf unsere lebendige Musikpraxis zu gewährleisten. Die *Music for Piano* braucht beides: Ohne die linke Seite bleiben die Notenzeilen musikalisch leer, ohne die rechte bleiben die Unreinheiten musikalisch stumm. Die musikalische Lesbarmachung eines weißen Blattes muss angesichts der dafür notwendigen, in die *master page* eingegangenen Voraussetzungen als ein kulturell überaus hochstufiges Unterfangen betrachtet werden.[35]

X.

Nach diesen Ausführungen kehre ich wiederum zur Situation des Hörens zurück. Zu ihr gehört, dass Hörer mit mehr oder minder reichhaltigen Informationen über die *Music for Piano* versorgt sind – sei es aufgrund einer über Jahre erworbenen musikalischen Bildung, sei es vermittels der Lektüre des Programmheftes. Die Wahrnehmung der Situation wird durch diese Informationen nicht nur beeinflusst, sondern womöglich gar entscheidend gelenkt. Sie entscheiden maßgeblich mit darüber, was sich zeigt und als was es sich zeigt. Das Wissen etwa, dass die Klanglichkeit aus einem leeren Blatt Papier gewonnen wurde, dass Zufallsoperationen eine Rolle spielten und dass Cage sich mit dem Zen-Buddhismus befasste, wird in der Wahrnehmung der Situation eine gewisse Rolle spielen.

---

[35] Die Entstehung der *Music for Piano* ist daher nicht an jedem Ort der Musikgeschichte denkbar. Sie gehört in die USA der 1950er Jahre. Wie stark die kulturelle Einbettung des Projekts ist, darüber kann folgender Band einen Eindruck vermitteln: STEVEN JOHNSON (Hg.), The New York Schools of Music and Visual Arts. John Cage, Morton Feldman, Edgard Varèse, Willem de Kooning, Jasper Johns, Robert Rauschenberg, Studies in Contemporary Music and Culture, New York/London 2002.

Worin genau liegt die Funktion dieses Wissens? Für die Situation des Hörens fungiert es als eine Weitung des situativen Horizonts auf andere Situationen hin. Ein Wissen etwa über Cages quasirituelle Kompositionshandlung ist ein spezifisches Wissen über eine vergangene Situation. Liest man die Anekdote von Cages Zeitdruck oder seine Anleitung zur Komposition, so imaginiert man unwillkürlich die Situation des mit den Papieren hantierenden Cage an seinem Schreibtisch. Das heißt: In der Situation des Hörens wird auf diese Weise eine andere Situation präsent – aber selbstverständlich immer nur als Teil meiner Situation, das heißt als Vorstellung meiner mehr oder minder informierten Phantasie. Es sind bei der *Music for Piano* einige solcher Situationsweitungen denkbar:

(1.) Ich beginne noch einmal mit der Situation des komponierenden Cage. Es ist gewissermaßen eine Ur- und Schöpfungssituation, die meiner gegenwärtigen Hörsituation in weiter Ferne voraus liegt. Sie ist deshalb so interessant, weil sich meine Hörsituation aus ihr speist, ja in hohem Grad von ihr abhängig erscheint, indem dort die Konstitution und Disposition einiger Parameter des Jetzt vorgenommen wurden.

(2.) Eine ebenfalls zurückliegende Situation, deren Imagination für das Hören von gewissem Reiz ist, ist die der Uraufführung. Auch sie ist eine Art Ursituation und zwar insofern, als wir davon ausgehen, dass in ihr eine in besonders hohem Maße authentische, also den Intentionen des Komponisten entsprechende Realisierung erreicht wurde. Sich diese imaginativ zu vergegenwärtigen, macht auch bei der *Music for Piano* einige bemerkenswerte Aspekte zugänglich.[36] Dabei sticht vor allem die Tatsache heraus, dass es einen unmittelbaren Bezug zum Tanz gibt. Wie obige Übersicht in Feld [2] ersichtlich macht, wurde *Music for Piano* 1 für JoAnne Melchers Choreographie *Paths and events* komponiert, die Nummern 4 bis

---

[36] Darunter findet sich auch Anekdotisches wie dieses über ein Konzert vom 15.10.1955: »Ich denke, daß jeder, der die Tanz-Performance mit Merce Cunningham vom Oktober 1955 im Auditorium der Clarkstown High School in New City gesehen hat, sich daran erinnern wird. Der Abend wurde von einer ziemlich außergewöhnlichen Person organisiert, einem Filmemacher und Polemiker, Emile de Antonio, der damals Direktor der Rockland Art Foundation, einem Kunstzentrum war. Ziemlich viele Leute hatten, trotz des schlechten Wetters – an diesem Tag gab es ein Unwetter, wahre Überschwemmungen! – darauf bestanden, aus New York zu kommen. Die Straßen waren überspült [...] Es gab aber auch eine ganze Gruppe von Zuschauern, die von unserem Programm aus der Fassung gebracht wurde und den Saal verlassen wollte. Unglücklicherweise verhielt es sich so, daß der Sturm immer schlimmer wurde, je stärker sie den Wunsch hatten, wegzugehen. Sie waren gezwungen, die gesamte Session dazubleiben [...]«, CAGE, Für die Vögel, 150.

84 für Cunninghams *Solo Suite in Space and Time.*[37] Silke Hilger hat sich näher mit dem Thema befasst und legt dar, dass »verschiedene Choreographien Cunninghams [zu Cages *Music for Piano 1-84*] existieren, die sich zum Teil konzeptionell voneinander unterscheiden.«[38] Weiter ist zu erfahren, dass Cunningham die auszuführenden Bewegungen ebenfalls ausgehend von Papierunreinheiten ermittelte und dabei auch die Idee des Geräuschhaften tänzerisch aufnahm: »Mit *Minutiae* liegt [...] eine Choreographie vor, in der Alltagshandlungen, d.h. nicht genuin dem tänzerischen Bereich zuzuordnende Bewegungen zu eben solchen ›avancieren‹.«[39] Gleiches gilt für die Idee der Isolierung:

> »Die Bewegungsimpulse werden nicht bis zum Ende ausgeführt, sondern halten an einem Punkt inne (ich denke mir beispielsweise, daß jemand Anlauf zu einem Sprung nimmt, den er dann nicht ausführt), so daß einerseits die Vollendung, der Vollzug dieser Aktion vom Zuschauer selbst, besser gesagt vermöge dessen Imaginationskraft ausgeführt werden kann, andererseits durch eine Aneinanderreihung solch stockender, innehaltender Bewegungsmomente gar nicht mehr das Augenmerk auf die ganze, vollständige Bewegung gerichtet, also von einem zielgerichteten, funktionalen, damit auch logischen Beobachten und Denken Abstand genommen werden soll.«[40]

Dies deckt sich alles sehr schön mit dem, was ich oben im Zusammenhang mit dem Charakter des Wie-Ausgestreuten von der Musik her zu entwickeln versucht habe.[41] Die Frage, die sich aus alldem ergibt, ist die, worin eigentlich das Zentrum der Uraufführungssituation liegt: Dient die Musik dem Tanz? Reagiert der Tanz auf die Musik? – Keins von beidem: Silke Hilger zitiert Merce Cunningham, der von einem »object made by

---

[37] Nummer 2 wurde immerhin einer Tänzerin gewidmet, und nur bei Nummer 3 wird kein Bezug zum Tanz explizit.

[38] SILKE HILGER, Cage und Cunningham. Von ›rhythmic structures‹ zu Zufallsoperationen, in: HEINZ-KLAUS METZGER / RAINER RIEHN (Hgg.), Musik-Konzepte. Sonderband John Cage II, München 1990, 32-71, 67f. (Genaueres könnte bei JULIA H. SCHRÖDER, Cage & Cunningham. In- und Interdependenz von Musik und Tanz, Hofheim 2011, stehen, das mir zur Zeit der Abfassung leider noch nicht erreichbar war.)

[39] HILGER, Cage und Cunningham, 68.

[40] Ebd., 68f.

[41] Silke Hilger weist richtigerweise aber auch auf Differenzen hin. So seien die Choreographien Cunninghams viel stärker auskomponiert als die *Music for Piano*. Vgl. Ebd. 71.

Rauschenberg« berichtet, das »was added to the scene with no visible derangement other than that of any object being where it is.«[42] Hilger bezeichnet es zwar als »Bühnendekoration«, hebt aber hervor, dass dies eben »kein statisches und vom Tanz unabhängiges Beiwerk« gewesen sei, »sondern ein in die tänzerische Aktion integriertes, oder genauer gesagt, reagierendes, selbst dynamisches Kunstobjekt«[43]. Ohne hier nun genau klären zu können, worum es sich handelte, so wird doch deutlich, dass durch Cage, Cunningham und Rauschenberg gemeinsam in der Uraufführung eine Situation geschaffen werden sollte, in der sich Musik, Tanz und Kunst auf Augenhöhe begegnen und miteinander interagieren. Es zeigt sich in der Uraufführung demnach ein gewissermaßen ganzheitliches Potential der *Music for Piano*, das es ihr erlaubt, anderen Kunstrichtungen produktiv zu begegnen. Der daraus resultierenden Interaktion lag offenkundig kein Metakonzept zu Grunde, und es verhält sich mit ihr ebenso wie mit der Kombination einzelner Blätter der *Music for Piano:* Klang, Bewegung und Objekt treffen aufeinander, so wie sie eben aufeinander treffen, und es ist vollkommen offen, was sich daraus ergibt. In unserer heutigen Hörsituation eröffnen all diese – hier natürlich nur dürftig aufbereiteten – Hintergrundinformationen und die an sie anschließende Imagination der Uraufführungssituation einen Horizont, der die Situation auf den Tanz und die bildende Kunst hin weitet. Welche Folgen dies für den Einzelnen hat, hängt sicherlich wiederum von dessen Disposition, d.h. Kunst- und Tanzaffinität ab.

(3.) Schließlich möchte ich noch eine letzte Situationsweitung nennen: Ich kann als Hörer nur schwer davon absehen, dass ich mich zwar in einer Situation des Hörens befinde, dass aber zeitgleich mindestens eine Person anwesend ist, für die es eine Situation des Interpretierens ist. Zwangsläufig nehme ich wahr, dass und wie hier interpretiert wird, ob es mir gefällt oder nicht, ob Fehler passieren oder nicht. Ich sehe den Pianisten oder die Pianistin vor mir, und ich kenne das Geschäft, die vor mir ausgebreiteten Noten zum Klingen zu bringen. Unwillkürlich versetze ich mich hin und wieder in sie oder ihn hinein, imaginiere mir ihre oder seine Situation. Dabei kann mir bewusst werden, wie anspruchsvoll der Vortrag der *Music for Piano* ist. Die Freiheiten etwa in Pedalbehandlung, Lautstärke, Zeitgestaltung usw. wollen genutzt werden, wobei man sich eben nicht auf eine externe Autorität verlassen kann, sondern selbst Verantwortung überneh-

---

[42] Zitiert nach Ebd., 88, vgl. MERCE CUNNINGHAM, Changes. Notes on choreography, FRANCES STARR (Hg.), New York/Frankfurt a.M. 1968, o.S.

[43] HILGER, Cage und Cunningham, 69.

men muss, um von den unendlich vielen angelegten klanglichen Möglichkeiten *eine* in musikalische Wirklichkeit zu überführen. Eine Seite wie die folgende zu spielen, erfordert dabei ebensoviel Geduld wie Mut:

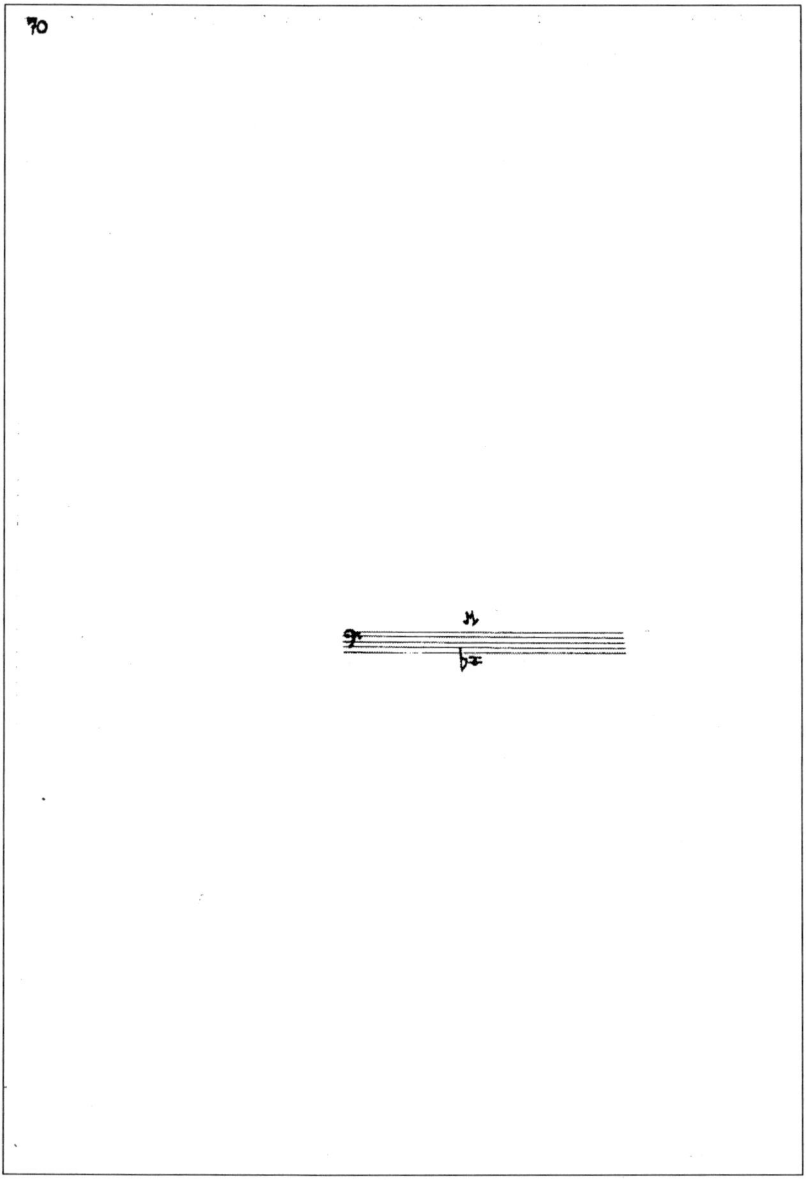

Abbildung 2 aus: Music for Piano 69-84 (1956), Edition Peters: EP 6736, 70.

Die Pianistin Eva-Maria Houben hat mir von einer »sanft schwebenden Aufmerksamkeit« erzählt,[44] die sie genossen habe, weil sich diese sowohl jenseits einer »Anspannung« angesichts technischer Schwierigkeit, als auch jenseits eines »Nachlassen[s] der Konzentration« angesichts des Routinierten befinde. Sie berichtet weiter von einer »wohltuende[n] An-/Ent-Spannung«, die es ermögliche »die Ohren weit aufzumachen«. Berichte wie diese, die von einer Interpretationssituation handeln, weiten den Horizont meiner Hörsituation ebenfalls, auch wenn ich das, wovon berichtet wird, nicht als solches zu hören bekomme.

XI.

Die innerhalb des vorliegenden Bandes vermutlich wichtigste Frage, habe ich mir aufgespart: Wo in der Situation des Hörens der *Music for Piano* findet sich ein religiöses Moment?

Es wird immer wieder darauf verwiesen, dass Cage ein Mensch gewesen sei, der der Religion gegenüber überaus offen war. So schreibt David Revill in seiner Biographie, Cage habe »jahrelang versucht, Musik und Spiritualität in seinem Werk miteinander zu verbinden.«[45] Dabei aber müsse man, so Revill weiter, eine gewisse Ambivalenz konstatieren: Cage sei es darum gegangen, »das Religiöse vom Spirituellen zu trennen, ersteres dem Christentum und letzteres dem östlichen Denken zuzuordnen: starre Tradition gegen vitale Entdeckung«[46] – sein daraus resultierendes Interesse für den Zen-Buddhismus ist hinlänglich bekannt.[47] Auch in seiner Musik gehe es Cage letztlich um »die Realität des Universums in seiner immanenten, nichtpartikularistischen, letzten Dimension, auf das Universum in seiner ungeschiedenen Ganzheit.«[48]

Nun, was gehen mich in der Situation meines Hörens eigentlich solche Berichte und Interpretationen an? Mein Hören ist ja zunächst einmal nicht auf sie angewiesen, und die Komposition als solche bringt in ihrem Klang oder ihrem Notentext – anders als etwa eine Messkomposition oder Passionsmusik – nichts mit, was mir die Beschäftigung mit dem Thema Reli-

---

[44] Ich beziehe mich hier und im Folgenden auf eine Email vom 23.12.2010.

[45] DAVID REVILL, Tosende Stille. Eine John-Cage-Biographie, aus dem Englischen von HANNS THENHORS-ESCH, München/Leipzig 1992, 224.

[46] Ebd., 226.

[47] Vgl. Ebd. 139–165.

[48] Ebd., 226.

gion aufzwingen würde. In dieser Sache verhält es sich demnach ganz analog zu dem, was ich in obigem zehnten Abschnitt skizziert habe. Auch Informationen über die Religiosität Cages und religiöse Interpretationen seiner Werke fungieren als Weitungen des Horizonts meines Hörens. Mit ihnen werden die wie verstreut wirkenden Klänge in das Licht der religiösen Dimension des menschlichen Lebens gerückt. Und so wie das Wissen um die Choreographien Cunninghams einen Anlass bietet, tänzerische Aspekte im Wie-Ausgestreuten wahrzunehmen, so mag das Wissen um Cages Spiritualität die Suche nach religiösen Aspekten darin befördern. Man muss dem nicht folgen, aber es gibt damit eben gute Gründe, es zu tun.

Essentiell erscheint mir, dass ich hierbei der Richtung, in der dieser Impuls aufgrund der spezifischen Form von Cages persönliche Religiosität gesetzt ist, nicht zwingend folgen muss. Das heißt konkret: Ich bin nicht genötigt, nun auf eine zen-buddhistische Interpretation der *Music for Piano* zuzusteuern. Für mein Hören – und ich spreche jetzt tatsächlich ganz persönlich von mir als dem Autor des vorliegenden Textes – wäre dies kein authentischer, also nicht aus meiner eigenen Religiosität kommender und daher auch intellektuell irgendwie künstlicher Versuch, den Horizont meines Hörens zu weiten. Ich lasse mir das Thema »Religion« zuspielen, nehme mir aber die Freiheit, es nun nach eigener Façon weiterzuspinnen.

XII.

Als einen ersten Anknüpfungspunkt möchte ich die religiöse Faszination für den Zufall herausgreifen.[49] Es gibt zahlreiche religiöse Phänomene bzw. Techniken, die ihn bewusst zu nutzen versuchen. Die leitende Idee ist stets die, in exakt eingegrenzten Bereichen auf die eigene, menschliche Kontrolle zu verzichten, um sich bewusst derjenigen Gottes zu unterstellen. Entscheidend dabei ist die mitlaufende Eingrenzung, durch die die Situation des Zufalls gewissermaßen kanalisiert, das heißt auf eine ganz bestimmte Frage fokussiert wird – so wie bei Cage die Münzwürfe durch die Frage

---

[49] Ich spreche hier bewusst nur von einer ›religiösen‹, also nicht von einer »theologischen« Faszination, denn es geht mir lediglich um die Ebene gelebter Frömmigkeit. In der Perspektive »theologischer« Reflexion müsste man zum Stichwort »Zufall« bzw. »Kontingenz« natürlich ungleich mehr sagen, denn hier stellt sich u.a. das verwickelte Problem, wie die Möglichkeit von Zufall mit der Allmacht Gottes zusammengedacht werden kann. Einen ersten Überblick vermittelt HANS POSER/HERMANN DEUSER, Art. Kontingenz, in: GERHARD MÜLLER (Hg.), TRE Bd. 36, Berlin/New York 2004, 544-559.

»Wie viele Unreinheiten bzw. Noten auf diesem Blatt?« präzise geleitet sind. Indem der Mensch auf diesem klar abgesteckten Feld seine Entscheidungskompetenz zurücknimmt, öffnet er einen Spielraum, von dem er hofft, dass Gott in ihn hinein wirken werde. Solches gibt es zum Beispiel im altgermanischen Ordal, wo ein göttlicher Schiedsspruch einen undurchschaubaren menschlichen Konflikt gerecht lösen soll, dies gibt es auch etwa in der Hebräischen Bibel, wo das Los geworfen wird, um Saul als den gottgefälligen König zu bestimmen (1. Sam 10,17–20), und dies gibt es auch etwa in Gestalt des pietistischen Bibelorakels, bei dem das zufällige Aufschlagen einer Bibelstelle Gott die Gelegenheit geben soll, dem Menschen sein heilbringendes Wort zukommen zu lassen. In all diesen Fällen geht eine beträchtliche Faszination vom Zufall aus, und so kommen diese Beispiele als Assoziationen in Betracht, die angesichts von Cages Hantieren mit weißem Papier und Münzorakeln in den Sinn kommen können. Wenn Cage davon spricht, dass ihm das *I Ging* etwas offenbare,[50] so schwingt ja die Hoffnung mit, dass dem Komponisten etwas aus einer anderen Sphäre zugespielt werde.

Aber ist eine solche allzu gläubige Funktionalisierung des Zufalls nicht vermessen? Kann denn der Mensch annehmen, dass er nur eine Frage zu stellen und sich etwas zurückzuhalten brauche, um Gott zu einem handfesten Votum zu provozieren? Wie kann man glauben, dass Gott auf ein *Hic Rhodus, hic salta!* reagiere und über das Stöckchen springe? Und wie kann man überdies sicher sein, dass in alldem Gott handelt und nicht doch bloß allein der Zufall regiere? Wer vermag mir zu versichern, dass nicht der falsche im Gerichtskampf unterliegt, dass der daneben nicht der bessere König gewesen wäre, und dass mir nicht eine fatale Bibelstelle zugespielt wird? – Niemand. Schon aus Gründen der Vernunft und der ethischen Verantwortung verbietet es sich daher, sich dem Reiz des Zufalls allzu sehr hinzugeben.

Doch lässt sich aus den Zufallsoperationen der *Music for Piano* nicht etwas theologisch Subtileres machen? In Erwägung zu ziehen wäre eine Cage-Interpretation, die Thomas Ulrich in seinem Buch *Neue Musik aus religiösem Geist* vorgelegt hat und die sich unter anderem stark mit der *Music of Changes*, also dem anderen groß angelegten zyklisch-aleatorischen Werk Cages befasst. Ulrichs theologischer Zugriff wird dabei von einer starken Opposition von Erfahren und Verstehen bestimmt. Für den

---

[50] Vgl. das Zitat oben bei Anm. 18.

Glauben entscheidend sei nicht das Verstehen, sondern das Erfahren.[51] Werde das Verstehen zurückgedrängt, so »wird das Bemühen um Gotteserfahrung, um eine grundsätzlich rezeptive, empfangende Haltung, um ein Leben in der Offenheit für Gottes Gegenwart in jedem Augenblick, das allein Wichtige für das Glaubensleben.«[52] Die Pointe aleatorischer Musik liege nun darin, dass sie das Verstehen gewissermaßen großräumig umgehe, weil dort, wo der Zufall regiere, nun einmal nichts zu verstehen sei. So werde durch diese Musik ein Raum für das reine, also für das vom Verstehen ganz unberührte Erfahren geöffnet. Aleatorische Musik könne *qua* Erfahrung das erschließen, was *qua* Verstehen versperrt bleibe:

> »Cages Motiv, das Verstehen zurückzustellen zugunsten des Erfahrens, ist ein spirituelles; er will verhindern, daß der Mensch aus der Begrenztheit seines menschlichen Denkens heraus, sich ein Bild der Wirklichkeit macht, will den Reichtum, der das Ich unendlich übersteigt, die unfaßbare Komplexität des Lebens deutlich machen: Der Mensch als endliches Wesen ist eingebettet in das Große Ganze, aus dem er stammt und das ihn trägt.«[53]

Unter diesen konzeptionellen Bedingungen scheint aleatorische Musik nun nicht mehr und nicht weniger als eine Art direkter Gotteserfahrung zu ermöglichen. So schreibt Ulrich im Zusammenhang mit der *Music for Piano:*

> »Es geht darum, die subjektiven Intentionen, die begrenzten Vorlieben und Abneigungen eines Einzelnen zum Schweigen zu bringen, damit das Große Ganze, die objektive Realität selber sich äußern kann – dadurch kommt das Unausdenkbare zur Erfahrung. [...] / Musik macht hier ein Grundverhältnis deutlich, das für alles religiös bestimmte Handeln gilt: Es basiert auf dem Empfangen. Jede Produktivität ruht auf der Basis des Rezeptiven, Wort ist nur als Antwort möglich. [...] Für Cage ist dies nicht nur ein Rahmen, der künstlerische Produktivität umgibt und sie qualifiziert – der Kompositionsprozeß sel-

---

[51] Vgl. Thomas Ulrich, Neue Musik aus religiösem Geist. Theologisches Denken im Werk von Karlheinz Stockhausen und John Cage, Saarbrücken 2006, 200.

[52] Ebd., 200.

[53] Ebd., 198. Vgl. hier Clytus Gottwald, John Cage und Marcel Duchamp, in: Heinz-Klaus Metzger / Rainer Riehn (Hgg.), Musik-Konzepte. Sonderband John Cage (I), München 1978, 132–146, der Seite 137 schreibt: »Der Zufall befreit Musik von der zufälligen Subjektivität. Nur so kann – nach Cage – jene Objektivität der Musik zurückgewonnen werden, die allein das verbürgt, was der Musik seit Beethoven abhanden gekommen ist, Verbindlichkeit«.

> ber ist ein Akt des Empfangens (so bei der Arbeit mit dem I Ging), ein Aufmerken auf das, was schon da ist (in *Music for Piano*).«[54]

Die Opposition von Verstehen und Erfahren strukturiert auch diesen Gedanken. Auf Seiten des Verstehens: »die subjektiven Intentionen, die begrenzten Vorlieben und Abneigungen eines Einzelnen«, das Ausdenkbare, die menschliche Aktivität und die nicht-aleatorische Musik; auf Seiten des Erfahrens: »das Große Ganze, die objektive Realität«, »das Unausdenkbare«, die Passivität des Empfangens und die *Music for Piano*. Ulrich befindet sich mit diesen Überlegungen zweifelsohne in einer gewissen Übereinstimmung mit den Intentionen Cages. Dies aber enthebt nicht davon, einige Dinge kritisch anzumerken.

(1.) Da ist zunächst die theologische Frage, inwiefern sich Ulrich eigentlich von einer oberflächlichen Faszination für den Zufall, wie ich sie zu Beginn dieses Abschnitts skizziert habe, unterscheidet. Auch in seiner Cage-Interpretation wird ja davon ausgegangen, dass der Zufall einen Raum öffne, in dem Gott dem Menschen näher kommen soll.[55] Sicherlich ist dies unter Verwendung der Erfahrungsfigur zurückhaltender konzipiert, doch muss man auch hier fragen, ob »die objektive Realität« nicht ein Stück weit dazu provoziert werden soll, »sich selber [zu] äußern«. Und wie kann eigentlich gewiss sein, dass das, was sich da äußert, das »Grosse Ganze« ist?

(2.) Es ist weiter die (religions-)philosophische Frage zu stellen, ob Ulrich nicht eine durch die prominente Verwendung des Erfahrungsbegriffs moderat modernisierte Denkfigur des 19. Jahrhunderts reproduziert, nämlich die der so genannten Kunstreligion. Deren Kernthese sucht plausibel zu machen, dass die Kunst – hier also die Musik – einen Zugang zu dem eröffnen könne, was der menschlichen Rationalität verborgen und daher in der Sprache unaussprechlich bleiben müsse. Die in sie eingezeichnete, überaus vernunft- und sprachkritische Grundhaltung liegt auch bei Ulrich offen zu Tage. Und so ist, was er vorträgt, gar nicht weit etwa von E.T.A. Hoffmanns Idee einer Hingabe an das Unaussprechliche entfernt.[56] Ohne

---

[54] ULRICH, a.a.O., 207f.

[55] Besonders explizit wird dies auf Seite 208 unten, wo vom Zurückstellen des eigenen Kontrollbedürfnisses zugunsten einer gläubigen Furchtlosigkeit die Rede ist.

[56] Vgl. ERNST THEODOR AMADEUS HOFFMANN, Rezension zu Beethovens Symphonie Nr. 5, in: STEFAN KUNZE (Hg.), Ludwig van Beethoven. Die Werke im Spiegel seiner Zeit. Gesammelte Konzertberichte und Rezensionen bis 1830, Laaber 1987, 100–112.

hier auf Details eingehen zu können, liegt das Hauptproblem kunstreligiösen Denkens darin, dass es auf epistemologischen und ästhetischen Prämissen basiert, die zwar in der Romantik virulent waren, die man heute aber nicht mehr ohne Weiteres zu teilen geneigt ist. Letztlich muss man sogar bezweifeln, ob die Frage, auf die die Kunstreligion eine Antwort zu geben versucht, in der Gegenwart in dieser Form überhaupt noch gestellt zu werden braucht, hat sich unsere Perspektive durch phänomenologische oder analytisch-philosophische Arbeiten doch in hohem Maße verändert. Man kann es sich im vorliegenden Fall an der überaus starken Opposition von ›Verstehen‹ und ›Erfahren‹ vergegenwärtigen: Sie gegeneinander auszuspielen, erscheint etwa aus phänomenologischer Perspektive verfehlt, weil beides – vereinfacht gesagt – im Sich-Zeigen der Dinge als etwas immer schon ineinander liegt.[57] Die Diskussion der folgenden Frage wird dies noch einmal deutlicher machen.

(3.) Sie ist eine ästhetische: Ist es mit der Regierung des Zufalls in der *Music for Piano* tatsächlich so weit her, wie Ulrich annimmt? Wie ich in meiner Analyse zu zeigen versucht habe, lässt sich auf die Frage ›What has been composed?‹ sehr wohl eine Antwort geben, und dass dies so ist, liegt eben daran, dass der Zufall nirgendwo unkontrolliert waltet, sondern dass er stets durch sehr präzise Fragen – und das heißt: durch voraus liegende kompositorische Entscheidungen – kanalisiert ist. Ulrichs theologische Deutung basiert folglich auf einer musikanalytischen Prämisse, der man widersprechen muss. Doch selbst wenn er richtig läge und der Zufall der einzige Souverän wäre: Die Frage ›What has been composed?‹ und mit ihr eine ganze Mannigfaltigkeit möglicher Antworten lässt sich auch angesichts von aleatorischer Musik nicht sistieren, und das Verstehen wird zumindest als Verstehen-Wollen immer und unweigerlich präsent bleiben, weil Sinn und Nicht-Sinn nicht allein an der Faktur der Komposition haften, sondern im kulturellen Verwendungskontext des Stückes, in den die *Music for Piano* nun einmal unaufhebbar eingebettet ist. Eine Situation des Hörens der *Music for Piano* wird unter keinen Umständen eine Situation reinen Erfahrens sein können, sondern wird immer auch eine Situation des Verstehens bleiben. Damit sind wir wiederum an demselben Problem wie zuvor: Die strikte Opposition von Erfahren und Verstehen präsentiert sich auch hier als konzeptionell fragwürdig, weil jede konkrete Erfahrung aufgrund ihrer kulturellen Situiertheit in irgendeiner Weise präformiert und so vom Verstehen berührt sein wird. Man muss aber noch einmal betonen,

---

[57] Am wohl eindrücklichsten entfaltet diesen Zusammenhang MARTIN HEIDEGGER, Sein und Zeit, Tübingen [18]2001, § 31, 142–148.

dass Ulrich mit seiner Interpretation einer Fährte gefolgt ist, die Cage selbst gelegt hat. Doch möglicherweise hat auch Cage in diesem Zusammenhang unerreichbare Ziele proklamiert: gänzliche Befreiung von Klängen aus kultureller Verstrickung, pure Unmittelbarkeit, reine, von der Last des Verstehens befreite Erfahrung. Das alles sind Illusionen – und doch sind sie höchst produktiv, denn als regulative Ideen im Sinne Kants haben sie Cage zu kompositorischen Höchstleistungen angespornt.[58] Die Idee mit dem weißen Papier ist genial, die *I-Ging*-Operationen perfekt ausgeklügelt. Aber am Ende ist alles, was wir zu hören bekommen, Teil des kulturellen Systems »Musik« und nicht dazu in der Lage, sich aus ihm zu befreien.

Ulrichs Versuch, Cages Zufallsoperationen theologisch zu deuten, vermag angesichts dieser Probleme nicht zu überzeugen. Die strikte Opposition von »Verstehen« und »Erfahren« ist nicht aufrecht zu erhalten. Ulrich aber ist auf sie konzeptionell angewiesen, denn indem das »Verstehen« suspendiert wird, soll die aktive Mitwirkung des Menschen in dem vom Zufall geöffneten Raum ausgeschlossen werden. Wäre diese aktive Instanz nicht abgeschaltet, bestünde die Gefahr, dass der Mensch in dem vom Zufall geöffneten Raum immer nur sich selbst, nicht aber Gott begegnet.[59] Die Abschaltung des aktiven »Verstehens« erfüllt demnach die theologische Funktion, die Fragwürdigkeit des vom Zufall geöffneten Raums zu minimieren. Mit dem »Erfahren« wiederum soll eine passiv-rezeptive Instanz intakt bleiben, die die Beziehungsfähigkeit des Menschen in Bezug auf sein göttliches Gegenüber gewährleistet. Sie muss verbleiben, denn ohne

---

[58] Vgl. SEUBOLD, a.a.O., 171f: »Cages Versuchen, die eingekerkerte und sich an den Gitterstäben schwere Wunden zufügende abendländische Musikästhetik zu befreien, ist kein Erfolg beschieden. Sie fallen zu simpel aus. Er antwortet einem kritikwürdigen Zustand mit einem bloßen Anti – und das hat sich noch immer gerächt.« Seubold kommt zu diesem – aus meiner Sicht überzogenem – Diktum, indem er Cages Aleatorik als (bloß abstrakte) Negation des Serialismus interpretiert. Wie ich zu zeigen versucht habe, erfüllen die Zufallsoperationen nicht die Funktion, das (etwa serielle) Komponieren zu ersetzen, sondern Cage komponiert *mit* dem in bestimmte Kanäle gefassten Zufall. Auf einen anderen Aspekt weist LARSON POWELL, Zufall und Subjekt. Erwägungen zu Cage, in: CLAUS-STEFFEN MAHNKOPF (Hg.), Mythos Cage, Hofheim 1999, 203–222 auf Seite 209 hin: »Es gibt keine absolute Ausschaltung oder Durchstreichung des Subjektes durch den Zufall. Denn sogar Hasardspiele setzen ein Subjekt voraus [...]. / Es gibt keinen Ausweg aus dem Subjekt, aus dem Diskurs, zu irgendeinem reinen, intentionslosen Anderen.« Im Hintergrund dieser Überlegungen steht eine Beschäftigung mit Lacan.

[59] Vgl. ULRICH, a.a.O., 200: »[J]ede Reflexion [...], die etwas feststellen will, zerstört die Erfahrung, bringt mich aus ihr heraus und läßt mich, statt daß ich mich mit der religiösen Wirklichkeit befasse, mir selbst, meinen eigenen Denkmustern begegnen.«

sie würde der Mensch nichts mehr davon mitbekommen, was sich in dem vom Zufall geöffneten Raum ereignet. Geht man nun davon aus, dass »Verstehen« und »Erfahren« nicht von einander gelöst werden können, so stürzt die ganze Konstruktion und mit ihr die theologische Deutung der Zufallsoperationen in sich zusammen. Von der Hoffnung, dass aleatorische Musik eine irgendwie geartete Gotteserfahrung ermöglichen könne, ist daher theologisch Abstand zu nehmen.

XIII.

Dass sich aus dem Zufall offenbar theologisch nichts Rechtes machen lässt, ist vielleicht kein Nachteil, denn ohnehin hat ja nicht der Zufall die *Music for Piano* mit Hilfe Cages komponiert, sondern Cage hat die *Music for Piano* mit Hilfe des Zufalls geschaffen. Der Zufall mag also das Wie-Ausgestreute der Klänge erzeugt haben, doch das damit realisierte Klangkonzept hat er nicht erstellt. Er ist demnach nur Mittel zum Zweck. Müsste die theologische Interpretation daher nicht hier, also am Endzweck ansetzen: am Wie-Ausgestreuten des Klanges?

Um dahin zu kommen, möchte ich nun doch einen Aspekt der Deutung von Thomas Ulrich aufnehmen. Er hat die Passivität bzw. das Empfangen sehr stark in den Vordergrund gerückt, wobei er dies ganz auf den Kompositionsakt, das heißt auf das Vorfinden der Unreinheiten im Papier und die Arbeit mit dem *I Ging*, also letztlich ganz auf den Zufall bezogen hat. Ein Moment des Empfangens lässt sich aber auch anderswo finden, denn wie ich oben bereits angedeutet habe ereignet sich im Hören etwas derartiges, nämlich dann wenn und insofern als sich in der Konfrontation mit dem Wie-Ausgestreuten der Klänge das unverfügbare Geschenk von Zusammenhang, die wunderbare Gabe von Sinn ereignet.[60] Diesen hochinteressanten Moment der Gabe möchte ich nun zum Abschluss in den Blick nehmen.

Zunächst einige wenig Worte zur Schärfung des theologischen Profils der Gabe. Sie ist eine klassische Kategorie – eine, die zumeist glaubenstheologisch im Kontext des reformatorischen *sola gratia* thematisiert und

---

[60] Eine solche Gabe mag sich nicht allein in der *Music for Piano*, sondern auch in anderen musikalischen Situationen ereignen können. Doch sicherlich bietet Cages Stück aufgrund seiner Faktur den Raum, das Sich-Ereignen der Gabe in besonderer Intensität zu erleben.

in den letzten Jahren verstärkt bearbeitet wird.[61] Ihre zentrale Stellung wird in den folgenden Zeilen skizziert:

> »*Glaube als Kurzformel für das Bestimmtwerden durch das, was Gott im menschlichen Leben Gutes bewirkt,* ist weniger Überwindung von Mangel oder Beseitigung eines Defizits als das unverfügbare Einbrechen und überraschende Zufallen ungeahnter Lebensmöglichkeiten, das Hineingenommenwerden in den Überfluss der Gnade. / [...] Der Glaube [...] korrespondiert einer Gabe, die man weder gebraucht noch erwartet hatte, weil sie mehr ist als alles, was man hätte erträumen, erhoffen, erwünschen, vermissen, ersehnen können.«[62]

Das Ereignis einer unverfügbare Gabe ist mithin direkt beim Glauben angesiedelt, also an einem soteriologischen Dreh- und Angelpunkt, wo sie das bezeichnet, was dem Menschen von Gott her gnadenhaft zuteil wird. Die Pointe der zitierten Interpretation liegt darauf, ganz den in ihr liegenden Überschuss zu betonen. Die von Gott herkommende Gabe deckt demnach nicht einen Heilsbedarf in dem Sinne, dass mit ihr das geschenkt würde, was der Mensch selbst meint, als einen Mangel zu besitzen, was er sich also so alles erträumt und ersehnt, sondern dass ihm unendlich viel mehr als all das zuteil wird: ein immenser Überschuss, der alles Erträumen und Ersehnen radikal übersteigt und damit immer mehr sein wird als das, was der Mensch als seine eigene Heilsbedürftigkeit zu denken im Stande ist.

Was hat nun die unverfügbare Gabe von Sinn, wie sie sich im Hören der *Music for Piano* ereignet, mit der Gabe als einem soteriologischen Geschehen zu tun? Worauf ich hinaus will ist nicht mehr (aber auch nicht weniger) als eine Strukturanalogie. Ich behaupte demnach nicht, dass die Gabe, die sich im Hören ereignet, mit dieser soteriologischen Gabe identisch oder ihr sachlich irgendwie verwandt wäre, d.h. ich suche die soteriologische Gabe nicht im Was der musikalischen Gabe.[63] Worum es mir geht,

---

[61] Vgl. zuletzt PHILIPP STOELLGER, Passivität aus Passion. Zur Problemgeschichte einer ›Categoria non grata‹, Hermeneutische Untersuchungen zur Theologie LVI, Tübingen 2010.

[62] INGOLF U. DALFERTH, Alles umsonst. Zur Kunst des Schenkens und den Grenzen der Gabe, in: MICHAEL GABEL / HANS JOAS (Hgg.), Von der Ursprünglichkeit der Gabe. Jean-Luc Marions Phänomenologie in der Diskussion, Freiburg i. Brsg./Münschen 2007, 159–191, hier 185.

[63] Dies tut im Übrigen Thomas Ulrich, der gewissermaßen nach einer theologischen Substanz in der *Music for Piano* sucht. Aus diesem Grund ist sie für ihn beinahe so etwas wie ein Offenbarungsmedium, in und an dem sich die Gotteserfahrung ereignen kann. Das Theologische liegt bei ihm im Was des Erfahrens.

ist ein analoges Moment in der *Struktur* der Gabe: ihr unerwartetes Einbrechen, das sich mit ihr ereignende Zufallen von neuen Hör- und Verstehensmöglichkeiten, das aus ihr resultierende aufmerksam-schwebende Mithineingenommenwerden in das musikalische Geschehen und vor allem: der mit ihr einhergehende immense Überschuss. Die Gabe von Sinn ereignet sich dem *happy new ear* im Hören der *Music for Piano* nämlich ebenfalls nicht als die erhoffte »Überwindung eines Mangels oder Beseitigung eines Defizits«, sondern als ein unerwartet-gnadenhaftes Geschenk. Dies ergibt sich daraus, dass der Charakter des klanglichen Wie-Ausgestreut-Seins erst gar keine spezifische Erwartungshaltung aufkommen lässt, der den Eindruck eines konkreten Sinn-Mangels oder Sinn-Defizits implizierte.[64] Die Gabe wird daher auch durch nichts in der Faktur des musikalischen Materials vorbereitet und in die Wege geleitet. Man antizipiert in der schwebenden Aufmerksamkeit, mit der man die *Music for Piano* hört, nichts, und als um so großzügiger, ja als um so verschwenderischer wird die Gabe von Sinn empfunden, wenn sie sich tatsächlich ereignet: als ein immenser Überschuss von Sinn, der in die Situation des Hörens von wie zufällig ausgestreuten und daher wie sinnlosen Klängen einbricht.

Diese weitreichende Strukturanalogie sollte nun aber nicht dazu verleiten, die Gabe im Hören mit der soteriologischen Gabe zu verwechseln.[65] Es bleibt ein Unterschied – und doch geht die Strukturanalogie so weit, dass uns das, was sich im Hören ereignet, beinahe selbst als ein religiöses Geschehen vorkommen mag. Die musikalische Gabe fungiert auf diese Weise als ein überaus prägnantes Zeichen: Sie weist unter Inanspruchnahme der Analogie über sich und ihre Situation hinaus auf etwas, das sie selbst nicht ist: darauf, dass mir von Gott im Glauben eine unverfügbare, das Musikalische weit überschreitende Gabe zuteil geworden ist oder zuteil werden wird. Die Situation meines Hörens rückt so am Ende in den Horizont von Gottes Ewigkeit, die alle Situationen umfängt. Um diesen Verweis von der Musik auf den Glauben zu vollziehen, muss das Hören nicht selbst zum Glaubensakt werden. Es darf ganz musikalisch bleiben,

---

[64] So könnte man auf die Gabe des Sinns in der *Music for Piano* übertragen, was Dalferth theologisch für den Glauben formuliert: »Er ist nicht, was man immer schon gesucht und nun endlich gefunden hat, sondern umgekehrt etwas, von dem man gar nicht wusste, was man hätte suchen sollen, ehe es einem zufiel« (DALFERTH, Alles umsonst, 188).

[65] Dann wäre ein religiöses und ein ästhetisches »Erschließungserlebnis« mit einander identifiziert, und es bestünde die Gefahr, »dass ›Offenbarung‹ und ›Erfahrung‹ koextensiv« (DALFERTH, 71) werden könnten.

und doch vermag sich im Hören ein Horizont zu öffnen, der eben weit über das Hören hinausreicht.

Und so verweist unser *happy new ear* vielleicht auch ein Stück weit auf das Ohr des Neuen Menschen.

Joachim Herten / Eva-Maria Houben

Zwischen Benennung und Sprachlosigkeit

Herbert Eimert: Epitaph für Aikichi Kuboyama für Sprecher und Sprachklänge (1960–1962)*

Nach dem 2. Weltkrieg entstanden an einigen kulturell, technisch und musikalisch entsprechend vorgeprägten Orten wie Paris, Köln, Mailand, Amsterdam bzw. Eindhoven (Philips), München (Siemens) und in zeitlich großer Nähe Zentren für Elektronische Musik, in denen zwar höchst verschiedene Formen dieser ganz und gar neuartigen Musik entwickelt wurden, die sich aber darin einig waren, dass jeweils »hier« »die« neue Musik konzipiert und entwickelt werde (und jeweils »dort« gerade nicht). Manche dieser ideologischen Stilisierungen sind zweifellos auf den auch kulturellen Aufbruchs- und Aufbau-Geist der Nachkriegszeit in den 50er Jahren des vergangenen Jahrhunderts zurückzuführen, manche hängen auch zusammen mit den Personen und Institutionen, die an der angeblich völligen Neukonzeption der Musik beteiligt waren und deren Vorreiter sein wollten.

Nicht zuletzt auf Betreiben des Komponisten und Musikwissenschaftlers Herbert Eimert (1897–1972), der bereits ab 1945 Mitarbeiter beim damaligen Nordwestdeutschen Rundfunk (NWDR) in Köln war, wurde dort 1951 das Studio für Elektronische Musik gegründet und dann auch von Eimert geleitet. Ab 1953 war Karlheinz Stockhausen ständiger Mitarbeiter im Studio und nach der Pensionierung von Eimert von 1962 bis 1980 dessen Leiter.

---

* Herbert Eimert, Epitaph für Aikichi Kuboyama (1960–1962) für Sprecher und Sprachklänge. Elektronisches Studio des WDR Köln. Richard Münch, Sprecher. Eine Aufnahme des WDR Köln 1962. Klangrealisation: Leopold von Knobelsdorff

Die neuen elektronischen Verfahrensweisen der Klang- und Rhythmus-Erzeugung machten in Kombination mit der weiteren Ausarbeitung der Ideen der Zwölftonkomposition und des kompositorischen Serialismus nach in Köln damals vertretenen Auffassungen eine bislang nicht gehörte synthetische, unbegrenzte und elaborierte Musik möglich außerhalb alles Bekannten und Üblichen. Strenge Vorstellungen und ästhetischer Dogmatismus ließen insbesondere Eimert die Kölner Bemühungen scharf abgrenzen von den in der Rückschau gar nicht so verschiedenen Unternehmungen etwa in Mailand, München oder Paris (Musique concrète).

Die Neuheit dieser Musik war z.T. begründet in den damals im Studio vorhandenen neuen technischen Möglichkeiten der elektronischen Klangkonstruktion, die hier nur angerissen werden können: Monochord und Melochord lassen sich als Frühformen des Synthesizers begreifen, der später eine wichtige Rolle in der Elektronischen Musik spielen sollte. Hinzu kommen Rausch- und Impulsgenerator, Filter, Frequenzbänder und Ringmodulator sowie alle Arten von Manipulationen an den Tonbändern bei der Aufnahme und Weiterverarbeitung: Verlangsamung, Beschleunigung, Zerhacken, Rückwärtslauf, Übereinanderkopieren und viele andere Verfahren, die sich der technische Laie nur schwer vorstellen kann.

1. Material

Bereits 1955–1956 bemühte sich Karlheinz Stockhausen mit dem *Gesang der Jünglinge* um eine Vermittlung zwischen Wort und Klang, Bedeutung und Klanglichkeit und bezog menschliche Lauterzeugungen (den Gesang einer Kinderstimme auf Text aus dem biblischen Buch Daniel) in seine Komposition ein:

> »Dem ›Farb-Kontinuum‹ entsprechend ging die Komposition von der Vorstellung eines ›Sprachkontinuums‹ aus: gesungene Lautgruppen sind an bestimmten Stellen der Komposition zum verständlichen Sprachzeichen, zum Wort geworden, zu anderen Zeitpunkten bleiben sie reine Klangqualitäten, Lautzeichen; und zwischen diesen Extremen gibt es verschiedene Grade der Sprachverständlichkeit.«[1]

---

[1] KARLHEINZ STOCKHAUSEN, Musik und Sprache III, in: DERS., Texte zu eigenen Werken, zur Kunst Anderer. Aktuelles. Bd. 2. Aufsätze 1952–1962 zur musikalischen Praxis. Mit einem Nachwort versehen von DIETER SCHNEBEL (Hg.) (DuMont Dokumente), Köln [2]1975, 58–68, hier 60f. – Zur Idee eines »Kontinuums von Klang und Bedeutung« vgl.

Einen konsequenten Schritt weiter ging Herbert Eimert mit seinem Werk *Epitaph für Aikichi Kuboyama*, das – nach Vorarbeiten ab 1957 – zwischen 1960 und 1962 im Kölner Studio entstanden ist.

Im Unterschied zur Komposition Stockhausens, die »gesungene Töne mit elektronisch erzeugten in Einklang zu bringen« sucht[2], verzichtet Eimert gänzlich auf durch Generatoren erzeugte Klänge. Ausnahmslos alle Klänge des *Epitaphs* entstammen den Spektren des gesprochenen Textes, indem nicht nur Wörter und Wortfolgen, sondern auch Sprachklänge verarbeitet wurden. Diese Begrenzung, die Eimert der Komposition auferlegt, begründet ihre Kompromisslosigkeit:

> »In dem ›Epitaph‹ habe ich versucht, das neuartige Prinzip von Sprachklängen ohne Kompromiss zu realisieren, und zwar so, dass das Gesprochene nicht nur verfremdet erscheint, sondern mit einem umfassenden Konzept in allen Schichten zwischen reinem Wort und reinem Klang aufgedeckt und kompositorisch verfügbar wird.«[3]

Eimert macht einen bestimmten Text sowohl in seinem Sprachklang wie in seinen Silben, seinen Wörtern und seiner Semantik in der Weise zum Grundmaterial seines Stückes, dass es keiner zusätzlichen rein elektronisch erzeugten Klänge und Rhythmen bedarf, vielmehr alle Parameter und Klangereignisse aus dem gesprochenen Text abgeleitet werden – mit elektronischen Mitteln natürlich. Die so erzeugten Klänge reichen in ihrer Bandbreite von verständlichen, sozusagen aus den übrigen elektronischen Klängen herausragenden erratischen Passagen über vielfältige Formen der verzerrten, weit entfernten Textandeutungen bis zur – immer noch erkennbaren – Elementarisierung von Textteilen, z.B. von Vokalen.

---

auch WERNER KLÜPPELHOLZ, Sprache als Musik. Studien zur Vokalkomposition bei Kh. Stockhausen, H. G. Helms, M. Kagel, D. Schnebel und G. Ligeti, Saarbrücken [2]1995.

[2] KARLHEINZ STOCKHAUSEN, Nr. 8 Gesang der Jünglinge (1956). Elektronische Musik, in: DERS., Texte, 49–50, hier 49.

[3] HERBERT EIMERT, Notizen zum »Epitaph« und zu den »Sechs Studien«. Beilage zur Schallplatte »Epitaph für Aikichi Kuboyama. Komposition für Sprecher und Sprachklänge«. Baden-Baden WER 60014 (WERGO) o. J. (1966), 2.

»Die verschiedenen Verständlichkeitsgrade [...] ergeben sich unmittelbar aus der Behandlung des Grundmaterials, das keinen ›Dualismus‹ zwischen Wort und Klang zu überwinden braucht, weil es ihn nicht mehr kennt.«[4]

Der Komponist hat seinem Werk einen Text von Günther Anders (1902–1992) zu Grunde gelegt, den dieser in seinem Hauptwerk *Die Antiquiertheit des Menschen* mitteilt. Anders war, wie damals viele kritische Intellektuelle und Künstler, auch publizistisch sehr engagiert in der Anti-Atomwaffen-Bewegung der 50er Jahre des vergangenen Jahrhunderts. Innerhalb des 1956 veröffentlichten Hauptwerks kommt er in einem 100-seitigen Essay *Über die Bombe und die Wurzeln unserer Apokalypse-Blindheit* auf die »Experimente« (von denen »jedes [...] zu einem Ernstfall geworden ist«[5]) der US-Amerikaner mit Wasserstoffbomben auf dem Bikini-Atoll 1954 zu sprechen, u.a. auf deren erstes Opfer, den japanischen »Fischer« – er war wohl eigentlich der Funker eines dort operierenden Fischfangschiffes – Aikichi Kuboyama, der im August 1954 gestorben ist, nachdem er (zusammen mit 22 anderen Seeleuten) am 1. März 1954 etwa 130 km von der Wasserstoffbomben-Detonation entfernt mit dem Fischdampfer Fikuryumaru nichts ahnend in den anschließenden verseuchten, hochgiftigen Aschenregen geraten war. Einer Fußnote in diesem Essay zufolge hat Anders die »Inschrift auf dem Gedenkstein für dieses erste Opfer der Wasserstoffbombe in Batavia«, deren Text er »nach ›Sydney Chronicle‹, 3. März 1955« wiedergibt, eingedeutscht (aus welcher Sprache?) und offensichtlich auch bearbeitet. Der von Eimert seiner Komposition zu Grunde gelegte Text lautet:

Du kleiner Fischermann,
wir wissen nicht, ob du Verdienste hattest.
(Wo kämen wir hin, wenn Jedermann Verdienste hätte?)
Aber du hattest Mühen wie wir,
wie wir irgendwo die Gräber deiner Eltern,
irgendwo am Strande eine Frau, die auf dich wartete,
und zu Haus die Kinder, die dir entgegenliefen.
Trotz deiner Mühen
fandest du es gut, da zu sein.

---

[4] Ebd.

[5] Günther Anders, Über die Bombe und die Wurzeln unserer Apokalypse-Blindheit, in: Ders., Die Antiquiertheit des Menschen. Bd. 1. Über die Seele im Zeitalter der zweiten industriellen Revolution (1956) (Beck'sche Reihe 319), München [3]2010, 233–324, hier 260; der Text der Inschrift, 346f.

Genau wie wir. Und recht hattest du, Aikichi Kuboyama
Du kleiner Fischermann, Aikichi Kuboyama,
wenn auch dein fremdländischer Name keinen Verdienst anzeigt,
wir wollen ihn auswendig lernen für unsere kurze Frist
Aikichi Kuboyama.
Als Wort für unsere Schande
Aikichi Kuboyama.
Als unseren Warnungsruf
Aikichi Kuboyama.
Aber auch,
Aikichi Kuboyama,
als Namen unserer Hoffnung: Denn ob du uns
vorangingst mit deinem Sterben oder nur
fortgingst an unserer statt –
nur von uns hängt das ab, auch heute noch,
nur von uns, deinen Brüdern,
Aikichi Kuboyama.

Anders hat sich auf einen »Gedenkstein« für den japanischen Fischer in Batavia berufen und offengelassen, ob dieser auch der Grabstein ist, und auch zum Autor des wohl schon ursprünglich poetisch-politischen Textes hat Anders keine Mutmaßungen festgehalten. Auffällig ist der litaneihafte Ton insbesondere des zweiten Teils mit seinen wiederholten Anrufungen des japanischen Namens, der am Ende wie eine Mahnung an uns Heutige auftritt.

Absichtsvoll und in deutlichem Anschluss an diese liturgisch klingenden Passagen hat Eimert seine mit dem Anders'schen Text umgehende Komposition »Epitaph« genannt und damit die Eindrücklichkeit dieses Gedenkens, das sowohl Erinnern als auch Mahnen bedeutet, und dessen politisch-spirituelle Bezüge unterstrichen. Zweifelsohne war er mit dem Inhalt des Textes wie seiner spezifischen Gestalt und Wirkung einverstanden.[6]

---

[6] Der Text dieses Beitrags war bereits einige Wochen fertiggestellt, als am 11. März 2011 ein sehr starkes Erdbeben und in dessen Folge ein riesiger Tsunami in Japan viele Menschen töteten, weite Teile der nördlichen Küsten Japans verwüsteten und auch die Meiler des Atomkraftwerks Fukushima so schwer beschädigten, dass hohe Radioaktivität ausgetreten ist und die Begrenzung der Folgeschäden noch einige Zeit in Anspruch nehmen wird. Unvermutet und bestürzend werden uns die Gefahren der unbeherrschbaren Risiken der friedlichen Nutzung der Atomenergie wie der Entsorgung ihrer Überreste – von der Nutzung atomarer Waffen ganz zu schweigen – höchst aktuell vor Augen geführt. Durch diese Ereignisse und ihre Folgen erscheint ein 50 Jahre altes musikalisches Kunstwerk, erscheinen die Intentionen von Dichter und Komponist unversehens in einem neuen Licht.

Er hat aber dieses Gedenk-Gedicht nicht auf irgendeine traditionelle Weise vertont, sondern er hat es in der Klanggestalt, die dieser Text durch die Rezitation des damals bekannten Schauspielers Richard Münch (1916–1987) gewonnen hat, also durch dessen Stimme, Artikulation und Gestaltung, zum Ausgangsmaterial seiner Komposition gemacht. Klanggestalt und Klangwirkung, die der Schauspieler dem Text gegeben hat, sind nicht Voraussetzung, sondern Bestandteil der Komposition, und zwar sowohl in der Form, der (verständlichen) auf Tonband festgehaltenen Rezitation des Mahn-Gedichts, als auch in den vielfältigen Weisen, wie elektronisch mit diesen Ursprungsklängen weiter verfahren worden ist. Daher auch der Untertitel des Werks »Komposition für Sprecher und Sprachklänge«.

2. Formung[7]

> »Die Form des Epitaphs ist leicht überschaubar; sie besteht aus der Exposition, zu der auch der Vortrag der Grabinschrift gehört, aus den Strukturkomplexen A, B und C und der Coda [...]. Die Grundlage der Zeitstruktur ist der Rhythmus des gesprochenen Wortes.«[8]

Die von Eimert angesprochene Fünfteiligkeit der Komposition, die insgesamt 22'30'' dauert, erschließt sich auch dem ungeübten Hörer, denn alle Abschnitte werden durch Pausen oder auffallende Pianissimo-Übergänge voneinander abgegrenzt.

Exposition (Dauer: etwa 2'30''): Sie setzt ein mit der Rezitation des Textes der Grabinschrift durch Richard Münch und einem langen, weichen und vollen, ›vokalischen‹ Klang. Darauf folgt eine Art Muster des neuen Wort-Ton-Verfahrens: Der Sprecher wiederholt den Textanfang; darüber liegen sprachrhythmische und sich verdichtende Geräuschschichten, die schließlich die Verständlichkeit der Sprache verdrängen. Am Ende jedoch

---

[7] Hans Ulrich Humpert war ab 1968 Assistent von Herbert Eimert an der Hochschule für Musik Köln, nach dessen Tod 1972 bis 2007 sein Nachfolger als Leiter des Studios für elektronische Musik der Kölner Musikhochschule und ist Ende August 2010 verstorben. Die folgende Analyse lehnt sich in konzentrierter Form an seine Analyse des Epitaphs an: HANS ULRICH HUMPERT, Elektronische Musik – Geschichte, Technik, Kompositionen (Textband mit Musik-Kassette), Mainz 1987, 165–174. Vgl. auch KRISTINA GÖDECKE, Todesthematik in der Musik nach 1945. Analytische und musikdidaktische Grundlagen. Diss. Universität Flensburg 2004 (zu Eimerts Komposition 129–143).

[8] EIMERT, Notizen zum »Epitaph«, 3.

tritt sie mit dem Wort *Sterben* wieder deutlich heraus. Der hier zu Grunde liegende Text stimmt nicht mit der originalen Satzfolge des Gedichts überein. Vielmehr hat ihn Eimert in zehn Abschnitte gegliedert:

> Du kleiner Fischermann / Aikichi Kuboyama / nur von uns / Deinen Brüdern / auch heute noch / nur von uns hängt das ab / ob du nur fortgingst / an unserer statt / oder ob du uns vorangingst / mit deinem Sterben.

Neben dem Originaltext führt diese Exposition – vergleichbar einer Romantischen Opernouvertüre – die wichtigsten Formen von Sprachklängen vor, die im weiteren Verlauf des Stücks eine zentrale Rolle spielen werden: den (beliebig gestaltbaren) Sprachklang und die Aufschichtung von Artikulationsimpulsen über dem Text, dessen Sprachrhythmus zum musikalischen Rhythmus wird. Insofern trägt der eröffnende Teil die Bezeichnung Exposition zu Recht.

Teil A (Dauer: 2'26"–9'50"): Der Teil A ist mit fast 7'30" der längste Teil. Er wird weitgehend bestimmt von glissandierenden und artikulierten Sprachklängen. Es lassen sich innerhalb dieses Strukturkomplexes noch einmal vier Abschnitte unterscheiden.

A1 (Dauer: 1'20"): Erneut wird der Anfang des Textes rezitiert; die Stimme allerdings ist nun gefärbt durch Transpositionen und Filterungen. Danach werden die Sätze:

> Du kleiner Fischermann, wenn auch dein fremdländischer Name keinen Verdienst anzeigt, wir wollen ihn auswendig lernen für unsere kurze Frist, Aikichi Kuboyama, als Namen unserer Hoffnung [...]

trotz Überlagerung von Artikulationsimpulsen einigermaßen verständlich. Der Sprachrhythmus wird dichter bis hin zu einer sechsschichtigen Glissando-Struktur, die vorwiegend aus A- und I-Klängen gebildet ist. Der Abschnitt klingt aus mit einer (kanonischen) Variante von *Du kleiner Fischermann, Aikichi Kuboyama* und – sehr im Hintergrund – dem Vokalsprachklang der Exposition.

A2 (Dauer: 2'30"): Der 2. Abschnitt von A beginnt nach einer Pause und stellt eine Art Variation über *Du kleiner Fischermann* dar. Hier wechseln meist glissandierende Sprachklänge (aus F, I, Sch) mit harten Artikulationseinschüben, die häufig kanonisch (*Du kleiner ...)* übereinander geschichtet sind. Genau in der Mitte rezitieren mehrere (aus einer Stimme gebildete) Stimmen langsam und synchron (wie chorisch) *Du kleiner Fischermann.* Danach erklingen erneut Glissandi, deren Beginn an *Aikichi* erinnert. Außerdem schimmert Sprache beständig durch: *auswendig lernen - oder ob du nur fortgingst.*

> »Der Wortstrom [...] ist unterirdisch immer vorhanden. Es ist so, als ob der Text der Grabinschrift in immer neuen Klangformen, Umformungen und Umstellungen am Ohr des Hörers vorbeiziehen würde.«[9]

A3 (Dauer: 52"): Dem abrupten Ende des 2. Abschnitts von A folgt der sehr kurze 3. Abschnitt, in dem das gesprochene Wort wieder direkt erscheint, zunächst in einer aus Lauten und Silben des Originaltextes gebildeten Phantasiesprache. Danach wird kurz verständlich *irgendwo am Str...-fremdländischer,* ehe der Text ganz deutlich wird: *Wir wollen ihn auswendig lernen für kurze Zeit*[10] - *Wenn auch dein fremdländischer Name keinen Verdienst anzeigt.* Es folgt ein neues (chorisches) Stimmenensemble: *Wir wissen nicht, ob du Verdienste hattest, aber du hattest Mühen wie wir. Wir* ist stark verhallt und leitet über zu einer »nichtsemantischen Textur«[11].

A4 (Dauer: 2'37"): Wieder ertönen Sprachklangglissandi, die sich, wie im 2. Abschnitt, mit hart artikulierten Sprachklangblöcken, die wie ein Zischen klingen, ablösen; sie haben aber kaum mehr Wortbindung und können nur noch rein klanglich aufgefasst werden. Etwa 2 Minuten nach Beginn des Abschnitts taucht inmitten der Glissandi - klanglich vorbereitet - das Wort *Schande* auf. Mit kreischenden Klangfarben und Sprachgewisper geht dieser Abschnitt und damit Teil A zu Ende.

Teil B (Dauer: 9'50"-13'27"): Mit etwa 3'30" Dauer ist Teil B, der sich unmittelbar an Teil A anschließt, der kürzeste Teil des *Epitaphs.* Er lässt sich in zwei fast gleich lange Abschnitte gliedern. Im 1. Abschnitt werden langsam immer dichter werdende Impulsscharen aus zerhackten Sprachlauten aufgebaut, zu denen sich lange und tiefe Vokalklänge gesellen, die zu dem vielstimmigen Satz hinleiten: *Oder ob du uns vorangingst mit deinem Sterben.* Darauf folgt eine Textur mit kurzen verständlichen Ansätzen, ehe der Abschnitt mit einem wie aus der Ferne erklingenden *Du kleiner Fischermann* endet. Der 2. Abschnitt ist farbig gestaltet. Er spielt gleichsam

---

[9] Eimert, Notizen zum »Epitaph«, 4.

[10] »Zeit« heißt es hier statt »Frist« wie im Originaltext - nach Humpert ein Indiz dafür, dass im Studio mindestens noch eine weitere Aufnahme des Textes mit R. Münch existiert haben muss, die diesen Lese- oder Gedächtnisfehler enthielt, HUMPERT, Elektronische Musik, 169.

[11] Ebd.

mit dem Namen *Aikichi* auf dem Hintergrund von melodieähnlichen Vokalfolgen aus U, A und O, die in den Teilen C und D (Coda) wieder auftauchen. Dem ruhigeren Beginn macht ein aggressiver A-I-Klang ein Ende. Es folgt eine Impulsschar von hohen Konsonantklängen, dann leitet eine Gruppe von harten Impulsen über zu einem Geräuschklang (Sch/A, F/I: für *Schande - Fischermann?*[12]), der wie ein Aufschrei wirkt. Aus dem Hintergrund tauchen dichte Sprachklang-Chöre auf: *wenn auch die fremdländischer Name kein Verdienst anzeigt [...] auswendig lernen für unsere kurze Zeit.* Dann löst sich das Klanggemisch in seine Bestandteile auf. In den ruhigen Schlussklang tönt die sanfte Stimme des Rezitators mit den (von ihm selbst original gesprochenen) rückwärts gelesenen Worten *Du kleiner Fischermann,* also: *namreschif renailk ud* (die Laute sch und ei/ai wurden beibehalten). Mit diesem Ausklang des Teils B ist zugleich die Mitte der Komposition erreicht.

Teil C (Dauer: 13'32"-17'17): Teil C beginnt nach einer Pause von 5 Sekunden und dauert fast 4 Minuten. Aus tiefen, wie einstimmigen Klängen wird durch hinzutretende Vokalfarben (O, E, I, A) eine ruhig fließende Dreistimmigkeit. Nach 1'12" brechen harte Sprachartikulationen ein, die in Fetzen auf den Namen *Aikichi Kuboyama* hinweisen. Die ruhigen vokalischen Folgen werden von geräuschhaften Klangkomplexen unterwandert, bis eine Rauschwand in das Geschehen einbricht, es für 15 Sekunden überdeckt und dann urplötzlich abbricht. Es folgt eine Gewaltpause von 2 Sekunden, die wie ein Riss wirkt. Dann ertönt der metallisch-harte Sprechchor *Wo kämen wir hin?,* ehe erneut eine Pause von 2,5 Sekunden eintritt, welche den Eindruck eines Risses in der Geräuschdynamik verstärkt, die dann aber doch wie ungebrochen weitergeht, ja, nach 16 Sekunden durch einen Neueinsatz noch verstärkt wird: Ein bewegter Klangkomplex stürzt in Glissandi herab und entrollt sich in mehreren Wellen schließlich mit den Worten *Als unseren Warnungsruf.* Diese letzten 43 Sekunden mit ihrer Steigerung gegen Schluss hin sind der dramatische Höhepunkt des *Epitaphs.* Auf ihn folgen 6 Sekunden Stille.

Teil D / Coda (Dauer: 17'24"-22'30"): Der Schlussteil beginnt mit lang gehaltenen komplexen Sprachklangmischungen, die schließlich zu gut verständlichen Klängen werden: *genau wie wir - Mühen wie wir - du kleiner Fischermann - wo kämen wir hin, wenn jedermann Verdienste hätte?* Darauf folgt eine schnelle und hohe Variante von *Du kleiner Fischermann, Aikichi Kuboyama, wo kämen wir hin [...],* die in harte Artikulationen *Du*

---

[12] Humpert, Elektronische Musik, 170.

kleiner Fischermann mündet. Es setzen ruhige melodieähnliche Klangfolgen ein. In die nächste Klangfläche sind drei Geräuschfiguren gesetzt, die wegen ihrer Vokalfolge I-E-A an *Fischermann* erinnern. Eine kurze letzte abfallende Impulsfolge markiert die Mitte von D/Coda.

Die 2'30" des folgenden Schlusses des *Epitaphs* beginnen äußerst leise. Nach und nach setzen immer neue Klänge ein, die rotierend zu größerer Dichte übereinander geschichtet werden. Eine besondere Schlusswirkung ist den letzten 7 Sekunden vorbehalten: Die Worte *Als Namen unserer Hoffnung* steigen in mehreren Schichten und immer schneller auf und stürzen, wenn sie zu einem schwirrenden Klangkomplex geworden sind, in einem Glissando wieder hinab. Die Auflösung der aufgebauten Klangschichtung durch fünf aneinander gereihte Sprachklänge markiert den endgültigen Schluss – auch wegen seiner Elemente der Erinnerung an Vorhergehendes: *Als Namen unserer Hoffnung* ist bewusst als zartes Pflänzchen Hoffnung ans Ende der Coda gesetzt und steht in Korrespondenz zu den ebenfalls verständlichen Worten am Ende des 3. Teils *Als unseren Warnungsruf.*

Im Überblick:

Mit Mitteln und Klängen, die für viele Hörer ungewohnt sind, hat Herbert Eimert eine bilderreiche und, hört man sie mehrmals, unmittelbar bewegende Trauermusik formuliert.

a) Das gesamte gut 22-minütige Werk hat trotz avantgardistischer Klanggestalt eine konventionelle und leicht überschaubare Grobstruktur: In der Mitte zwischen Exposition und Coda liegen drei zentrale Sätze. Das erinnert nicht von ungefähr an die Struktur klassisch-romantischer Sonaten oder Sinfonien.

b) Die Formteile sind in sich relativ geschlossen und klar gegliedert. Sie stehen im Kontrast zueinander, weisen aber auch Bezüge auf.

c) Wegen dieser wechselweisen Kontrastierungen und Bezugnahmen, die alle an den zu Grunde liegenden Text rückgebunden sind, können die einzelnen Formteile sowohl in sich als Variationenfolge als auch das Gesamtwerk als eine Folge von gegliederten Großvariationen aufgefasst werden.

d) Auch eine häufigere Befassung mit dem *Epitaph* lässt nicht schnell Überdruss aufkommen, weil bei jedem Hören bis dahin unentdeckte Textteile auftauchen und einzelne Textelemente, neue sprachliche Bezüge, Klänge und Vorkommnisse assoziiert werden, die den Zuhörer nicht nur in Spannung halten, sondern auch den Eindruck des *Epitaphs* vertiefen. Dazu tragen insbesondere die vielfältige und vielgestaltige Nennung und die gliedernde Funktion des Namens *Aikichi Kuboyama* bei sowie, fast synonym damit, des Ausrufs *Du kleiner Fischermann.*

3. Musikästhetische Überlegungen

Eimerts *Epitaph* stellt sich der Widersprüchlichkeit der Stimme – und dies in mehrfacher Hinsicht. Durch die kompositorische, »kompromisslose« (Eimert) Begrenzung wird es möglich, Unbegrenztes in eben diesem Begrenzten aufscheinen zu lassen.

Auf eine denkwürdige Situation weist bereits der Untertitel hin: *Komposition für Sprecher und Sprachklänge*. Ein Sprecher ist dem ersten Verständnis nach jemand, der eine Botschaft vermittelt; ein Funktionsträger vielleicht, dessen Botschaft es ist, die Aufmerksamkeit verdient. Zugleich geschieht die Vermittlung der Botschaft über eine Stimme, die einerseits lediglich Trägerin, Vermittlerin, Medium für die Botschaft sein soll, die aber andererseits – bar jeder Botschaft und, im Extremfall, Nonsens plappernd – Ausweis einer bestimmten, einzigartigen Identität ist. Wer kennt nicht eine angst- oder sorgenvolle Situation, in der allein der Klang der vertrauten, lieben Stimme am anderen Ende der Telefonleitung bereits Trost und Hoffnung bringt, völlig unabhängig von Inhalt und Sinn der gesprochenen Sätze? Der Ausruf »Hallo, ich bin's« am Telefon vertraut auf die Kraft der Stimme, Identität zu stiften, ein bestimmtes Ich aus unzähligen herauszufiltern.[13]

Die Inschrift gibt durch die Ansprache und durch die Nennung des Namens einem einzigen Opfer aus einer Vielzahl unbekannter Opfer eine Identität: Aikichi Kuboyama. Und dann erhebt wiederum ein Einzelner seine Stimme: die Rezitation durch Richard Münch (in der deutschen Übersetzung von Günther Anders[14]) hebt einen einzigen, bestimmten Stimmklang hervor, der auf der einen Seite marginal erscheint (insofern, als der Hörer die Botschaft der Grabinschrift auch bei Vermittlung durch eine ganz andere Stimme verstanden hätte), der auf der anderen Seite aber das Ausgangsmaterial für die Komposition bereitstellt, also alles andere als marginal ist. Durch Bearbeitung und Verfremdung der vorliegenden Sprachklänge werden Sprachklänge vieler weiterer (potentieller) Sprecher ideell antizipiert. Zu hören ist: die Konzentration auf Einzelnes – auf den einen namentlich genannten Fischer, auf den einen Sprecher, ja auch auf eine bestimmte Sprache (die deutsche Sprache eben, die Günther Anders

---

[13] Jean-Loup Rivière, Das Vage der Luft, in: Dietmar Kamper / Christoph Wulf (Hg.), Das Schwinden der Sinne (edition suhrkamp. Neue Folge 188), Frankfurt a.M. 1984, 99–111, hier 99.

[14] Anders, Über die Bombe, 346f.

vorlegt) – weitet den Blick auf ein Universum von Anderen, Anderem: auf Vielheit.

Das Spannungsverhältnis zwischen dem Einzelnen und den Vielen wird in das Material der Komposition selbst hineingetragen. *Epitaph* handelt nicht nur von diesem Thema auf semantischer Ebene; die Komposition wird vielmehr von diesem Spannungsverhältnis bestimmt, indem es im Material selbst ausgetragen wird.

> »Aber Einzelfälle zu nennen, ist beinahe schon irreführend. Denn die Verseuchung durch die ›Experimente‹ ist heute ja schon allgemein: Schon jetzt sind ja Luft, Meer, Regenwasser, Erde, Pflanzenwelt, Tierwelt, Menschenwelt und Nahrungsmittel affiziert und infiziert – abzuschätzen, in wie hohem Maße, ist heute offenbar noch gar nicht möglich.«[15]

Dies schrieb Anders 1956, voller Skepsis und ohne große Zuversicht. Dieser Gedanke, der in der Komposition nicht explizit ausgesprochen wird, mag als Beispiel dienen, wie Eimerts *Epitaph* durch die materielle und strukturelle Prädisposition einen weiten Assoziationsraum öffnet.

»Komposition für Sprecher und Sprachklänge«: Dieser Untertitel erinnert an eine Besetzungsangabe wie »für Klarinette und Kammerensemble«, wobei dann deutlich wird, welchem Instrument solistische Funktion zukommt. Die Vereinzelung des Sprechers (gleichsam als Solist) bleibt im *Epitaph* einerseits ansatzweise erhalten; andererseits aber verschwindet der Sprecher in den Sprachklängen, die er selbst produziert hat. Er behauptet sich selbst bei der Integration in die Vielheit – und verliert sich darin zugleich.

Damit gerät ein weiteres Paradoxon in den Blick: das Körperhafte, die Körperlichkeit der Stimme – und die mögliche Ablösung der Stimme vom Körper. Die Stimme »schafft einen Raum« – und die Stimmklänge lassen sich zur Quelle zurückverfolgen: Jean-Loup Rivière spricht von einem »Synchron-Theater«. Zugleich aber macht er am Beispiel des Bauchredners deutlich, wie »Phänomene der Desynchronisation« diesem Prinzip zuwiderlaufen:

> »Diese Stimme ist nicht weniger ›Stimme‹ als eine andere; kurzum, er [der Bauchredner] bringt damit das Paradox der Stimme zutage, dieses unkörperlichen Körpers, dieses Etwas, das gleichzeitig die Sache selbst und ihr Gespenst sein soll, das Original und die Kopie, das Modell und sein Bild. Von der

[15] ANDERS, Über die Bombe, 260.

Stimme zu sprechen heißt also, ständig auf dieses Gemisch von Körperhaftem und Vergehendem, von Eigentum und Losgelöstem zurückzukommen.«[16]

In Eimerts *Epitaph* wird die Stimme, die vom Sprecher ausging, auf dessen Körper verwies und im von ihr geschaffenen Raum eine eigene Materialität gewann, vom Sprecher abgelöst; sie vervielfacht sich in den »Sprachklängen«, die gleichsam zur Begleitung der Stimme werden, dann aber auch wieder phasenweise zur Hauptstimme avancieren. In den ihr eigenen Sprachklängen verliert die Stimme ihr ursprünglich Eigenes, verliert sie ihren Körper. Der Raum, den die Stimme ursprünglich »schuf«, der Sprechraum des Sprechenden, der notwendig war für die Entfaltung der Stimme, verschwindet. Die Komposition erschafft einen neuen Raum, der allerdings nur bei einer Aufführung im Konzert durch Einspielung über vier Kanäle entstehen kann.[17]

Eine weitere »Widersprüchlichkeit der Stimme« wurde bereits angesprochen, die zwischen Laut (Klang) und Wort:

> »[Die] Widersprüchlichkeit der Stimme zeigt sich auch in ihrem Verhältnis zur Sprache, das die Rede vermittelt. Die Stimme ist nicht vorstellbar ohne die Verbindung zum Ausdruck und zum Sinn. In seinem Geplapper besitzt das Kind alle möglichen Laute (Roman Jakobson), doch muss es sich von ihnen lösen, um sich die phonetischen (konsonantischen, später vokalischen) Oppositionen anzueignen, die die Sprache ausmachen. Diese Artikulierung wird erkauft mit dem Verlust der Laute des Körpers, die sich in der autonomen Einzigartigkeit einer Stimme wiederfinden.«[18]

Epitaph durchläuft vielerlei Zwischenstufen zwischen reiner Lautlichkeit und bestimmtem Ausdruck und Sinn. Indem der einzelne Hörer frei wird, sprachähnliche Gestalten in seinem Sinne mit Sinn zu belegen und auch assoziativ Sprachgebilde zu verbinden, entsteht ein Netz von Bedeutungen, ergibt sich die Möglichkeit je eigener Sinnstiftung.

---

[16] Rivière, Das Vage der Luft, 100.

[17] Vgl. Eimert, Notizen zum »Epitaph«, 3.

[18] Rivière, Das Vage der Luft, 101.

Eimerts *Epitaph* lässt einen Raum zwischen Laut und Wort entstehen, ein »Zwischen«, das durch gleitende Übergänge bestimmt wird.[19]

Musik wirft den Hörer auf Vielheit zurück. Der Klang selbst wird als Zusammengesetztes gleichsam durchschaubar fürs Ohr. Zu hören ist, dass ich, sobald ich Musik höre, immer Vielheit höre, dass ich einen Klang als Einheit, als einen einzigen Klang annehme – schon um mich in der Vielheit zurechtzufinden. Die Vielheit jedoch tritt immer wieder ans Licht. Musik zu hören: das bedeutet immer wieder, sich auf die Vielheit einzulassen.[20] Und diese Einlassung macht sprachlos.

Sprache steht der Vielheit entgegen. Sie muss diesen Widerstand geltend machen, um zu funktionieren. Sie schafft Einheiten, über- und untergeordnete Gruppierungen, ordnende Mächte, die Vielheit zu bannen suchen.

Was sich ereignet, wenn Musik sich mit dem Wort verbindet, aber auch, wenn wir über Musik zu sprechen suchen, hat George Steiner sehr anschaulich mit dem Bild von Odysseus und den Sirenen zu beschreiben versucht:

> »Wo wir von Musik zu sprechen versuchen, packt uns die Sprache übelnehmerisch bei der Kehle. Das ist, so glaube ich, die verschüttete Bedeutung der Fabel von den Sirenen. Früher als Sprache im Besitz von ›Thronen, Reichen, Mächten‹, geheimer als jene der Rede verliehenen, lauert die Musik dem Sprecher, dem Logiker, dem Vernunftgläubigen auf (Odysseus par excellence). Die Sirenen versprechen Dimensionen des Verstehens, von Frieden (Harmonien), die Sprache transzendieren. Das Sprachtier, der Mensch, gewappnet mit seinem Willen zur Macht, und das ist Grammatik und Logik, muß widerstehen. Er muß sich taubmachen gegenüber den Verlockungen des Gesangs. Denn sonst wird er aus sich selbst herausgezogen – er gerät in Ekstase – und fällt in einen unheilbaren Schlaf der Vernunft.«[21]

»Komposition für Sprecher und Sprachklänge«: Eimerts *Epitaph* schreitet die ganze Palette zwischen rationalem Diskurs und Sirenenklang ab. Die

---

[19] Vgl. WERNER MEYER-EPPLER, Zur Systematik der elektrischen Klangtransformationen, in: WOLFGANG STEINECKE (Hg.), Darmstädter Beiträge zur neuen Musik III, Mainz 1960, 73–86.

[20] Vgl. EVA-MARIA HOUBEN, Hector Berlioz. Verschwindungen: Anstiftungen zum Hören, Dortmund 2005, 166.

[21] GEORGE STEINER, Von realer Gegenwart. Hat unser Sprechen Inhalt? Mit einem Nachwort von BOTHO STRAUß. Aus dem Englischen von JÖRG TROBITIUS (Edition Akzente), München/Wien 1990, 259–260.

Chance, dass ich mich als Hörer »herausziehen« lasse, wird mir gegeben: Ich kann mich als Hörer »herausziehen« und weitertragen lassen, ohne das gesprochene und erzählte, zu Geschichte gewordene So-Ist-Es vergessen oder verleugnen zu müssen. Im Gegenteil: Im Wieder-Erzählen des Sprechers könnten bei jedem neuen Hören (und dies bedeutet zugleich neue Erinnerung, neues Gedenken) neue Energien entstehen, die neu weitertragen, Geschichte neu weiterführen.

4. Theologische Bemerkungen

Auf den ersten Blick bzw. aufs erste Hören des *Epitaphs für Aikichi Kuboyama* scheint es, als könnte sich dieses Werk möglicherweise wegen seiner ungewöhnlichen und zudem stark technikbezogenen äußeren Gestalt gegen theologische Zugänge sperren. Mehrmaliges Hören und genauere Befassung lassen indes bald einen anderen Eindruck entstehen.

Mögen schwere technisch-moralische Probleme und deren Ausprägung in den 50er und 60er Jahren des letzten Jahrhunderts auch den Hintergrund der Komposition bilden, ihre künstlerische und damit auch ihre Aussagekraft gewinnt sie aus dem schöpferischen Vermögen der beteiligten Künstler. »Schöpferisch« ist dabei nicht im abgeblassten (umgangssprachlichen) Gebrauch des Wortes zu nehmen, sondern in der vollen theologischen Relevanz, in der es u.a. das Herstellen einer Ordnung und die Ausstrahlung dieser Ordnung auf den Rezipienten meint. Die (elektronische) Komposition schafft Ordnung und stellt sie vor Ohren. Mag der äußere »Ohrenschein« auch Unordnung sein, Orientierung wird beim suchenden Hörer hervorgerufen durch die vom Komponisten in einem künstlerischen Schöpfungsakt angelegte und ins Werk gesetzte (hier: elektronische) Ordnung.

Was fällt bei genauerem Hinhören bald auf? Da ist zunächst einmal das liebevolle und geradezu andächtige Hervorholen und Vorstellen eines einzelnen Menschen und seines für ihn und seine Umgebung besonderen (und betrüblichen) Schicksals. Jener einzelne, wie oft sein Name auch in der Komposition genannt sein mag, ist ein Anonymer und Unbekannter – so unbekannt wie der Unbekannte Soldat – und wird es auch bleiben. Das wird gerade dadurch deutlich, dass *Aikichi Kuboyama* immer wieder der Anonymität entrissen werden muss, in die er zurückzufallen droht, ja, auch zurückfällt. Dieser ästhetisch-musikalische Versuch, den Einzelnen vor dem (politisch vielleicht erwünschten) Verschwinden in der Masse zu retten, macht theologisch Bedenkenswertes aus. Dieses Individuum ist kein Märtyrer, kein Heros und schon gar kein Kriegsheld, auch kein herausragender Politiker oder Denker und Dichter, sondern ein Normaler wie du und ich, erwähnenswert geworden durch ein exemplarisches Geschick, das er sich fürwahr nicht selbst ausgewählt hat.

Er und sein Schicksal, das erste Opfer der US-Wasserstoff-Bombe geworden zu sein, ist zum Symbol für menschenverachtende Experimente geworden, die nicht nur den beiläufigen Tod Einzelner (»Kollateralschaden«) in Kauf nahmen, sondern in Wirklichkeit der Vernichtung unvorstellbar großer Zahlen von Menschen galten, derer als Einzelner dann kein Grabstein, kein Gedicht und keine Komposition mehr hätte gedenken können, bis hin zur schließlichen (Selbst-)Vernichtung der Menschheit als ganzer.

Erinnerungskultur – das ist ein Stichwort, das infolge von vielerlei Gedenkstätten-Debatten an Virulenz gewonnen hat. Soll Erinnerungskultur nicht kunstgewerblich-nostalgisch verkommen, so muss sie auch die subversive Kraft von Erinnerungen zulassen und an Leiden erinnern, die unabgegolten sind und eben deswegen Zukunft zu eröffnen vermögen – Zukunft in ihrer ganzen Ambiguität.[22] An dieser Stelle ist es gewiss nicht verfehlt, die traditionell in der Sakramenten- und Liturgie-Theologie zentralen und hoch aufgeladenen Begriffe anámnesis / memória in die Diskurse einzuführen. Nicht nur neue apokalyptisch-theologische Zugänge zur Bedeutung des Leidens Christi »für uns« lassen sich vorschlagen, sondern auch Möglichkeiten der Anknüpfung an eine dem christlichen Glauben eigene, aber auch in anderen Religionen vorfindliche sakramentale Denkweise, einer Vergegenwärtigung von Vergangenem, das auf diese Weise präsent bleibt.

Denn was ist das Lebendighalten von (möglicherweise auch leidvollen) Erinnerungen anderes als »Gegenwärtigsetzung«, die sprengende Realpräsenz erlösenden Leidens in unserer Freiheitsgeschichte? In einer solchen Begrifflichkeit werden Herbert Eimert derartige Kategorien bei der Konzeption des *Epitaphs* (vielleicht?) nicht vor Augen und Ohren gestanden haben. Aber der (von Anders schon im Grabgedicht grundgelegte) immer wieder auftauchende litaneihafte oder anrufungsähnliche Tonfall, der den häufigen Wiederholungen des Namens *Aikichi Kuboyama* und von *Du kleiner Fischermann* anhaftet und der offensichtlich auf Liturgieerfahrungen der Hörer anspielt, muss in enger Verbindung stehen zu dem, was Eimert mit der Komposition des *Epitaphs* beabsichtigte.

Die dichterisch-musikalische Erinnerung an den kleinen Fischermann Aikichi Kuboyama soll das Gewissen angesichts der Bedrohung des Men-

---

[22] Dazu noch immer JOHANN BAPTIST METZ, Glaube in Geschichte und Gesellschaft, Mainz 1977, besonders 77–103; 161–180.

schen durch den Menschen moralisch und politisch wachrütteln, aber nicht, um Schreckensstarre zu erzeugen, sondern um, biblisch-apokalyptisch gedacht, Hoffnung zu entfachen, Hoffnung wider alle Hoffnung (Röm 4,18), tätige Hoffnung. Die Sätze *Als unseren Warnungsruf* vom Ende des 3. Teils und *Als Name für unsere Hoffnung* vom Ende des *Epitaphs* reichen sich semantisch wie musikalisch ganz ausdrücklich die Hände. Erstaunlich, welche politisch-moralische Kraft Kunst besitzt – mit ihren genuinen und alles andere als plakativ-agitatorischen Aussage- und Wirkweisen.

Joachim Herten

»Wehmut des Unbeständigen ...«

Morton Feldman: The King of Denmark for Solo percussionist (1964)

Den US-amerikanischen Komponisten Morton Feldman (geb. 1926 in New York City, gest. 1973 in Buffalo) schlechthin der New York School of Music zuzurechnen, dürfte angesichts der Eigenständigkeit seiner musikalischen Auffassungen wie seiner kompositorischen Vorgehensweisen allzu undifferenziert sein. Zwar hat Feldman die Mitglieder der New York School of Music und ihre Vorstellungen einer Erneuerung der Musik seit den 50er Jahren des vergangenen Jahrhunderts gut gekannt und in lebhaftem Austausch mit seinem Lehrer Stefan Wolpe, einem Schönberg-Schüler, mit Earle Brown und Christian Wulff, insbesondere aber mit John Cage und David Tudor, gestanden. Aber die verbreitete fälschliche Annahme, Feldman sei ein Schüler von Cage gewesen und damit der New York School zuzurechnen, unterschätzt die Einflüsse anderer künstlerischer Personen, Faktoren und Prozesse auf das Werk des Komponisten.

Insbesondere ist auf die Bedeutung der Kunst des »Amerikanischen Abstrakten Expressionismus« für den Komponisten zu verweisen: Mit dem Maler Philip Guston, von dem er Bilder besaß und der ihn auch »porträtiert« hat, war er eng befreundet. Er kannte neben manchen anderen persönlich so herausragende Künstler wie Jasper Johns, Willem de Kooning, Jackson Pollock, Robert Rauschenberg, Ad Reinhardt, Mark Rothko und Cy Twombley, an dessen Arbeiten viele Kompositionen von Feldman am ehesten erinnern, und war mit deren künstlerischen Intentionen und Produkten wohlvertraut. Nicht gering zu schätzen ist übrigens auch der Einfluss der Ästhetik von Samuel Beckett. Das kann man schon daraus schließen, dass Feldmans einzige Oper *Neither* auf einem Text von Beckett beruht.

Es war weniger der Einfluss von Cage, mit dem der streitbare Feldman später offen Meinungsverschiedenheiten ausgetauscht hat, als vielmehr gerade zu Beginn von Feldmans Laufbahn das Werk und das persönliche

Beispiel von Edgar Varèse, die den Komponisten Feldman entscheidend geprägt haben, und das, »obwohl sich kaum eine Musik vorstellen lässt, die sich in ihrer äußeren Gestalt deutlicher von der Varèses unterscheidet als die Feldmans«[1]. Feldman hatte Varèse bereits im Alter von 18 Jahren kennen gelernt; von 1973 bis zu seinem Tod mit nur 61 Jahren hat Feldman die Edgar-Varèse-Professur für Komposition der New York University in Buffalo innegehabt.

1. Werkgestalt

Morton Feldmans Komposition für einen Solo-Schlagzeuger »The King of Denmark« ist im August 1964 entstanden und bereits 1965 im Druck erschienen, als Faksimile mit geringfügigen Abweichungen noch einmal 1969 in: John Cage, Notations (New York).

Die Benutzung folgender Schlaginstrumente ist vorgeschrieben: Vibraphon (ohne Motor, d.h. ohne den eigentlich typischen Vibrato-Klang), Becken, Antike Zimbeln (auch: Crotales, d.h. auf Töne gestimmte Zimbeln), Triangel, Gongs, Pauke. Die weiteren Instrumente können aus glockenähnlichen und Fellinstrumenten frei gewählt werden.

Zwei Maximen sind für die Aufführung des Werks zentral:

- Alle Instrumente sollen nicht mit Schlegeln, Klöppeln oder anderen Werkzeugen gespielt werden, sondern ausschließlich mit den Fingern, den Händen oder irgendeinem Teil der Arme.
- Die Dynamik soll extrem niedrig, die entstehenden Klänge sollen also extrem leise sein, außerdem so gleichmäßig wie möglich.

Von Beginn seiner Komponisten-Laufbahn an hat Feldman sich – im Zusammenhang mit seinen jeweiligen künstlerischen Zielen – in den verschiedensten Formen und Phasen mit Notationsfragen herum geschlagen. Sind seine »späten«, zumeist zeitlich sehr ausgedehnten Stücke, die für den gängigen Konzertbetrieb und dessen zeitliche Üblichkeiten gerade nicht geeignet sein sollten, wieder konventionell notiert, so fällt »King of Denmark« in die Phase der früheren und häufig sehr kurzen Werke zwischen 1958 und 1967, die nach einem von Feldman entwickelten System graphisch notiert sind.

Die Notation besteht aus vier horizontalen Linien (»Spannweite« insgesamt ca. 1,5 cm), die so von senkrechten Linien im Abstand von 0,5 cm durchzogen sind, dass sog. »boxes« entstehen, d.h. drei aufeinender stehen-

---

[1] SEBASTIAN CLAREN, Neither. Die Musik Morton Feldmans. Hofheim/Taunus 2000, 10; zum hier angesprochenen Zusammenhang vgl. CLAREN, Neither, 9–14 u. 41–44.

de Quadrate. Jede »box«, also jede Einheit von drei aufeinander stehenden Quadraten, ist in einem immer gleich bleibenden Tempo von MM 66–92 auszuführen. Auch diese Angabe ist einerseits restriktiv, räumt andererseits aber dem Ausführenden im Grundsätzlichen einen weiten Spielraum ein, d.h. das Werk kann zwischen etwa 6 und etwa 9 Minuten dauern.

Auch die zu erreichenden Tonhöhen sind relativ festgelegt durch die Platzierung der Zeichen im jeweiligen Quadrat: hoch, mittel und tief und gelegentlich auch sehr hoch (Zeichen auf der obersten Linie oder über ihr) bzw. sehr tief (Zeichen auf der untersten Linie oder unter ihr).

Die Menge der Klänge, die in jeder »box« ertönen soll, ist durch arabische Ziffern angezeigt; römische Zahlen bezeichnen gleichzeitige Klänge. Große, über alle drei Teile einer »box« reichende arabische Ziffern zeigen einzelne Klänge an, die in allen Registern und in einer beliebigen zeitlichen Abfolge gespielt werden sollen.

Dicke horizontale (so in der »Partitur«; gemeint sind aber: vertikale) Linien bezeichnen Cluster. Sofern möglich, sollen bei deren Ausführung die Instrumente gewechselt werden. Gebrochene Linien zeigen auszuhaltende Klänge an.

Die zu verwendenden Instrumente werden durch Buchstaben (bzw. ein Dreieck für das Triangel) angezeigt:

B = Glocken(Bell)-ähnliche Klänge
S = Fell(Skin)-Instrumente
C = Becken (Cymbal)
G = Gong
R = Wirbel (Dauerton)
G.R. = Gong-Wirbel
T.R. = Pauken(Timpani)-Wirbel

Schon die Lektüre der Anweisungen für den Spieler bzw. die Betrachtung seiner genau umschriebenen Gestaltungsfreiräume lässt manches ahnen von den Intentionen des Komponisten. Das Ensemble an Schlagzeugen sorgt allein durch seine Zusammensetzung für ungewöhnliche Klänge, deren Ungewöhnlichkeit durch die Forderung nach Weglassung der gewöhnlichen Klöppel o.ä. und des Anspiels mit Fingern, Händen, Armen sowie nach in der Lautstärke gleichmäßigem und äußerst leisem Spiel noch unterstrichen wird. Auch die relative Freiheit des Spielers bei der Wahl des Grundtempos offenbart die angestrebte Gespanntheit der Ausführung zwischen notifiziertem Willen des Komponisten und kreativer Klangphantasie des Spielers.

2. Analyse-Vorschlag

Zwar gibt es Freunde der Musik von Morton Feldman, die meinen, gerade bei »The King of Denmark« gebe es eigentlich nichts zu analysieren, da das kurze Stück sich einer kompositionstechnischen Untersuchung weitgehend entziehe. Überdies berge eine solche genaue und kritische Betrachtung die Gefahr, vom eigentlich angestrebten Klang- und Hörerlebnis wegzuführen. Nähme man derartige Warnungen ernst, würde sich jede wie auch immer geartete Analyse eines Musikwerks verbieten, die weder den (auch optisch beeinflussten) realen Hör-Eindruck ersetzen kann noch will.

Es soll also ein ganz anfänglicher Versuch der Untersuchung des Werks gewagt werden, der angeregt ist von der Analyse, die Cynthia Soames vorgelegt hat.[2] Den Maßstab möglicher Unterteilungen des Stücks bzw. der Erkenntnis von Segmenten oder Modulen bildet dabei das jeweilige Setting der Klänge bzw. markante Klang-Ereignisse, die auch einen das Werk gliedernden Charakter aufweisen.

Einleitung:

Das Stück beginnt mit einer Introduktion, die 20 Schläge / Zeiteinheiten / »boxes« umfasst. Sie ist generell von hohen Klängen gekennzeichnet. Sieben Klänge begegnen zu Beginn, in der ersten »box«. Ihnen folgen zwei Pause-Einheiten. In der vierten Einheit erklingt ein Vorschlag-Klang, gefolgt drei Einheiten später von einem vier Schläge lang ausgehaltenen Klang. Dann erneut drei Einheiten Pause, ehe sich der »Mittelteil« der Einleitung leicht abgewandelt wiederholt: drei Schläge lang ein hoher ausgehaltener Klang, dann Vorschlag, hoher Einzelklang, Pausen-Einheit.

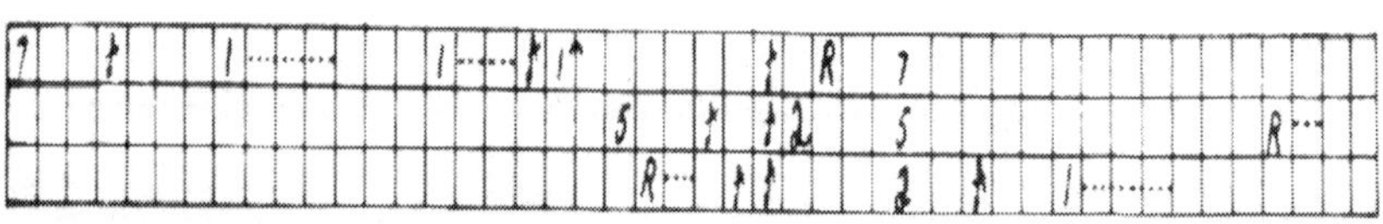

Abbildung 1 (Beginn des Stückes)

Teil A:

Mit Einheit 21 setzt Teil A ein und setzt sich 56 Einheiten lang fort. Verschiedene Kombinationen von Schlagzahlen, Wirbeln, ausgehaltenen Tönen und gleichzeitigen Klängen verdichten die Textur und bereiten die abschließenden elf Einheiten des A-Teils vor, in denen alle Klänge von

[2] Cynthia Soames, Feldman – The King of Denmark. Analysis, in: The percussionist XV/2 (1978), 86f.

Gongs gespielt werden. Insgesamt kommen im A-Teil hohe, mittlere und tiefe Klänge vor.

Teil B:

Der Teil B, den man, weil er eine Art erweiterte Variante von A ist, mit Cynthia Soames auch mit A1 bezeichnen könnte, beginnt mit »box« 77, erstreckt sich über 135 Schläge und enthält sehr hohe, hohe, mittlere, tiefe und sehr tiefe Klänge, weist also in der Amplitude das ganze Klangspektrum des Stücks auf. Zum ersten Mal erscheinen hier das Triangel, Pauken-Wirbel und Cluster. Der Teil endet mit sieben Schlägen, die auf Fell-Instrumenten auszuführen sind. Die Textur vor den sieben abschließenden Schlägen ist nicht so dicht wie die des Teils A vor den abschließenden Gong-Klängen.

Teil C:

Mit Einheit 212 beginnt der 37 Einheiten währende Teil C (A2), einer weiteren Variante von A. Klänge von Fell-Instrumenten, Becken, Gong, Glocken und Triangel gehen einem abschließenden Element voraus, in dem sieben Einheiten lang die Becken in allen drei Haupt-Tonlagen ertönen.

Teil D:

Ab Einheit 249 beginnt die vierte Sektion des Werks, Teil D (A3), der 46 Schläge lang dauert. Man kann diesen Teil noch einmal in zwei je 23 Einheiten lange Unterteile gliedern: zunächst verschiedene Klänge (jedoch ohne sehr tiefe) in den ersten 23 Einheiten, dann 23 Einheiten, die von Glockenklängen gekennzeichnet sind und Teil D beschließen. Zweimal – einmal sind es acht, ein zweites Mal fünf Einheiten – wird dieser Glockenteil unterbrochen von Klangpausen.

Teil E:

Mit dem E-Teil des Stücks beginnt eine neue musikalische Einheit, die nun keine verwandtschaftlichen Züge zum A-Teil mehr aufweist. Er setzt ein bei »box« 295, erstreckt sich über 55 Einheiten und ist zu Anfang deutlich markiert: ein hoher Triangel-Ton, dann sechs Einheiten Stille, darauf ein mittlerer Triangel-Ton, gefolgt von fünf Einheiten Stille. Die ersten 27 Einheiten des E-Teils sind gekennzeichnet von verschiedenen sehr hohen, hohen, mittleren und tiefen Klängen. Darauf folgen zwei Klangereignisse, die je zehn Einheiten lang herrschen: das erste geprägt von verschiedenen Cluster-Klängen, das zweite von Glocken-, Becken-, Pauken-, Gong- und Triangelklängen. Dem Vorschlagston, mit dem der E-Teil endet, gehen fünf Einheiten Klangpause voraus.

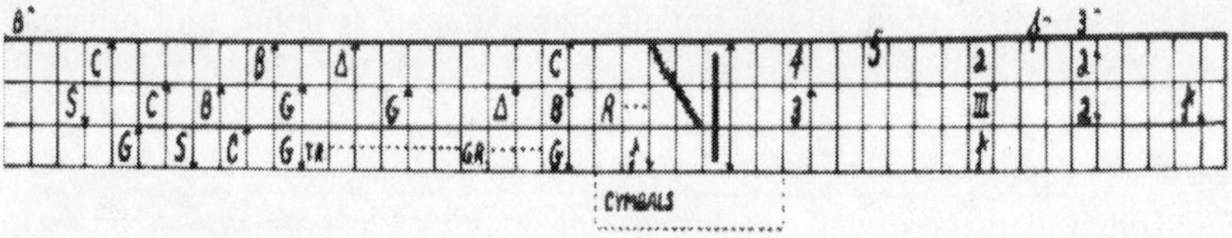

Abbildung 2 (Mitte des D-Teils)

Coda:
Ehe die Coda von etwa 42 Einheiten mit realen Klängen einsetzen kann, gehen ihr zehn Einheiten Klangpause voraus, die die Coda gleichzeitig vom E-Teil trennen. Die Coda enthält, auch schon in den 23 Einheiten, bevor Feldman dies selbst im (graphischen) Notentext vermerkt, »as many different sounds as possible«. Das wirkliche Ende des Stücks ist schließlich von einer überraschenden Wendung geprägt: Es ertönen Klänge mit festen und in traditionellen Notenlinien notierten Tonhöhen, produziert von Instrumenten, die bei diesem erstmaligen Auftreten gleichzeitig letztmalig auftreten: ein ab Einheit 391 für die letzten sieben Einheiten anhaltender viertöniger clusterähnlicher Vibraphon-Akkord (h, c, d, es) und abschließend eine Oktave höher ein gis, gespielt vom Glockenspiel und einer (gestimmten) kleinen Antiken Zimbel (Crotale).

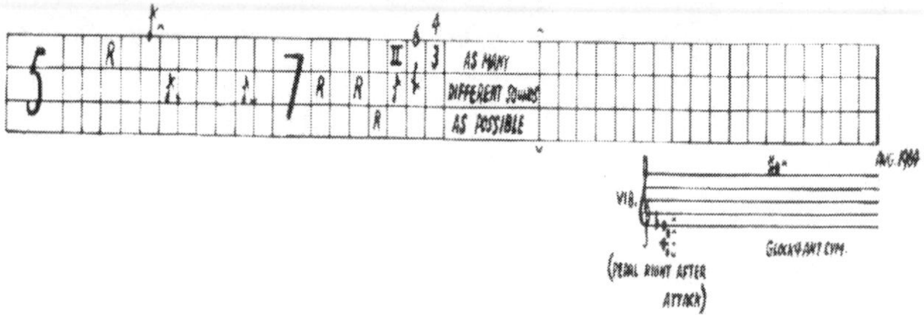

Abbildung 3 (Schluss des Stückes)

Trifft die vorgestellte Analyse zu, besteht das Stück aus insgesamt sieben Elementen und hat die Form: Introduktion, A, B, C, D, E, Coda oder, wenn man mit Cynthia Soames die Verwandtschaft der ersten Hauptteile stärker betont, Introduktion, A, A1, A2, A3, B, Coda.

3. Herausforderungen

Zuerst einmal fällt auf, dass dieses Stück für einen Percussion-Solisten eigentlich geradezu ein »Anti-Perkussionsstück« ist[3]: Hände, Finger, Arme sollen die Klänge aus den Schlaginstrumenten locken, nicht die üblichen Schlegel, Klöppel o.ä. Schon diese Ausführungsvorschrift verleiht dem Werk einerseits Nichtgreifbarkeit und Subtilität, andererseits etwas Naturhaftes und Archaisches.

Das Stück weist zwar ein durchgängiges Tempo auf, das gewissermaßen das Rückgrat des Stücks bildet, aber weder klangliche noch rhythmische Kohärenz. Die Klänge umfließen die Hörer – ortlos, losgelöst und ohne Eigengewicht, Distanzen erscheinen und verschwinden. Was Samuel Beckett 1975 in »That Time« (wenn auch ohne Bezug zu Feldman, den er kannte) notiert hat, trifft auch auf diese Musik zu: »only dust and not a sound [...] gone in no time«. Das Stück ist für den Spieler außerordentlich schwer darzustellen und für den Hörer außerordentlich schwer aufzufassen – schon gar bei erst- oder nur einmaligem Hören. Zum einen befinden sich die Schlaginstrumente naturgemäß in unterschiedlichen Entfernungen vom Spieler, haben zudem eigene, quasi natürliche Lautstärken-Unterschiede (z.B. Gong und Glöckchen); zum anderen sind auch die Ohren der Zuhörer unterschiedlich weit entfernt von den jeweiligen Schallquellen. Feldman möchte aber, dass die Ohren der Hörer – auch das ist sozusagen eine »antiperkussive« Idee – von sehr leisen, sehr gleichförmigen Klängen erreicht werden. Das erfordert vom Spieler bei höchster Konzentration auf die Klänge und deren Erzeugung ein Maximum an (auch für die Hörer sichtbar und spürbar werdender) performativer Aktivität; von den Hörern wird ein gespanntes und differenziertes Hören im p-pp-Bereich erwartet, um die dort bereit gehaltenen Klangwunder zu vernehmen. Diese Art von Hören wird paradoxer Weise gerade durch das Seh-Erlebnis gefördert, ja, manche Klänge hörte man vermutlich nicht, sähe man nicht die Mühen ihrer Erzeugung. Feldman schafft absolute Klänge, die unverbunden nebeneinander zu stehen scheinen, die als Klänge »an sich« wahrgenommen werden wollen, nicht als Teil eines Prozesses oder gar als Elemente einer Botschaft. Die Instrumente werden durch ihre Behandlung ihren »normalen« Klang-Kontexten und durch die Forderung nach Gleichförmigkeit ihrer gewöhnlichen Perkussionsaufgabe, Effekte herzustellen oder zu unterstreichen, enthoben. Anstelle traditioneller Schlagzeugklänge entsteht

---

[3] STEVEN SCHICK, A Note on »The King of Denmark«. Written to accompany the concert series »Three Nights of Percussion« given in New York in 1998 (www.cnvill.net/mfschick.htm).

ein feines Gewebe fremdartiger Höreindrücke, als wehten aus weiter Ferne die Restklänge eines Gamelan-Orchesters herüber.

4. Hintergründe

Morton Feldman selbst beschreibt die Entstehungssituation des Stücks:[4] entspannte Stimmung im August 1964 am Strand des Südufers von Long Island, einem beliebten Ziel für Tagesausflüge von New Yorkern; gedämpfte Geräusche von Kindern, von Transistorradios, von Gesprächen anderer Badegäste von weit her wie verschiedene Arten von Flüstern. »Ich schrieb es in wenigen Stunden, einfach bequem am Strand sitzend [...] und ich erinnere mich, wie das alles in das Stück einging.« Die verschiedenen Arten von Flüstern brachten ihn auf die Idee, statt der Schlegel Finger und Arme zu benützen, weil so »die Geräusche nur vorübergehend auftauchen und verschwinden und nicht lange fortdauern«. »Es lag so etwas wie Wehmut über diesen Dingen, die nicht fortdauern, eine Wehmut des Unbeständigen und der absoluten Ruhe.«

Immer wieder hat der Titel des Werks, den Feldman ihm erst nachträglich, aber mit großer Sorgfalt hinzugefügt hat, Anlass zu Spekulationen gegeben. Er selber meint, dass er nicht wisse, warum ihn das Bild von der Vergänglichkeit der in der Zeit vorüber gehenden Dinge zur Metapher vom *King of Denmark* geführt hat, »die aus einem sehr viel ernsteren Bereich stammt [...] aber es gab damals eine sehr starke Verbindung für mich«. Damit bezieht er sich auf die möglicherweise auch von ihm selbst – das scheinen seine vorsichtigen Formulierungen anzudeuten – schon für legendär erachtete Überlieferung, Christian X., der König von Dänemark, sei zur Zeit der Nazi-Besetzung Dänemarks in einer Art von stillem Protest mit einem gelben Davidsstern, wie ihn die Juden am Arm tragen mussten, durch Kopenhagen gegangen. Wenn sich auch die möglichen Hintergründe der Feldman'schen Namensgebung längst als eindeutig legendär erwiesen haben, so weist das Faktum der nachträglichen Benennung des Stücks und ihrer offensichtlichen Bezugnahme auf diese Legende deutlich auf eine politische Absicht und Dimension des Werkes hin, die man so klar in keinem der Werke Feldmans artikuliert findet.[5]

---

[4] Wörtliche Zitate im Folgenden nach CLAREN, Neither 90f.

[5] EBERHARD BLUM, Notes on Morton Feldman's »The King of Denmark« 2008 (English translation by Peter Söderberg) 2. www.cnvill.net/mfblumking_eng.pdf. Blum fügt in einer Nachbemerkung (ebd.) hinzu, dass weder das Tragen des Davidssterns seitens der Nazis in Dänemark eingeführt war, noch König Christian X. jemals angedroht

Allgemeiner Hintergrund des Werkes ist die generelle Zunahme der Bedeutung der Schlaginstrumente in der Musik des 20. Jahrhunderts – zunächst im Kontext des Orchesters, etwa bei Gustav Mahler, Igor Strawinsky, Dmitri Schostakowitsch u.a., dann aber auch in eigenen Kompositionen für Schlagzeug-Ensemble, etwa von Edgar Varèse (*Ionisation* von 1931 für 41 Schlaginstrumente und zwei Sirenen).

Den eigentlichen und dem Werk offensichtlich zugrunde liegenden Anstoß für eine Komposition für einen Solo-Schlagzeuger hat Karlheinz Stockhausens Komposition *Zyklus für einen Schlagzeuger* aus dem Jahr 1959 gegeben, die wiederum die europäische Antwort war auf das erste Werk überhaupt für diese Besetzung, auf John Cages *27'10.554" for a Percussionist* von 1956. Beide Kompositionen waren Feldman bekannt, weil sie bereits bald nach ihrer Entstehung auch in New York gespielt worden sind. Stockhausens Werk platziert eine große Zahl von Schlagzeugen rund um den Spieler gemäß einem genauen Plan des Komponisten. Während der Aufführung bewegt sich der Spieler nach eigener Wahl entweder Im Uhrzeiger- oder gegen den Uhrzeigersinn an den Instrumenten entlang und realisiert einen der möglichen Zyklen des Werks – eine eindrucksvolle und virtuose musikalische Handlung, die Eberhard Blum nicht ohne Grund und wohl schon im Blick auf Feldmans Werk als »expressionistisch«[6] bezeichnet.

Feldman nennt sein Stück »the American answer to ›Zyklus‹«[7] und setzt an die Stelle der Expressivität von Stockhausens Perkussionsstück den Widerstand, der aus der Stille kommt. Statt Stockhausens Direktheit, materiellem Aufwand und systematisch orientierter Absichtlichkeit bevorzugt Feldman eine extreme Reduktion des Materials, eine Ansatz-, Zeit- und Ziellosigkeit der Klänge, die in sich stehen, nichts anderes als sich selbst abbilden und so gleichzeitig den Ausdruck wehmütig-melancholischen Nachklingens und -hörens erreichen. Dass dies bei Feldman alles mit geplanten und gestalteten Klängen erreicht werden soll, markiert zugleich einen deutlichen Unterschied zur Ästhetik von John Cage und dem

habe, ihn zu tragen, sofern sein Tragen eingeführt werden sollte, wie als Begründung für den Werktitel auch schon argumentiert worden ist. Heutige Historiker sehen nach Blum die Grundlage der schönen Geschichte darin, dass Christian X. offensichtlich – das beweisen auch Fotos – Freude am Tragen von Orden und Ehrenzeichen hatte, so dass spöttisch von ihm behauptet wurde: »Wenn die Nazis hier den Davidsstern einführen, dann wird gewiss Christian X. der erste sein, der ihn trägt.«.

[6] BLUM, Notes 1.

[7] Zit. nach CLAREN, Neither 90; vgl. BLUM, Notes 1.

Zufall, der in ihr eine große Rolle spielt, auch zu *4'33"*, in dem die Geräusche der Umwelt unvermittelt Klänge der Musik werden, aber nicht selber mit musikalischen Mitteln in Musik gebannt werden.

5. Ästhetisch-theologische Bemerkungen

Feldmans Schlagzeug-Komposition *King of Denmark* ermöglicht eine Reihe von Beobachtungen, die zum Ansatz ästhetischer und auch theologischer Reflexionen werden können – jedenfalls dann, wenn die Theologie sich bereit zeigt, von der Ästhetik (hier: von der Musik) zu lernen.

Zeit- und Richtungslosigkeit scheinen Schlüsselbegriffe für die weitere Erschließung der Komposition zu sein: Das Werk »flutet« in einer gewissen Ferne und kann und soll aus vielen Blickwinkeln betrachtet werden.

So seltsam das klingen mag: Die Ästhetik des Stücks ist offenbar verwandt mit ästhetischen Vorstellungen der Musik im frühen 19. Jahrhundert: Wehmut über die Vergänglichkeit, Trauer angesichts von Endlichkeit, aber auch Träumen hinaus aus der Welt, wie sie ist, Vergänglichkeit als schöpferischer Neubeginn. »Das Endliche erträgt die Endlichkeit nicht. Zumindest nicht der endliche Mensch«.[8] Erinnert das nicht an die (musikalische) Frühromantik: an Schubert, Schumann und auch an Berlioz?

Feldmans Werk kommt aus dem Schweigen und verlangt, schon um der Hörbarkeit willen, Schweigen, enorme Konzentration und Sensibilität vom Hörer. Dann aber stellt sich für den Hörer das Schweigen als beredt und die Stille, weil ihr letzte hörbare Klänge abgerungen werden, als aktive und angespannte Ruhe heraus.

Aus der Spannung zwischen gestalterischer Freiheit, umschriebener Verbindlichkeit und Klängen an der Grenze der Hörbarkeit resultiert eine Randunschärfe, die zu den Markenzeichen des Stücks gehört: Die Klänge sind da und zugleich nicht da.

Bereits bei Ulrich Dibelius[9] findet sich die schöne Beobachtung (die sich zu den einleuchtenden Analysen fügt, die Eva-Maria Houben insbesondere an Werk und Wirken von Berlioz vorgenommen hat[10]), dass Feld-

---

[8] ROSSANA ROSSANDA in: ROSSANA ROSSANDA/FILIPPO GENTILONI (Hgg.), La vita breve. Milano (Pratiche) 1996. Zit. nach: Claudio Magris, Utopie und Entzauberung. Geschichten, Hoffnungen und Illusionen der Moderne. München 2009, 125.

[9] ULRICH DIBELIUS, Morton Feldman, in: ULRICH DIBELIUS (Hg.), Moderne Musik II: 1965–1985 (Serie Musik Bd. 8248) München/Mainz 1989, 246–251; hier 247.

[10] Vgl. EVA-MARIA HOUBEN, Hector Berlioz. Verschwindungen: Anstiftungen zum Hören, Dortmund 2005.

man nicht am Anblasen, am Anstrich, am Anschlag, also an der Attacke, die den Klang erkenntlich und individuell macht, am Klang im Modus der Artikulation und Definition interessiert ist, sondern vielmehr in einer Art von Inversion am Klangcharakter im Modus seiner Unkenntlichkeit, seines Ver- und Entschwindens, seines Verlöschens, in dem er erst seinen wahren Charakter als reiner Klang enthüllt. So kann Verschwinden den Charakter von Aufbruch gewinnen.

Die amerikanische Antwort auf Stockhausens *Zyklus für einen Schlagzeuger,* so hat Feldman selbst die Absichten seines Stückes *The King of Denmark* umschrieben (vgl. oben). Die (weitgehende) Materiallosigkeit oder doch die Entmaterialisierung des musikalischen Materials setzt er in bewussten Gegensatz zur besonders in Europa damals gepflogenen musikalischen Materialan- und -überhäufung, Skepsis setzt er gegen Affirmation. Ein tieferer Grund für diesen Widerstand, der aus der Stille kommt, mag auch in einer jüdischen – Morton Feldman war Jude wie die meisten der zum »Amerikanischen Abstrakten Expressionismus« zu zählenden Künstler (vgl. oben) – und sich wohl letztlich den Traditionen des biblischen Bilderverbots verdankenden »anikonischen Sensibilität«[11] liegen.

Verschleierte Klänge von höchster Transparenz, das Sagen des Unsagbaren, Hörerlebnisse von allergrößter Genauigkeit, erzielt durch erlebte Randunschärfe, überzeugende Widersprüchlichkeit, Kohärenz des Inkohärenten – wer dächte da nicht an die Suche des Menschen nach sich selbst, an seine Lebensliebe, an sein Bewusstsein von Vergänglichkeit, an Tod, an Liebe, an die transzendenten Hintergründe und Antriebe unseres Daseins?

Besonders rätselhaft ist der Schluss von *The King of Denmark*: der traditionell notierte Viertonakkord und der Schlusston, beide in relativer Deutlichkeit gespielt von Instrumenten, die bis zu diesem Zeit- und Endpunkt noch gar nicht erklungen sind: Ausdruck unerfüllter Sehnsucht? Ausdruck für etwas, was es eigentlich gar nicht oder nur in der Form des Verlangens oder doch nur in der Musik als real existierend gibt? »[...] etwas, das allen in die Kindheit scheint und wo noch niemand war: Heimat«, wie der letzte Satz von Ernst Blochs »Prinzip Hoffnung« lautet?[12]

---

[11] Barbara Mann, Visions of Jewish Modernism, in: Modernism/Modernity. Vol. 13, Nr. 4 (2006) 674. Zit. nach: Asher Biemann, Der Traum vom Sprechenden Moses. Michelangelo in der jüdischen Vorstellung, in: Kalonymos 13 (2010) Heft 3, 1-5; hier 2.

[12] Ernst Bloch, Das Prinzip Hoffnung (*Werkausgabe Bd. 5)* Frankfurt am Main 1985, 1628.

Meinrad Walter

Neue Musik und Negative Theologie

György Ligeti: Lux aeterna (1966)

»Schöner ist das ewige Licht
akustisch nicht versinnlicht worden.«[1]
Clytus Gottwald

---

[1] Clytus Gottwald, Hörgeschichte der Chormusik des 20. Jahrhunderts (1950–2000), Stuttgart 2009, 25.

Eine »Geschichte des Lichtes in der Musik« wurde noch nicht geschrieben. Vieles wäre zu berücksichtigen: Joseph Haydns Fortissimo-Effekt zu den Genesis-Worten »Und es ward Licht!« im Oratorium »Die Schöpfung«, wodurch bereits bei der Uraufführung das Publikum entzweit wurde in Begeisterte versus solche, die sich die Ohren zuhalten wollten. An Richard Wagners »Wie, hör ich das Licht?« aus dem dritten Aufzug des »Tristan« dürfen wir denken, und in neuerer Zeit an Karlheinz Stockhausens siebenteiliges Opernprojekt »Licht«. Einbeziehen müsste man aber auch die vertonte Totenmesse, das Requiem. Gleich der Introitus kleidet die Bitte um Vollendung im Tod nicht nur in das Wort von der »ewigen Ruhe«, sondern zugleich in das Symbol des Lichtes: »... et lux perpetua luceat eis«. Die Communio schärft das »Immerwährende« dann zum »Ewigen« unter der Überschrift »Lux aeterna«, die sich poetisch-liturgisch auf das anfängliche »Requiem aeternam« zurückbezieht.

Wie aber klingt Ewigkeit in der Zeitkunst Musik? Das ist eine spannende Frage. Viele Konzepte und Versuche wären zu nennen: von Kirchenliedern wie »O Ewigkeit, du Donnerwort« (Johann Rist) über J. S. Bachs pastoral gefärbte Ewigkeitsbilder in Kantaten bis hin zu Olivier Messiaens radikalen Tempovorschriften wie »excessivement lent« und gar »paradisiaque« im »Quartett auf das Ende der Zeit« (Quatuor pour la fin du temps; 1941), einer theologisch inspirierten Musik par excellence, die im fünften Satz den »Lobpreis der Ewigkeit Jesu« (Louange à l'éternité de Jésus) mit Violoncello und Klavier anstimmt.

György Ligetis berühmtes Chorstück »Lux aeterna«[2] aus dem Jahr 1966 vereint bereits im Titel die beiden Grundworte »Licht« und »Ewigkeit«. Die Komposition ist ein Versuch, anhand der liturgischen Worte deren Sinn sinnlich erfahrbar zu machen, indem – dies vorab als These – sowohl Zeit als auch Sprache de-komponiert werden. *In* der Zeit soll zumindest eine Ahnung dessen erklingen, was Zeit transzendiert; und mit Hilfe von Sprache soll sprachkritisch eine Sensiblität entstehen für das, was jedes Sprechen übersteigt: *Lux aeterna*. Dass die Komposition von Zeit und Sprache zugleich den Charakter einer »De-Komposition« gewinnt, ist mit Konzepten der Negativen Theologie zumindest vergleichbar, denn auch sie problematisieren sprachskeptisch alle affirmativen Aussagen über Gott, ohne aber auf ein sprachliches Zeugnis gänzlich zu verzichten.

---

[2] Vgl. die Ausführungen des Komponisten zu diesem Werk, in: MONIKA LICHTENFELD (Hg.), GYÖRGY LIGETI, Gesammelte Schriften, Bd. 2, Mainz 2007, 233-235 (»Lux aeterna«) und 236-243 (»Über Lux aeterna«).

Musik als Theologie – in drei Spielarten

Die Interpretation lässt sich leiten vom Versuch, die Möglichkeiten der musikalischen Theologie gleichsam dreifach aufzufächern. Entscheidend ist, dass Musik nicht nur in Dialoge *mit* Theologie(n) tritt, sondern selbst einen theologischen Anspruch erhebt: als Klang-Rede nicht nur *über Gott*, sondern vor allem *zu Gott* (komponiertes Gebet) und *von Gott her* (Verkündigung in der Sprache der Musik).[3] Oftmals geschieht dies als *biblische Theologie*, etwa in allen klanglichen »Übersetzungen« alt- und neutestamentlicher Themen, Geschichten und Gesten von der Gregorianik bis zur Avantgarde. Bisweilen erheben theologische Interpreten – man denke an Karl Barths Mozart-Begeisterung – sogar den Anspruch, dass gerade die nicht-wortgebundene Musik in ihrem gelösten Spiel zum Sinnbild von Erlösung wird. Das könnte man eine *natürliche Theologie* nennen, die auf den Spuren der künstlerischen Schöpfung des *homo artifex* eine Ahnung des göttlichen Schöpfers, des Deus creator, sucht.[4] Und drittens schließlich kann selbst die Musik das patristische »si comprehendis, non est Deus« einschärfen als komponierte Negative Theologie, vor allem in Konzepten der klanglichen Reduktion bis hin zu Inseln der Stille, etwa dem berühmten »Stillen Stück« von John Cage mit dem Titel »4'33«.

Komponist und Werk – Entstehung und Rezeption

Ligetis »Lux aeterna« für sechzehnstimmigen Chor a cappella (Sopran, Alt, Tenor und Bass, jeweils vierfach geteilt) ist ein Schlüsselwerk der Vokalmusik in der zweiten Hälfte des 20. Jahrhunderts, das mit 16 Solisten oder mit einem Kammerchor aufgeführt werden kann. Wie bei vielen Beiträgen neuer Musik steht am Beginn ein Kompositionsauftrag, nämlich von der Schola Cantorum Stuttgart unter Leitung von Clytus Gottwald, dem wir auch etliche Reflexionen zu diesem Werk verdanken, das im Sommer 1966 in Wien entstanden ist. Die Uraufführung war dann mit den bereits genannten Auftraggebern (und Widmungsträgern) am 2. November 1966 – im katholischen Kalender ist dies der Allerseelentag, dessen Messformular traditionell »in Commemoratione omnium fidelium defunctorum« die »Missa pro defunctis« ist.

---

[3] Vgl. GERHARD EBELING, Dogmatik des christlichen Glaubens, Bd. I, Tübingen 1982. Ebeling gliedert das Kapitel 2 (»Gott«) in die Abschnitte »Reden über Gott« (§ 8), »Reden zu Gott« (§ 9) und »Reden von Gott her« (§ 10).

[4] Zu Mozart vgl. JOACHIM HERTEN / KLAUS RÖHRING, »Wie hast Du's mit der Religion?« Mozart und die Theologie, Würzburg 2010.

Vielleicht ist es ein Glücksfall, dass gerade zu diesem Werk so viel Material vorhanden ist: Gedanken des Komponisten, eine analytische Kontroverse zwischen Clytus Gottwald und Hans Michael Beuerle, schließlich sogar die sekundäre Verwendung als Filmmusik in einem Science-fiction-Klassiker, jedoch ohne Einwilligung des Komponisten, was zu einem Rechtsstreit geführt hat.

Erster Blick in die Partitur

Ligetis Chorstück ist zum einen ein eigenständiges Werk, zum anderen die Weiterführung seines 1965 in Stockholm uraufgeführten »Requiems« für zwei solistische Frauenstimmen, Chor und Orchester mit den Sätzen »Introitus«, »Kyrie«, »De die judicii sequentia« und »Lacrimosa«. Der Fortsetzungsaspekt zwischen »Requiem« und »Lux aeterna« bezieht sich im Rückblick des Komponisten jedoch nicht auf die Besetzung, sondern auf eine bestimmte kompositorisch-theologische Fragestellung:

> »Die in musikalische Vorstellung übersetzte Idee des ›ewigen Lichts‹ spielt bereits im ›Introitus‹ des Requiems eine zentrale Rolle. Diese Vorstellung wollte ich in einer neuen Komposition weiterentwickeln«[5].

Und hierzu wäre kaum ein Text geeigneter als die in Ligetis »Requiem« noch nicht vertonte Communio der Totenmesse:

Lux aeterna luceat eis,	Ewiges Licht leuchte ihnen,
DOMINE, cum sanctis tuis	Herr, mit deinen Heiligen
in aeternum quia pius est.	in Ewigkeit, denn du bist gut.
Requiem aeternam dona eis	Ewige Ruhe schenke ihnen,
DOMINE, et lux perpetua	Herr, und das immerwährende Licht
luceat eis.	leuchte ihnen.

Was in der bei Peters erschienenen Partitur auffällt, sind zunächst Ligetis verbale Beischriften: »Wie aus der Ferne« soll die Musik kommen. Der Komponist beschreibt hier weniger die erklingende Musik, sondern ihr Woher. Die Vokalisten sollen »stets sehr weich« einsetzen, wobei die Taktstriche »keine Betonung« bedeuten. Eine rhythmische Organisation wird zudem erkennbar, welche Linearität dominieren lässt. Die »horizontale Lesart« der Partitur steht im Mittelpunkt, wohingegen die vertikal-

---

[5] LIGETI a.a.O., 237.

harmonische seltsam konstruiert erscheint. Diese Linearität basiert auf einer Kanon-Technik, die selbst nicht sinnlich erfahrbar wird, »da die kontrapunktische Verflechtung so komplex ist, dass man ihr in der Wahrnehmung nicht folgen kann«[6]. So dient die Polyphonie der Harmonik, indem sie changierende Klangwechsel erzeugt, die Ligeti sehr treffend als »Verwebungsart«[7] bezeichnet.

Beschreibungen

Ligeti hat »Lux aeterna« sehr einleuchtend und bildhaft beschrieben, zum einen im Blick auf die Technik seines Komponierens, zum anderen metaphorisch und den Gehalt in Worte fassend. Cantus firmus seiner Beschreibungen ist eine Art von Konfrontation. Sie wird deutlich als Spannung von innen und außen, etwa wenn Ligeti von einem *Fenster* spricht, das den Blick auf etwas freigibt, was bereits zuvor da war und auch nach dem Schließen des Fensters noch da sein wird, wenn auch nicht sichtbar. Auf die Musik übertragen: Die Ewigkeit der »Lux aeterna« war schon immer da, wird aber kompositorisch als »Apparition« ins Werk gesetzt, um so hörbar zu erscheinen und wieder zu verklingen.

> »Evoziert wird die Vorstellung von Unendlichkeit, erweckt wird der Eindruck, dass die Musik bereits da war, als wir sie noch nicht hörten, und immer fortdauern wird, auch wenn wir sie nicht mehr hören. Als ob ein Fenster geöffnet und wieder geschlossen würde [...]«[8]

Deshalb die singuläre Gestaltung am Anfang und Ende des Werkes, mittels der das Stück nicht endet, sondern gleichsam verschwindet. Die Hörer sollen also Anfang und Ende nicht »markieren« können. Ihr Eindruck, ja ihre musikalische Erfahrung soll sein, dass es bereits begonnen hat, nicht dass es jetzt gerade beginnt. Und am Ende will das Werk möglichst lange nachklingen, ja unhörbar oder nur noch in der Erinnerung hörbar weiterklingen. Für die Entwicklung innerhalb des Werkes findet Ligeti ein ebenso sprechendes Bild wie das vom Fenster:

> »Auf einer unbewegten Wasserfläche sieht man ein Bild, das sich widerspiegelt, dann kräuselt sich das Wasser, das Bild wird verzerrt und verschwindet,

---

[6] Ebd., 234.

[7] Ebd., 237.

[8] Ebd., 233.

und ganz allmählich, während sich das Wasser wieder glättet, erscheint ein neues, ein anderes Bild.«

Diesen Vergleich wählt Ligeti für das »Hinüberwachsen von einer Harmonie zur anderen«[9].

Kein Wechsel der Harmonien also, sondern ein fast unmerkliches Sich-Verändern. Doch nicht dieser Vorgang wird eigentlich wahrgenommen, sondern erst im Nachhinein sein Ergebnis.

Zu den Bildern vom Fenster und der Wasseroberfläche tritt noch ein drittes, wenn Ligeti sein Werk mit einem »Bühnenbild« vergleicht,

»das zunächst in allen Einzelheiten zu sehen ist. Dann steigt Nebel auf und die Konturen des Bildes verschwimmen, bis es schließlich unsichtbar geworden ist. Nachher verflüchtigt sich der Nebel, neue Konturen tauchen auf, zuerst nur andeutungsweise, dann immer prägnanter, bis mit völligem Verschwinden des Nebels ein neues Bild sichtbar geworden ist.«[10]

Sprach-Komposition

Ligeti geht in »Lux aeterna« in einer neuen Weise auf Sprache ein, die drei Facetten kennt. Zunächst respektiert er die liturgischen Worte, weil er sich mit der Abschnittsgliederung des Werkes an ihnen orientiert und etwa den Anruf »Domine« wie einen »Klangpfeiler« aufrichtet. Zweitens aber dekomponiert er die Sprache, indem er sie in ihre Vokale »auflöst« und damit den Anspruch unmittelbarer Wortverständlichkeit aufgibt, dafür jedoch den Lautbestand der Worte als musikalisches Material neu gewinnt. Selbst Schlusskonsonanten sind beim Singen wegzulassen, wenn sie zeitlich »metrisierend« wirken könnten. Ligeti will Worte vertonen, aber in einer singulären Weise: Indem er sie nennt, verbirgt er sie zugleich. Klingendes Schweigen über die Lux aeterna? Oder Musik-Sprache, die auch den Oberton des Schweigens in Erinnerung ruft? Drittens ist zu fragen, ob mit dieser Distanz gewinnenden Annäherung nicht eine oft vergessene Dimension des Wortes neu gewonnen wird: seine Tiefenschicht, die das Gemeinte nicht »einfängt« und dingfest macht, sondern so musikalisiert, dass auch die Differenz zwischen dem endlichen Sprechen – mitsamt Singen – und der Unendlichkeit ihres Themas »Lux aeterna« erfahrbar werden könnte.

---

[9] Ebd., 234.

[10] Ebd., 238.

»Lux aeterna« ist keine wortgebundene Musik im herkömmlichen Sinne, sondern ein fluktuierendes Klangband mit trüben Farbwechseln, bei dem die traditionelle Sprachbehandlung nur noch als sprachlich-melodische »Spurenelemente« nachwirkt. Der Text wird als eine Art Vokalreihe behandelt, deren Einzeltöne der Komponist wie Reihentöne anordnet. Diese scheinbare Abwertung der Worte ist jedoch zugleich, wie schon bemerkt, deren Aufwertung als Musik. Als bezeichnende Ausnahme gestaltet Ligeti das Wort »Domine« (in der Partitur bei Buchstabe B): eine unwirkliche Cluster-Anrufung fis'-g'-h' der Bässe in hoher Falsett-Lage und im ppp, quasi als »Echo« – worauf aber? – einsetzend und »morendo« verklingend. Ein theologischer Interpretationsversuch: Im Meer des notwendigen, zugleich aber ungenügenden Sprechens von der »Lux aeterna« ragt als die am ehesten angemessene sprachlich-musikalische Gestalt einzig die Anrufung »Domine« heraus – nicht als Aussage, sondern als Geste. Inwieweit hier auch Ligetis Judentum[11], zu dem er sich in einem autobiografischen Text (ursprünglich eine Radiosendung) geäußert hat, eine Rolle spielt, bleibt im Ungewissen, ist aber nicht zentral. Entscheidend ist nicht Ligetis persönliche Nähe oder Distanz zum Judentum, sondern die musikalische Faktur, die solche Fragen ermöglicht.

Clytus Gottwalds 1971 erschienene Analyse von »Lux aeterna«[12] provozierte den Widerspruch des Dirigenten und Musikwissenschaftlers Hans Michael Beuerle in der gleichen Zeitschrift[13]. Gottwalds Interpretation spart nicht mit Kritik an der kompositorischen Tradition des Requiems: »Meist haben Requiem-Vertonungen sich durch das affiziert, was an bürgerlichem Totenkult sich in ihnen bestätigt wissen wollte: der Dumpfheit der Trauer folgte das ätherische Gesäusel vom jenseitigen Frieden.« Für Ligeti reklamiert Gottwald eine gegenteilige Haltung, die ihm als Ergebnis der analytischen Durchdringung des Werkes gilt:

> »Das ewige Licht erscheint in Lux aeterna jedoch als verschwindendes, als Vorhang, der – weggezogen – den Blick freigibt auf die wahre Ewigkeit, jene

---

[11] GYÖRGY LIGETI, in: HANS JÜRGEN SCHULTZ (Hg.), Mein Judentum. Selbstzeugnisse, Zürich/Düsseldorf 1999.

[12] CLYTUS GOTTWALD, Lux Aeterna. Ein Beitrag zur Kompositionstechnik György Ligetis, in: Musica 25 (1971), 12–17.

[13] HANS MICHAEL BEUERLE, Nochmals: Ligetis »Lux aeterna«. Eine Entgegnung auf Clytus Gottwalds ANALYSE, in: Musica 25 (1971), 279–281.

des Leidens. Die Spur der Unterdrückten, der Gefolterten, Geschlachteten, Geräderten, Gehenkten gräbt sich in die Musik selbst ein.«[14]

Hans Michael Beuerle hat dieser Sicht, die sich vor allem auf die Takte 61–79 des Werkes bezieht, mit guten Gründen widersprochen. Ohne die Kontroverse nun im Einzelnen nachzuzeichnen, sei nur sein Resümee zitiert, das nicht weniger reich an theologischen Implikationen ist als Gottwalds These, vor allem nun wiederum im Blick auf Negative Theologie:

> »In diesem Sinne – nämlich in der Qualität des Symbolischen, das für etwas Unbegriffliches wie ›Licht‹ steht und erklingt – ist ›Lux aeterna‹, zwar nicht in bezug auf Dogma oder Liturgie, doch aber in bezug auf seinen Text, affirmativ.«[15]

Diese Sicht scheint mir aus der Analyse des Werkes wohl begründet und zudem auch theologisch stimmig. »Negativ« ist Ligetis Chorstück weder als Kritik an dem Hoffnungswort »Lux aeterna« oder in der Destruktion seiner komponierten Wirkungsgeschichte. Denn der zweite Aspekt ist ohne Relevanz, wohingegen der erste ohne analytischen Nachweis bleibt. Das Negative lässt sich jedoch – nach der Analyse sowohl der Sprachbehandlung als auch der Zeitgestaltung im Werk – fassen als die emphatisch-affirmative Annäherung an die Lux aeterna mittels kritischer Zurückweisung eines vorschnellen sprachlich-zeitlichen Verstehens. Sprachlich: weil die Sprache im Symbolwort die Lux aeterna nicht als Phänomen dingfest macht, sondern einen Hoffnungsaspekt artikuliert; zeitlich: weil jede musikalische, also per se zeitliche Gestaltung dieses Themas unangemessen bleiben muss, wenn sie die im Titel genannten Symbolworte ernst nimmt. Nun sind wir mitten in der Diskussion über die Negative Theologie. Alles »Positive« bleibt unangemessen, und zugleich ist der Verzicht auf sprachlich-zeitliche Artikulation ebenso unbefriedigend.

Was einzig bleibt, ist eine Sprache, die ihre eigene Unangemessenheit selbst zum theologischen bzw. komponierten Thema macht. Und genau das hat Ligeti getan, indem er die Grenzen der Wortgebundenheit in der Zeitkunst Musik subtil auslotet. So spielt er auf der Grenze auch mit dem, was jenseits der Grenze sein könnte. Die Kritik am vorschnell sprachlich Verstandenen und zeitlich Eingeordneten bleibt keineswegs destruktiv, son-

---

[14] GOTTWALD a.a.O., 17.

[15] BEUERLE a.a.O., 281.

dern öffnet Perspektiven, das Gemeinte zwar nicht als Aussage begreifbar zu machen, es jedoch im Sinne einer Andeutung aufklingen zu lassen. So sind wohl insbesondere die radikal schweigenden Schlusstakte zu deuten. Wenn die Versuche des beredten Singens über die Lux aeterna sich erschöpft haben, und sie waren notwendig, dann mag sich in *diesem* Schweigen, in das sie münden, vielleicht doch etwas vom Thema selbst her zeigen. Kritische Destruktion und affirmative Verkündigung – dieses angreifbare Wort sei hier nun doch in Anschlag gebracht – stehen nicht im Widerspruch zueinander, sondern sind zwei Seiten ein und derselben Musik.

Zeit-Gestaltung

Vom Anfang und Ende des Werkes war bereits die Rede. Ligeti tut alles, um diese Zeit-Punkte so zu komponieren, dass sie zugleich musikalisch »verwischt« werden. Die Zeit des Alltags soll wohl keine Unterbrechung erfahren durch die musikalische Zeit, die quasi als Segment beginnt und endet. Vielmehr soll musikalisch-symbolisch erlebbar werden, dass in der alltäglichen Zeit so etwas wie ein Fenster zur Ewigkeit aufgeht. Die Pausentakte am Ende sind nichts weniger als der innige Wunsch, dass es offen bleiben möge. Hier hat der Dirigent ja nicht die Aufgabe, eine bestimmte Dauer einzuhalten und das Ergebnis dem Publikum zu präsentieren. Vielmehr spielt das Werk mit dem Ensemble und dem Publikum ein durch den Dirigenten vermitteltes Spiel: Wie lange können *wir* das Verklingen – das Spiegel und Ergebnis des Klingens ist – hier und jetzt gemeinsam gestalten und ertragen?

Bemerkenswert ist zudem die gesamte zeitliche Gestaltung. Sie beruht auf der »Verschleierung« von Zeit-Punkten zugunsten eines fließenden Klangbandes, das immer in Bewegung ist und gerade deshalb eigenartig bewegungslos wirkt. Die Taktschwerpunkte sind gleichsam weg-komponiert, das akustische Auflösungsvermögen des Ohres wird »überlistet«. Auch dazu äußert sich Ligeti. Er bemerkt, dass die Überlagerung von Triolen und Quintolen so geringe und zugleich unregelmäßige zeitliche Verschiebungen der Klangereignisse bewirkt, dass das Ohr dies nicht mehr zeitlich »fest-stellen« kann, weil die Verschiebungen unterhalb 1/20-Sekunde liegen. Irgendwann bemerken wir, dass sich der Klang verändert hat, wir nehmen aber nicht das Ereignis der Veränderung konkret wahr, sondern das Ergebnis erst im Nachhinein.

So verändert sich das Verhältnis von Aktion und Perzeption. Gewohnt, in der Musik erwartend und erinnernd mitzuhören, können wir Ligetis Klängen eigentlich nur nach-hören. Nirgends gibt es – wie etwa in klassischer Taktordnung – die Möglichkeit des Voraus-Hörens, was jetzt kommen muss – einschließlich des Spiels mit Überraschungen, wenn etwas anderes sich ereignet. Solch aktives Mitgehen verunmöglicht Ligeti, indem er zugleich ein meditierendes Sich-Versenken in seine Musik ermöglicht. Man könnte dies eine Art »zeitliches Glissando« nennen: musikalischer Eindruck des nunc stans, das in Ruhe bleibt und zugleich in sich bewegt ist.

Auf den Film gekommen

In jeder Vokalmusik gehen Wort und Klang eine Liaison ein, die durchaus kündbar ist, wofür Bachs Parodieverfahren höchst aufschlussreiche Beispiele bereithält. Eine ganz andere Aufkündigung des Zusammenhangs von sinnlichem Erklingen und theologischem Gehalt widerfuhr Ligetis »Lux aeterna« in Stanley Kubriks Science-Fiction-Klassiker »Odyssee im Weltraum«, denn hier fungieren Ausschnitte des Chorstücks als Filmmusik zur Begleitung bestimmter Szenen.[16] Zu sehen ist jeweils das Raumschiff, wie es im Weltall schwebt. Und kommt nicht auch dieses Raumschiff »aus der Ferne«, um wieder darin zu entschwinden? Hier nun wird Ligetis Sprachbehandlung zur Bedingung der Möglichkeit ihrer »Zweitverwertung«. Jede »verständliche« Vertonung dieser oder anderer Worte würde das Verstehen ablenken und die Einheit von Bild und Klang zerstören. Ligetis Klänge aber bleiben als Filmmusik, was sie sind: sphärisch, farbenreich, irreal (gesungen oder nicht?), wobei sogar die Assoziation an Sphärenharmonie eine Rolle spielen mag. Die Musik passt ideal in ihren neuen Kontext und streift den alten gleichsam ab. Die meisten Kinobesucher wissen weder etwas von Ligeti noch von Requiem oder moderner Vokalmusik. Sie sehen Szenen, die von passender Musik begleitet sind.

Neue Musik als Negative Theologie?

In »Lux aeterna« negiert György Ligeti die komponierten Worte keineswegs. Vielmehr verhindert er eine oberflächliche Verständlichkeit, um eine tiefere zumindest andeutend zu eröffnen. Nicht um eine Aussage über das ewige Licht geht es, sondern um einen Eindruck davon, der die Spannung von Ähnlichkeit und größerer Unähnlichkeit aushält. Nochmals blicken wir auf die drei Kategorien biblischer, natürlicher und negativer The-

---

[16] Zu den wenig erfreulichen Begleitumständen vgl. CLYTUS GOTTWALD, »Hallelujah« und die Theorie des kommunikativen Handelns. Ausgewählte Schriften, Stuttgart 1998, 38f.

ologie. Thema ist die biblische Botschaft, liturgisch vermittelt, zu der Ligeti eine musikalische Auslegung gibt, die auch als komponiertes Gebet verstanden werden darf. Dies geschieht in einer überaus stimmigen Ausarbeitung, deren Schlüssigkeit nicht vom vertonten Wortlaut abhängt. Denn auch ohne den zugrundeliegenden Text wäre das Werk in sich gültig. Diese Qualität des Kunstwerks kann, sie muss aber nicht, auch in ihrer theologischen Verweisfunktion gehört werden. Dies meint das traditionelle philosophisch-theologische Argument, dass in der künstlerischen Schöpfung Spuren zur göttlichen Schöpfung zu lesen und zu begehen sind. Diese Deutung ist nicht ungefährlich, vor allem aber niemals zwingend. Sie beruht auf dem platonischen Gedanken der Partizipation: alles Schöne verdankt sich der Schönheit selbst, liest ihn aber auch in der umgekehrten Richtung, so dass alle Schönheit oder Stimmigkeit etwa eines musikalischen Werkes zugleich zur Spur wird, die in Richtung der göttlichen Schönheit begangen werden kann. Haben sich solche Gedanken nicht allzu weit von Ligetis Chorstück entfernt, es vielleicht theologisch vereinnahmt? Diese Kritik ist ernst zu nehmen. Ligeti hat sehr viel mehr über die kompositorische Technik von »Lux aeterna« geschrieben als über eine mögliche theologische Interpretation, die freilich ohne Verankerung in dieser Technik beliebig bleiben müsste. Eine Bestätigung, wenn auch nur im Zitat, könnte die platonische Interpretation allerdings aus einigen Worten des Komponisten zumindest ableiten. Seine eigene Interpretation aus dem Jahr 1969 beschließt Ligeti mit Sätzen aus Kleists Abhandlung »Über das Marionettentheater«. Will er eine Zuspitzung des Gedankens nicht mit eigenen Worten benennen? Jedenfalls kulminiert seine eigene Sicht in Andeutungen zur »unerklärlichen Leichtigkeit der gefährlich anmutenden musikalischen Seiltänze«. Sie ähneln dem Marionettentheater insofern, dessen »Maschinist« keineswegs nur ein Handwerk beherrschen muss, sondern vielmehr »wenigstens einen Begriff vom Schönen im Tanz haben müsste«. Lokalisiert hat Kleist dies in der Seele:

> »Die Linie, die der Schwerpunkt zu beschreiben hat, wäre zwar sehr einfach [...] Dagegen wäre diese Linie wieder von einer anderen Seite her etwas sehr Geheimnißvolles. Denn sie wäre nichts Anderes als der Weg der Seele des Tänzers; und er zweifle, daß sie anders gefunden werden könnte als dadurch, daß sich der Maschinist in den Schwerpunkt der Marionette versetzt, d.h. mit andern Worten, tanzt.«[17]

---

[17] Ligeti a.a.O., 243.

Muss der Komponist sich die »Lux aeterna« versetzen, um sie klanglich zu versinnlichen? Jedenfalls zeigen die zitierten Sätze eine Sensibilität Ligetis auch für das Geheimnisvolle inmitten des Handwerklichen. Auch diese Andeutungen konvergieren durchaus mit dem Gedanken einer komponierten Negativen Theologie. Insgesamt kommt der biblischen und natürlichen Theologie in »Lux aeterna« eher eine vorbereitende Bedeutung zu. Zu den Voraussetzungen des Werkes zählt der ihm zugrundeliegende, biblisch-liturgische Text ebenso wie die nicht zwingende Möglichkeit theologischer Interpretationen. Der dritte Aspekt jedoch, die Negative musikalische Theologie, steht im Zentrum: von Text her inspiriert und kompositorisch intendiert. Gerade indem sich der Komponist zu theologisch-negativen Bedeutung nicht dezidiert äußert, stellt er sich in die Tradition der negativen Theologie. Das »und« in der Formulierung des Titels dieses Beitrag darf demnach präzisiert werden: Neue Musik *als* negative Theologie.

Klaus Röhring

Beginn einer wunderbaren Freundschaft

Dieter Schnebel: Rufe für Horn und Violoncello (2006–07)

Das Wiedersehen
Ein Mann, der Herrn K. lange nicht gesehen hatte,
begrüßte ihn mit den Worten:
»Sie haben sich gar nicht verändert.«
»Oh«, sagte Herr K. und erbleichte.[1]

Man könnte auf den Titel dieser Komposition auch ohne seine ausdrückliche Nennung allein durch (Zu-)Hören kommen. Da treten zwei Instrumente in eine Kommunikation zueinander. Man hört Signale, ein gegenseitiges Fragen und Antworten, als würden zwei musikalische Personen Kontakt miteinander aufnehmen und auf die jeweiligen Signale des anderen reagieren. Sie nähern sich einander an oder entfernen sich voneinander, als würden sie diese Signale aufnehmen oder verändern, ihnen widersprechen oder mit ihnen übereinstimmen. Ein Kommunikationsprozess erklingt, den man am Ende als einen gelingenden wahrnimmt, als den Beginn einer »wunderbaren Freundschaft«. Zwei Instrumente treten hier auf, die in ihrem Wesen nach verschiedener nicht sein können: Horn und Violoncello.

Das Horn

> »Unter Horn im eigentlichen Sinn versteht man ein Blechblasinstrument mit folgenden Charakteristika: enge Mensur; zunächst konische, dann zylindri-

---

[1] Berthold Brecht, Geschichten vom Herrn Keuner. Gesammelte Werke Bd. 12, Frankfurt 1967, 383.

> sche, dann wieder konische Bohrung mit schwachem Konus; stark ausladender Schalltrichter, linksseitig angebrachte Ventile; Haltung der Stürze nach hinten; Platzierung der rechten Hand im Schalltrichter, um den Ton modulieren zu können.«[2]

Man nennt dieses Horn in einer früheren Form (in der Regel noch ohne Ventile) Naturhorn, später auch Waldhorn. Es ist meistens in F oder Es gestimmt, da es sich in dieser Stimmung besonders für das solistische Musizieren eignet. Heute gibt es das Doppelhorn, das durch ein Umschaltventil sowohl in F als auch in B gespielt werden kann. Im Fall von Schnebels Komposition wird ein Horn in F benötigt. Der gebräuchliche Name »Waldhorn« verleiht diesem Instrument seine besondere Aura. Man verbindet mit ihm die Vorstellung von Natur und Naturlaut. Man hört aber auch das Posthorn, das von ferne her etwas Wunderbares ankündigt. Man assoziiert Wald, Feld, Heide, die weite, äußere Welt, eventuell auch die Jagd, ihr Vergnügen wie ihre Gefahren für Tiere und Menschen. Sein Ton weckt die Sehnsucht nach einer fernen, vergangenen Zeit. Überdies ist zu berücksichtigen, dass es sich beim Horn um ein Instrument handelt, das geblasen wird, also den Atem des Menschen benötigt, um die Luft zum Klingen zu bringen.

Das Violoncello

> »Das Violoncello ist heute der von der Stimmlage her tiefste Vertreter der Violinfamilie mit der Stimmung C-G-d-a. Es nimmt eine dominierende Stellung im Bassbereich der Orchesterinstrumente ein und hat sich seit dem Ende des 17. Jh. als wichtigstes Soloinstrument neben der Violine etabliert.«[3]

Ob als Instrument des Basso continuo, ob als virtuoses Soloinstrument oder als wichtiger Partner im Streichquartett, die Aura dieses Instrumentes ist die des Konzertsaales oder der Kammermusik. Es ist das »sentimentale« Instrument im Orchester. Man assoziiert den geschlossenen, intimen Raum, die innere Welt. Ein Instrument, das die sensiblen Hände und Finger des Menschen benötigt, um seine Saiten zum Singen und Klingen zu bringen.

---

[2] Die Musik in Geschichte und Gegenwart (MGG). Sachteil. Kassel 1996, Bd. 4, 369.

[3] MGG. Sachteil Bd. 9. Kassel 1998, 1686.

Diese beiden so verschiedenen Instrumente treten mit ihrer jeweiligen Aura in eine musikalische Kommunikation, senden »Rufe« aus, die sich in sieben Teilen entfalten. Sie wollen hinaus, sind Signale, können kräftig sein oder auch schüchtern, erstreben Antwort, suchen Nähe, künden von Not oder Freude, sind sprachlos und sprechen doch irgendwie, gelingen auch, finden Antwort. So kommentiert der Komponist selbst (siehe unten) dieses Spiel mit den Rufen. Doch durch die Kommunikation dieser beiden im Charakter so entfernten Instrumente entsteht etwas Neues, ein neuer Klang, sie nähern sich einander an, werden sich ähnlicher, übernehmen jeweils Klangelemente des anderen.

Den sieben Teilen sind dynamische Anweisungen vorangestellt:

A: = 60
B: rasch
C: langsam (= 52)
D: sehr rasch, heftig
E: bewegt
F: freies Zeitmaß
G: langsam

A

Mit dem Blasgeräusch des Horns beginnt der 1. Teil, um sogleich den Zentralton »b« des Violoncellos hervorzurufen, der nun diesen Teil wie ein unterbrochenes Ostinato im Wesentlichen bestimmt.

Das Horn nimmt diesen Ton auf, variiert ihn, um immer wieder in das »Blasgeräusch = wie atmend« zurückzufinden, aus dem der Ton Gestalt annimmt, sich dem des Cellos angleichen will. Dabei hat der Hornist dieser beginnenden Kommunikation auch gestisch Ausdruck zu verleihen, sie körperhaft anzuzeigen: »vor sich hin -> in die Ferne -> vor sich hin -> nach links -> Drehung nach rechts und links -> vor sich hin.« Es ist ein sich besinnendes und sich umsehendes Suchen. Das Cello nimmt am Ende das Geräuschhafte des Horns auf, ahmt es nach mit dem Schlag auf den Korpus oder dem Spiel »s.p. = auf dem Steg«.

B

Über dem neuen Zentralton »des«, den beide Instrumente nun in betonender Geste in schnellem Wechsel aufnehmen, dabei sich gegenseitig geschäftig ins Wort fallend, geben die Rufe wettstreitend nach außen, zum Publikum hin. »Seht her, was ich kann!« So könnte man die »kurze Geste

einer Hand (quasi Winken)« des Hornisten deuten, dem der Cellist mit dem »Peitschenhieb des Bogens« Konkurrenz ansagt.

Die Rufgesten werden so »aufs Rhythmische reduziert, sie werden quasi gemorst.« Beide wechseln dabei auch zwischen Klang und Geräusch, um am Ende – wie der Hornist – in »Kopfverrenkungen« und ein »wildes Gefuchtel einer Hand« überzugehen.

C

Dem so sich konkurrierenden, wild protzigen Produzieren der beiden folgt ein langsamer Teil, fast lyrisch, besänftigend, wieder über dem Zentralton »b«, so als wollten die beiden nun vorsichtig eine Übereinstimmung suchen, die Andeutung des Gelingens gemeinsamer Töne, Ansatz zu einer Melodie:

Zum Schluss innerlich verhauchend, sich ins Geräusch zurückzunehmend, um noch einmal von vorne zu beginnen. Einen neuen Versuch zu wagen?

D

Doch der hört sich anders an als man es erwarten will: Sehr rasch und heftig, nicht mehr als Klang, sondern als hätten sich beide Instrumente in ein Schlagzeug verwandelt. Die Klänge geraten in »Vibration und die Rufe quasi in Panik« (Schnebel).

Der Cellist soll auf der A-Saite den Bogen schlagen, dabei die »Aufschlagstellen des Bogens kontinuierlich verändern«. Der Hornist schlägt rhythmisch auf das Mundstück. Beide Spieler schauen dabei einander an und vollziehen auch Gesten, z.B. eine Hand heben und senken oder mit einer Hand abwinken. Am Ende begibt sich der Horn-Spieler nach eigenen vertikalen Gesten und horizontalen Gesten des Cello-Spielers auf ein Podest. Alles wirkt wie eine Litanei, wie ein Ritual, bei dem man sich »mea culpa, mea maxima culpa« rufend an die Brust schlägt.

E

Die stimm- und sprachlosen Gesten verwandeln sich jetzt in Ton-Gesten, erhalten so etwas wie eine »Sprache«. Wieder entwickeln sich die Rufe aus dem Zentralton »b« in weit ausholenden melodischen Gesten, die sich aus diesem Zentralton heraus entfalten, auch mehrstimmig werden und in »ekstatische Kanons münden« (Schnebel). Das klingt »accel. / cresc. (chaotisch)« geradezu aufjauchzend, schmetternd und frech (»dirty«) jubilierend.

F

Nachdem der Cellist vom Podium herab gestiegen ist, geht er im »freien Zeitmaß« umher, steht allerdings, wenn er spielt. Die Tonverhältnisse kehren sich irgendwie um. Während das Cello zweistimmige Akkorde mit aufgesetztem Dämpfer in höchsten Lagen spielt, reduziert das Horn die Rufe in gestische Signale, die z.T. mit »Flatterzunge« ausgeführt werden sollen. Beide Instrumente geben sich gegenseitig ein »kleines Winken«.

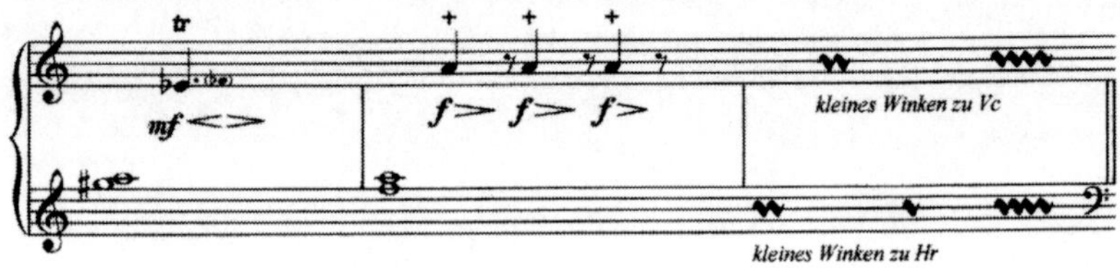

G

Das ist wahrhaftig eine »zärtliche Meditation« (Schnebel) über den Tönen h, b, d und des. Zieht man am Ende die Töne des Cellos mit dem Ton des Horns zusammen, enden sie in einem engen Sekund-Terz-Akkord, dennoch eine offene und damit gelingende Kommunikation signalisierend:

Dieter Schnebels »Rufe« sind ein Hörstück, ein Theaterstück, das auch komische Elemente an sich hat. Die Aufführung gleicht der Aufführung eines Rituals. Die Instrumente werden dabei zur Verlängerungen der Körper der Spielenden, werden mit diesen in der Körper- und Klangsprache eins. Man hört und sieht, wie Kommunikation zwischen Menschen stattfinden kann und stattfindet. Man erlebt sich selbst darin wie in einem akustischen und sichtbaren Spiegel: So ist es und so kann es sein oder werden. Ganz ohne Worte, nur in musikalischer Sprache und Gestik. Diese Gesten steigern das Signalhafte und theatralische Element noch. Sie beziehen auch das Publikum mit ein. Schon durch den Ortswechsel des Hornisten, durch die Gesten beider Instrumentalisten fühlt es sich mitten darin und wie angesprochen, als gelten die Winke jedem einzelnen unter ihm.

Wie bei einem »Lied ohne Worte« erlebt man das mögliche Leben in seinen Wünschen und Nöten, seinem Suchen, den ankommenden Antworten, dem erneuten Fragen. Man erlebt Misslingen und Gelingen, Versuch und Irrtum, Aporie und Neuanfang. Rituale werden ausgetauscht, als verlässliche und als hinterfragte. Am Ende entsteht so etwas wie Harmonie. Wie sich die Instrumente in diesem musikalischen Kommunikationsprozess mit ihrer herkömmlichen Aura, ihrem gewohnten Klang verändern, so können sich auch Menschen bei ihren Begegnungen verändern, andere werden. Herr K. müsste nicht mehr erbleichen.

Dieter Schnebel hat dies in einem Text angedeutet, den er der Komposition angefügt hat:

> »Der Ruf will hinaus, weg von sich;
> sucht ein anderswo – ein anderes, andere, einen anderen, eine andere.
>
> Rufe sind Signale. Einfache Formeln, ein ›Hallo!‹, ein ›He!‹ [...]
> wenige prägnante Töne, ein griffiger Rhythmus
> Manchmal wachsen sei sich aus zu Melodien
>
> Rufe können kräftig sein, in die Ferne reichen. Ausdruck von Mut –
> große Intervalle. fortissimo;
> aber auch schüchtern, verzagt, voll Angst – engräumig piano
>
> Rufe erstreben Antwort. Am einfachsten ein Echo, ein ›ja!‹;
> dass da ein DA ist: der, die, das andere , die anderen – da / da / da
>
> Rufe suchen Nähe; überbrücken Entfernung. In jedem Ruf steckt ein: –›komm!‹
> Rufe künden auch von Not: sind ›Rufe ins Entbehrte‹ (Bloch);
>
> aber auch von Freude; Überschwang: ›ich bin da – für Dich, Euch, alle‹
> oder sie sind bloß neutral: Signal für Verortung
>
> Rufe sind per se sprachlos, ohne Inhalt: ›hallo‹, ›hi‹.
> Aber sie sagen doch: ich bin da! / wo du, ihr – alle???
>
> Wenn Rufe gelingen, Antwort finden, geschieht Kommunikation
> glückt ein Zusammen, vielleicht gar Glück.«

Schnebels »Rufe« sind eine Reflexion über verschiedenen Ruf-Formen, Ruf-Charaktere, wie sein großes Opus »Ekstasen« ein Katalog aller möglichen ekstatischen Formen ist. Ihre Siebenzahl verweist in die religiöse Sphäre – können auch so etwas wie Bitten, wie Gebete sein, die ja ihrerseits nichts anderes sind als Rufe »hinaus«, als die Artikulation von Mut oder Angst, von Not oder Freude, Ekstase und Zagen, von Frage und möglicher Antwort.

Diese »Rufe« sind nicht festgelegt auf bestimmte Gebetsformen oder gar Gebetsinhalte. Sie signalisieren dem Hörer eine Offenheit, die er sich selbst und seinem eigenen Rufen anverwandeln, sich zu eigen machen kann über konfessionelle oder religiöse Rituale und Gepflogenheiten hinaus.

Christlich kann man in ihnen auch einen Spiegel der sieben Bitten des Vaterunsers sehen, ohne jedoch den einzelnen Teilen dieser »Rufe« eine der sieben Bitten zuordnen zu wollen oder zu können. Aber die Siebenzahl der »Rufe« verweist auch auf dieses Gebet, das die Christen das »Gebet des Herren« nennen, an das sie sich beim Hören dieser »Rufe« erinnern lassen dürfen. Denn ist dieses Gebet nicht eines, das die Welt umspannt und das uns durch seine »Rufe« das Universum ins Ohr singt?

Stefan Berg

Von den Grenzen einer theologischen Musikästhetik

Eine religionsphilosophische Expansion

Hinter uns liegen 14 Beiträge zu einer theologischen Musikästhetik. Dies gibt Anlass zur kritischen Sichtung des Geleisteten und einer den Blick noch einmal weitenden Einordnung der Unternehmung. Zu diesem Zweck nehme ich eine religionsphilosophische Perspektive ein,[1] also eine solche, die noch einmal philosophisch über die verhandelten Phänomene nachdenkt und genauer verstehen will, in welcher Art und Weise in diesem Band eigentlich über Musik und Religion nachgedacht wird – und die fragen will, ob man nicht auch anders darüber nachdenken könnte.

I. Vom »Und« und seinen zarten Banden

Zur Annäherung eine sachte Erkundung dessen – eine robuste Erklärung geben zu wollen, wäre vermessen –, worin überhaupt der Reiz liegen könnte, Beziehungen zwischen Musik und Religion bzw. zwischen Musikästhetik und Theologie knüpfen zu wollen. Sind es die musikalischen »Au-

---

[1] Vgl. Ingolf Ulrich Dalferth, Die Wirklichkeit des Möglichen. Hermeneutische Religionsphilosophie, Tübingen 2003, 68–70. »Was Religionsphilosophie auszeichnet, ist die Art und Weise ihres Denkens (ihre philosophischen Fragestellungen), nicht dessen Thema (worüber sie nachdenkt), noch sein Inhalt (was sie darüber denkt). [...] Sie vollzieht sich [...] als *philosophisches Nachdenken über Religion*, oder genauer: als *diszipliniertes Nachdenken über philosophische Probleme, die sich Verwirrungen über Phänomene im Feld gelebter Religion verdanken.*« (68) »Religionsphilosophie ist disziplinierte Denktätigkeit, sich durch selbstkritisches Nachdenken über *Fragen und Probleme des religiösen Lebens* und *Fragen und Probleme einer religiösen Sicht des Lebens* zu orientieren.« (69)

genblicke der Intensität«,[2] denen zugetraut werden könnte, die Musik über sich hinaus und in den Bereich der Religion zu treiben? Oder gehören diese Augenblicke selbst schon zu den »Momenten des Numinosen«,[3] von denen angenommen werden könnte, sie seien selbst qualitativ irgendwie religiös?

Nüchtern betrachtet muss man sich zunächst eingestehen, dass sowohl Musik als auch Religion lebensweltlich durchaus ohne einander auskommen können. Man kann sich musikalisch betätigen, ohne dass die Religion dabei unbedingt in den Blick kommen, und man kann religiös leben, ohne dass die Musik darin zwangsläufig eine besondere Rolle spielen müsste. Wie ist es unter diesen Umständen zu verstehen, dass die Frage nach »Musik und Religion« bzw. »Religion und Musik« gestellt werden?

Musikalisches Erleben erscheint uns in der Regel vollgültig und auf nichts außer sich selbst angewiesen zu sein. Fragen der Form »Musik und ...« zu stellen, liegt so gesehen nicht auf der Hand. Stellt man sie dennoch, setzt man sich leicht dem Vorwurf aus, das eigentlich Interessante, nämlich das Hören und Erleben von Musik, aus dem Blick zu verlieren. Die Frage nach »Musik und Religion« gerade angesichts von Stücken wie Weberns *Bagatellen* oder Feldmans *King of Denmark* zu stellen, in deren Paratexten sich kein expliziter Hinweis auf die Religion findet, ist daher auf den ersten Blick alles andere als naheliegend; und ob man diese Frage auch angesichts von Messiaens *L'échange* oder Ligetis *Lux aeterna* unbedingt stellen muss, ob diese Stücke also nicht auch gänzlich areligiös und untheologisch verstanden werden können, ist unter modernen Bedingungen gar nicht so leicht zu beantworten.

Mit den Fragen der Form »Religion und ...« ist es komplizierter. So bedarf es bereits eines erheblichen theologischen Aufwands, zu klären, ob es überhaupt ein genuin religiöses Erleben gibt, oder ob das Religiöse nicht vielmehr in einem bestimmten Umgang mit dem Erleben liegt – oder ob das alles gar eine im Grundansatz falsche Alternative sein könnte. Mit anderen Worten: Es ist nicht ohne Weiteres zu erkennen, wo eigentlich der Bereich der Religion beginnt. Daraus resultiert – zumal unter den Bedingungen einer durch die Moderne gründlich verunsicherten Religion – geradezu eine Notwendigkeit, Fragen der Form »Religion und ...« immer wie-

---

[2] Vgl. HANS ULRICH GUMPRECHT, Epiphanien, in: JOACHIM KÜPPER / CHRISTOPH MENKE (Hgg.), Dimensionen ästhetischer Erfahrung, Frankfurt am Main 2003, 203–222, hier 204.

[3] Vgl. RUDOLF OTTO, Das Heilige. Über das Irrationale in der Idee des Göttlichen und sein Verhältnis zum Rationalen, München 1979.

der zu stellen, nämlich um die Grenze zwischen Religion und Nicht-Religion entweder mit dem Ziel theologischer Prägnanzbildung zu definieren oder mit dem Ziel theologischer Anknüpfung zu unterlaufen. Geht es bei der Frage nach »Religion und Naturwissenschaft« vor allem um eine theologische Selbstvergewisserung durch Abgrenzung, so steht im Hintergrund der Frage-Familie »Religion und Ästhetik« eher die Intuition, dass in Literatur, Bildender Kunst oder eben Musik etwas anzutreffen sei, was in der Religion zu kurz zu kommen drohe oder erst gar nicht vorkomme. Man muss dies nicht gleich kunstreligiös zuspitzen, also etwa behaupten, dass die Musik etwas aussprechen könne, was der Wortsprache durch die Finger rinnen und entgehen müsse; die bekannte und überaus diffuse Unbefriedigung, die einen überkommt, wenn man sich in einem misslungenen Gottesdienst[4] an ein gelungenes Konzert erinnert, genügt vollends.

II. Von den zwei Möglichkeiten

Wo ein »Und« so reizvoll wie fragwürdig schillern kann, da muss die Beziehung der beiden Relata genauer bestimmt werden. Dazu sind größere historische und konzeptionelle Räume zu überblicken. Für die Beziehung von Musik und Religion ist religionsphilosophisch zunächst eine grundsätzliche Ambivalenz zu konstatieren:[5]

Einerseits besteht die Möglichkeit zu einer mehr oder minder starken konzeptionellen Verknüpfung von Musik und Religion. Dergleichen zeigt sich überall dort, wo der Musik ein besonderes religiöses Potential zugesprochen wird: sei es, dass die prunkvolle Musik Gott im Kult wohlgefällig sei, sein Ohr durch Klanggenuss erfreuen und besänftigen könne, sei es, dass sich ihre klingende Ordnung nahtlos in die universale Ordnung des

---

[4] Kann ein Gottesdienst überhaupt misslingen? Man braucht nicht gleich die schweren theologischen Geschütze reformatorischer Streitigkeiten aufzufahren, um dies in Erwägung ziehen zu dürfen. Die ekklesiologische Bestimmung aus CA VII (»Est autem ecclesia congregatio sanctorum, in qua evangelium pure docetur et recte administrantur sacramenta«) bedarf ja auch hinsichtlich der Adverbien *pure* und *recte* immer wieder neuer Auslegung. Zugegebenermaßen berühren wir hier theologische (und durchaus auch ästhetische) Geschmacksurteile, doch sollte man es ernst nehmen, dass etwa eine inhaltliche und formale Hemdsärmeligkeit oder Lieblosigkeit den Eindruck hervorrufen kann, dass ein Gottesdienst »der Sache« – was auch immer das nun wieder ist – ganz und gar nicht gerecht wird und insofern (zumindest aus meiner Perspektive) misslingt.

[5] Die folgenden Gedanken, insbesondere die Andeutungen zu Augustin und Rousseau habe ich breit in meiner Dissertation *Spielwerk. Orientierungshermeneutische Studien zum Verhältnis von Musik und Religion*, Tübingen 2011, entfaltet.

Kosmos füge und so die kleine Harmonie im Immanenten auf die große Harmonie im Transzendenten verweisen könne, sei es, dass die Musik als zutiefst subjektives Ausdrucksgeschehen etwas artikulieren und anschaulich machen könne, woran wortsprachliche Symbolisierungsunternehmungen scheitern. Man sieht schnell: Die hier vollzogenen theologischen Deutungen der Musik, also die Versuche, die Musik mit den Ordnungen der Religion in Beziehung zu setzen, variieren konzeptionell erheblich und wandeln sich mit dem Horizont, in dem sie erfolgen. Aus diesem Grund denkt eine im mystischen Weltbild beheimatete Opfertheologie eben anders über die Musik nach als eine seinsphilosophisch geprägte Schöpfungs- und Erlösungstheologie – und diese wiederum anders als eine subjektphilosophisch disponierte Erfahrungstheologie. Eine der engsten konzeptionellen Verknüpfungen von Musik und Religion ist sicherlich bei Augustin anzutreffen, der in seiner Schrift *De musica* einen geschlossenen, seinsphilosophisch begründeten Denkweg vom *sonus* zum *deus* entwirft. Weil auf diesem, von der Seinsphilosophie ermöglichten Denkweg gar nicht mehr gesagt werden kann, ob man sich noch in der Musik oder schon in der Religion befindet, verschmelzen beide gleichsam in der Geschlossenheit des einen Kosmos. Wer im Sinne Augustins – seine Vor- und Nachdenker eingeschlossen – wohlgeordnet Musik macht, der praktiziert unweigerlich eine Annäherung an Gott, in dem alle Ordnung begründet ist. Zwischen Musik und Religion ist hier also gar nicht zu trennen.

Andererseits besteht aber auch die Möglichkeit zu einer mehr oder minder weitreichenden konzeptionellen Entkoppelung von Musik und Religion. Dabei ist erstens an solche Konzepte zu denken, die das religiöse Potential der Musik zwar anerkennen, dessen Aktualisierung aus theologischen Gründen aber vermeiden wollen. Ein klassisches Beispiel ist sicherlich der Zürcher Reformator Huldrych Zwingli, der – gerade im Wissen um die Schönheit und Wirksamkeit der Musik – mit allem Schmuck auch den Klang der Orgel aus den Kirchen verbannte. Weiter geht die Entkoppelung überall dort, wo der Gedanke an ein religiöses Potential der Musik erst gar nicht aufkommt. Dies ist zweitens dort der Fall, wo beide aus konzeptionellen Gründen nichts mit einander zu tun bekommen können. Bei Rousseau etwa sind Musik und Religion zwar konsequent parallel (d.h. im steten Rekurs auf das Natürliche) konzipiert, doch geschieht dies in einer Weise, dass beide nichts miteinander zu tun bekommen können, weil sie als zwei verschiedene Bereiche menschlichen Lebens nebeneinander zu stehen kommen. Das Subjekt kann hier nicht von der Musik zur Religion weiterdenken, weil es erst einmal zu sich zurückkehren muss, um sich dort seiner selbst zu vergewissern. So hat Rousseau zwar musikalische Talente, und er betrachtet sich selbst als religiös, aber er setzt beides nicht miteinander in Beziehung. Der Gedanke an ein religiöses Potential kann drittens auch in atheistisch-areligiöser Perspektive nicht aufkommen. Hier ist Religion beim Musikhören schlicht und einfach kein Thema – jedenfalls wenn man darunter mehr als eine tote Option versteht, also etwas, das in lebendiger Weise mit einem selbst zu tun hat. Und deshalb kann durchaus auch ein Atheist Bachs *Matthäuspassion* mit Gewinn hören, doch wird sich dieses Werk für ihn, der er nicht mit dem Ins-Spiel-Kommen der Religion rechnet, anders hören lassen als für einen Gläubigen.

Religionsphilosophisch betrachtet sollte man im Nachdenken über die Beziehung von Musik und Religion nicht nur dieses Einerseits *und* jenes Andererseits berücksichtigen, sondern muss auch die jeweilige, hier nur angedeutete konzeptionelle Varianz auf beiden Seiten berücksichtigen. Und es kommt noch hinzu, dass selbst im Einerseits die Musik religiös verstummen kann, und dass selbst im Andererseits nie ganz ausgeschlossen werden sollte, dass sie plötzlich religiös beredt zu werden beginnt. Eine theologische Musikästhetik (oder traditioneller: eine Theologie der Musik) muss daher damit rechnen, mit diversen Alternativen konfrontiert zu werden, und damit sind nicht nur alternative theologische Musikästhetiken, sondern auch ganz und gar nicht theologische Musikästhetiken gemeint. – Dass man sich von dergleichen aber verunsichern lassen sollte, ist damit freilich auch nicht gesagt.

III. Von der Musik als einem Spielwerk

Wie lässt sich mit dieser komplexen Lage umgehen? Grundsätzlich muss ein religionsphilosophisches Interesse daran bestehen, die Beziehung von Musik und Religion konzeptionell sehr zurückhaltend zu beschreiben und darin eine möglichst große Offenheit zu gewährleisten, um ganz verschiedene Gestaltungen der Anknüpfung zwischen beiden im Blick behalten zu können. Ich selbst habe in dieser Sache einen Vorschlag unterbreitet, der ganz von der Musik her denkt und von hier aus sehr zurückhaltend das Ins-Spiel-Kommen der Religion beobachtet.[6] Das Wichtigste in Kürze:

Ausgangspunkt ist die Situation, in der sich die musikalischen Subjekte vorfinden und in der sie sich mit Hilfe der ihnen zur Verfügung stehenden Orientierungskompetenzen zurechtfinden müssen. Unter den gegenwärtigen Bedingungen eines musikalischen Pluralismus müssen wir jederzeit damit rechnen, mit Musik aus allen denkbaren Epochen, Stilrich-

---

[6] Vgl. noch einmal meine Dissertation. Die folgenden Bemerkungen fassen vor allen den vierten Teil so knapp es geht zusammen.

tungen, Gattungen usw. konfrontiert zu werden, und so steht dem musikalisch Gebildeten zur Orientierung letztlich ein ganzes Arsenal von verschiedenen Strategien zur Verfügung. Nicht immer ist sicher, welche gerade die passende ist, gelegentlich kann auch eine gänzlich unkonventionelle Strategie Ortung ermöglichen, und im Grunde besteht ohnehin ein immenser hermeneutischer Freiraum, in dem ganz verschiedene gleichberechtigte Strategien anwendbar sind. Unter diesen Umständen präsentiert sich die musikalische Situation als ein Spielraum schier unerschöpflicher Möglichkeiten musikalischen Sich-Zurechtfindens. Eben das zeichnet Musik als ein Spielwerk aus: Dass im Zeitgespinst ihres Klanges ein nie ganz auszubeutendes Potential musikalischen Sich-Zurechtfindens liegt, in dem sich jeder anders und jeder sich immer wieder neu orientieren kann und muss. Welche Strategien dabei zum Zug kommen, ist zwar kontingent, aber deswegen noch lange nicht zufällig, denn dies hängt unmittelbar davon ab, welche möglichen Bezugspunkte einerseits das musikalische Spielwerk in der entsprechenden Situation von sich aus anbietet, und mit welchen Ordnungen das mit diesem Spielwerk konfrontierte musikalische Orientierungssubjekt andererseits vertraut ist, so dass sie von ihm ins Spiel gebracht werden können.

Die Frage ist nun, wie es sein kann, dass dabei religiöse Ordnungen ins Spiel kommen. Drei Faktoren können dies beeinflussen: (1.) Bietet der Klangraum Bezugspunkte an, die in irgendeiner Weise religiös konnotiert bzw. die religiös interessant sind? Dies ist etwa dann der Fall, wenn eine Komposition mit einem irgendwie religiös konnotierten Paratext versehen ist, wenn sie ein irgendwie religiös konnotiertes Thema anschlägt oder wenn sie von irgendwie religiös konnotierte bzw. religiös interpretierbare Strukturen geprägt ist. (2.) Ist das Orientierungssubjekt, das sich im Klangraum vorfindet, selbst in irgendeiner Weise religiös disponiert? Ein Mensch, der sich selbst als gläubig versteht, wird eher geneigt sein, religiöse Ordnungen ins Spiel des Spielwerks einzuspeisen, als jemand, bei dem dies nicht der Fall ist – und auch die Prägung der individuellen Religiosität dürfte einen maßgeblichen Einfluss besitzen, wie leicht welche Ordnungen eingebracht werden. (3.) Besitzt die Situation, in der das Spielwerk arbeitet, selbst in irgendeiner Weise religiös konnotierte Aspekte? Wir hören dasselbe Stück ganz anders, je nachdem ob wir es in einem Kurkonzert, einem akademisch-theologischen Gesprächskreis oder in einem Gottesdienst hören. Eine religiös-konnotierte Situation dürfte das Einspielen religiöser Ordnungen natürlich ebenfalls erleichtern. Keiner dieser drei Faktoren vermag es, das Ins-Spiel-Kommen des Religiösen in musikalischen Situationen *ex ante* zu erzwingen, aber ist das Religiöse einmal ins Spiel gekommen, so kann in der Regel *ex post* mindestens einer dieser drei Faktoren als einer rekonstruiert werden, der dabei einen entscheidenden Einfluss ausgeübt hat.

Ereignet sich ein Ins-Spiel-Kommen des Religiösen, so kann sich dies auf ganz verschiedene Weise vollziehen: Es ist denkbar, dass sich die musikalische Situation nur für einen Moment religiös einfärbt: ein Moment, in dem sich im Hören kurzzeitig ein religiöser Horizont öffnet und wieder verschließt, provoziert etwa durch einen religiös-konnotierten Vokaltext. In diesem Fall bleibt die Situation im Grunde musikalisch. Es ist aber ebenso denkbar, dass sich das Ins-Spiel-Kommen des Religiösen mit einer Macht ereignet, die das Subjekt aus der musikalischen Situation herausreißt und in eine religiöse versetzt, etwa wenn es im Hören zu einer fundamentalen, freudigen oder erschreckenden Irritation kommt. In diesem Fall geht der Kontakt mit der Musik verloren. Schließlich wäre auch der wunderbare Fall eines Äquilibriums denkbar: dann, wenn eine Situation beginnt zwischen dem Musikalischem und dem Religiösen zu oszillieren, so dass sie weder im rein Musikalischen verharrt, noch ganz ins Religiöse hinübergetrieben wird. Doch solches ist ein höchst fragiles Geschenk, eines das sich nur bei besonderer Sensibilität, bei besonderen Stücken und in besonderen Situationen zu ereignen vermag – und das ist etwas, das selten lange währt, das sich nicht intentional herstellen und das sich auch nicht reproduzieren lässt.

In der damit umrissenen Perspektive ist das Nachdenken über die Beziehung von Musik und Religion nicht konzeptionell enggeführt, sondern bleibt offen für ein fragiles Ins-Spiel-Kommen der Religion in musikalischen Situationen. Der Akzent liegt darauf, dass die Beziehung von Musik und Religion nicht transsituativ als ein für allemal gegeben angesehen wird, sondern dass sie sich situativ immer wieder neu an einem bestimmten Ort und zu einer bestimmten Zeit ergeben muss. In welcher Gestalt dies geschehen mag, muss nicht im Voraus prognostiziert, sondern darf im Nachhinein bestaunt werden.

IV. Von der Vielgestaltigkeit des Ins-Spiel-Kommens – Und von den stummen Werken

Auch die in diesem Band versammelten Beiträge legen Zeugnis davon ab, wie vielgestaltig sich das Ins-Spiel-Kommen der Religion bei den Mitgliedern unseres Arbeitskreises ereignete. Einmal war es wohl eher die religiöse Konnotation eines Werkes bzw. die religiöse Disposition des Komponisten, einmal eher die Religiosität eines der Teilnehmenden – und stets war es sicher auch der Anlass der Treffen, also die gemeinsame Arbeit an einer theologischen Musikästhetik, was das Ins-Spiel-Kommen der Religion befördert haben mag. Überblickt man die Beiträge, so fällt auf, wie unterschiedlich prägnant das Religiöse bei seinem Ins-Spiel-Kommen wurde. Hier wird es in robust-philologischer Weise explizit, dort bleibt es bei subtil-tastenden Andeutungen. Versucht man die verschiedenen Varianten des Ins-Spiel-Kommens zu schematisieren, so lassen sich grob vier Wege unterscheiden:

(a.) Zu nennen ist erstens eine Gruppe von Beiträgen, in denen ein *terminologisches* bzw. *metaphorisches Moment* den entscheidenden Impuls gibt, religiöse Ordnungen in musikalischen Räumen ins Spiel zu bringen. In allen drei Fällen fungiert in auffälliger Weise eine religiös konnotierte Begrifflichkeit im Paratext als Ausgangspunkt: In der Interpretation von Thomas Henneberger lenkt das Stichwort der »Frühe« im Titel von Schumanns *Gesängen* auf die religiöse Licht- und Morgensymbolik. Ganz ähnlich verhält es sich mit der theologisch hochaufgeladenen Metapher des ewigen Lichtes im Titel bzw. Vokaltext von Ligetis *Lux Aeterna*, die Meinrad Walter zum Anlass nimmt, die konkrete musikalische Faktur des Stückes mit der abstrakten Denkfigur der Negativen Theologie in Beziehung zu setzen. Klaus Röhring wiederum erkundet ausgehend vom Titel *L'échange* Umfang und Facettenreichtum von Messiaens musikalisch-religiöser Symbolsprache.

(b.) Andere Beiträge nehmen zweitens primär ein *existentielles Moment* in Anspruch: Wolfgang Bretschneider berichtet von der Verunsicherung, in die Brahms zur Zeit der Komposition seiner *Choralvorspiele op. 122* durch den Tod nahestehender Personen geriet. Ist es in diesem Fall ein über das Biographische vermitteltes existentielles Ereignis für den Komponisten, so ist es bei Eva-Maria Houben ein solches für den Hörer: die Möglichkeit im Hören von Schuberts *Doppelgänger* berührt und verwandelt zu werden; ebenso bei Nikolas Schalz, dem das zarte Gespinst der Webernschen *Bagatellen* einen seelisch in besonderer Weise disponierten, gleichsam für mystische Erfahrungen bereiten Hörer zu erfordern scheint; ebenfalls bei Joachim Herten, für den Feldmans *King of Denmark* Anlass gibt, über die unerfüllte Sehnsucht nach Heimat angesichts der Vergänglichkeit nachzusinnen; oder in Dieter Schnebels Schubert-Analyse, wenn die ländliche Klanglichkeit des *d-Moll-Quartetts* zu Empfindungen von Nostalgie, Heimweh und Sehnsucht nach Erlösung anregt.

(c.) Die dritte Gruppe rückt ein *strukturelles Moment* der musikalischen Faktur ins Zentrum und wird von ihm zu theologischen Themen geleitet. Thomas Henneberger fokussiert die spannungsvolle musikalische Anlage von Ives' *The Unanswered Question* und bezieht sie auf die Struktur der Unterscheidung von Immanenz und Transzendenz. In meinem eigenen Beitrag zu Cage wiederum konstruiere ich eine Analogie zwischen der unverfügbaren Gabe von Sinn, die sich im Hören der *Music for Piano* ereignet, und der soteriologischen Gabe, die uns Gott im Glauben zuteil werden lässt.

(d.) Es ist ein *pragmatisches Moment*, das viertens in der letzten Gruppe von Beiträgen von der Musik ein religiöses Thema ins Spiel bringt. Hier liegt der Akzent auf dem praktischen Gebrauch der Musik. So bildet die immense Expressivität des organistischen Vortrags der *Litanies* die Keimzelle der Überlegungen von Eva-Maria Houben, von der her sie Alains Komposition als sprachlos-ekstatisches Gebet interpretiert. Auch in ihrem gemeinsam mit Joachim Herten verfassten Beitrag zu Eimerts elektronischer Komposition nimmt die Reflexion beim Gebrauch der musikalischen Sprache ihren Ausgang: Der Titel *Epitaph* gibt Anlass, nach der spirituellen bzw. politischen Funktion der Erinnerung und der Mahnung im Horizont dieses Stückes zu fragen. In ähnlicher Weise geht auch Klaus Röhring von den pragmatischen Implikationen des Titels aus, wenn ihn das Stichwort *Rufe* zur theologischen Deutung der Komposition Schnebels als Ritual bzw. siebenfachen Gebetsruf führt, den das Stück vorbringt.

Alle diese Beiträge berichten auf je ihre Weise vom Ins-Spiel-Kommen der Religion und mitunter begegnen in einzelnen von ihnen mehrere der hier aufgeführten Typen nebeneinander. Entscheidend ist, dass es stets ein besonderes Gepräge des Stückes bzw. seiner Rezeption ist, von dem ausgegangen und von dem her das Religiöse in Spiel kommt. Wie unterschiedlich sich dies gestaltet, lässt sich nachvollziehen, indem man jeweils die Frage stellt, ob das benannte Gepräge nur diese eine Gestalt des Ins-Spiel-Kommens nahelegt, ob es nicht auch offen für andere wäre und ob eventuell – etwa für einen atheistischen Hörer – auch gar kein Ins-Spiel-Kommen plausibel gedacht werden könnte. Schnell wird auf diese Weise ersichtlich, wie vielschichtig sich die Beziehung von Musik und Religion nur schon in den verschiedenen Beiträgen gestaltet und wie viele Faktoren jeweils zusammenkommen, um das Ins-Spiel-Kommen zu ermöglichen.

Doch neben den hier versammelten Beiträgen hätte es eine weitere Gruppe von Texten geben können, die negativ-analog vom Nicht-ins-Spiel-Kommen berichtet hätten: Es soll hier nicht verschwiegen werden, dass wir uns mit weiteren Werken befasst haben, dass dies für uns aber Situationen des Hörens waren, in denen uns das Musikalische religiös stumm blieb, in denen sich also kein religiöser Horizont öffnete und musikalische Situationen einfach musikalische Situationen blieben. Dies war etwa bei A. Skrjabins *Klaviersonate Nr. 7 op. 64* der Fall, obschon ihr der Komponist mit dem Untertitel *Weiße Messe* eine ganz erheblich religiöse Konnotation beigab. Diese Messe blieb uns ein rein pianistischer Rausch. Möglicherweise war es die eigentümliche Religiosität Skrjabins, die für Irritationen sorgte und uns hier den Weg verstellte.

V. Von den Hofgeismarer Situationen. Oder: Vom Universum im Ohr

Doch was haben die geschriebenen Beiträge eigentlich gemeinsam? – Eine auf den ersten Blick unspektakuläre Gemeinsamkeit ist zunächst einmal die, dass sich all diese Gestalten des Ins-Spiel-Kommens in Hofgeismarer Situationen ergeben haben: offen-zwanglose Situationen, gestimmt von einer sensibel-konzentrierten Atmosphäre, getragen von einer über die Jahre gewachsenen gemeinsamen Hör- und Gesprächserfahrung und gelenkt durch die geteilte Faszination an der Beziehung von Musik und Religion. Der Impuls zur Beschäftigung mit einem Stück kam stets von einem der Mitarbeitenden, und meist wurde von diesem auch eine kurze Einführung gegeben. Den größten Raum aber nahm stets das gemeinsame wiederholte Hören und Diskutieren ein.

Mit diesen einander irgendwie ähnlichen und im Laufe der Zeit bewusst gesuchten Hofgeismarer Situationen hat es zu tun, dass sich ein gemeinsamer Stil in der ästhetisch-theologischen Kontemplation musikalischer Werke einstellen konnte. Das, was diesem Stil theologisch eignet, hat Dietrich Korsch in der Einleitung dieses Bandes in Form einer theologischen Musikästhetik skizziert. Er formuliert darin gewissermaßen eine bestimmte Grammatik des Ins-Spiel-Kommens der Religion, auf die sich die Teilnehmer verständigen konnten, und greift darin auf eine prominente Denkfigur Schleiermachers zurück.

Diese theologische Musikästhetik operiert im Kern damit, das Subjekt über den Begriff der Anschauung mit dem Universum zu verklammern, und indem Korsch das Hören an die Stelle von Schleiermachers Anschauen setzt, wird zwischen dem Subjekt, der Musik und dem Universum ein wechselseitiger Verweiszusammenhang konstituiert. Dabei übernimmt die Verdichtung, wie sie sich in musikalischen Prozessen bzw. dem Umgang mit ihnen ergeben kann, gewissermaßen eine Katalysatorfunktion. Eine Schlüsselpassage ist sicherlich diese:

> »Vielmehr zeigt sich im Verwobensein von Klang und Hören die Zugehörigkeit der Hörenden zum Universum selbst, das nun hier im Medium des Klanges auftritt. Was ist nun darin die besondere Funktion des Hörens? Diese, daß sich im Hören eine Intensivierung, eine Verinnerlichung, eine Verdichtung des Klanges auftut, die aber durchaus auf der Linie des Klanges selbst liegt. Die Musik als Gestaltung des Universums kommt im Hören zu sich selbst; das Hören der Musik verinnerlicht die Gegenwart des Universums im Universum,

das dadurch eine ganz besondere Dichte erfährt; man könnte auch sagen: sich in besonderer Dichte erfährt.«[7]

Die klangliche Verdichtung ermöglicht dem Subjekt eine Verinnerlichung des Universums im Hören, und weil genau eine solche Verinnerlichung des Universums als das Proprium der Religion verstanden wird, kann schon der bloße Vollzug musikalischer Verdichtungsprozesse als ein an und für sich religiöses Geschehen interpretiert werden:

»In der Musik werden sich die Hörenden des Universums inne, in dem sie leben. Sie sind selbst Teil dieses Universums und empfinden seine Gegenwart in ihrem Inneren. Genau diese durch die ganze Breite des leibseelischen Existierens hindurchlaufende Verinnerlichung des Universums aber ist selbst schon, mit Schleiermacher gesehen, Religion.«

Religionsphilosophisch betrachtet liegt die Pointe dieser theologischen Musikästhetik darin, das Ins-Spiel-Kommen der Religion niederschwellig anzusetzen. Dies sei in vier Schritten erläutert: (1.) Schleiermachers These – deren Adressaten bekanntlich und bezeichnenderweise die Gebildeten unter den Verächtern der Religion waren – ist verknappt gesagt die, dass die Religion irgendwie immer schon da ist, wenn das Subjekt seine eigene Subjektivität im Horizont des Universums gestaltet. Und entsprechend besteht denn auch die *Bildung zur Religion* (so die Überschrift zur dritten der *Reden*) darin, dieses Immer-schon-im-Spiel-Sein der Religion aus einer diffusen Anlage in eine gemeinschaftliche, bewusst gestaltete Praxis zu überführen. (2.) Dieses Konzept hat Korsch musikalisch durchbuchstabiert: Indem das Subjekt seine eigene Subjektivität im Vollzug musikalischer Prozesse gestaltet – sei es komponierend, interpretierend oder rezipierend –, ist eine solche Verdichtung und Verinnerlichung des Universums immer schon erfolgt, das heißt auch im Vollzug musikalischer Prozesse ist Religion immer schon da und sei es nur als Anlage. (3.) Die Formulierung einer theologischen Grammatik, die Subjekt, Musik und Universum aufeinander zu beziehen lehrt, erfüllt nun eine wichtige Funktion bei der Ausgestaltung des religiös möglicherweise bisher nur diffus Angelegten: Indem sie eine Beziehung zwischen Musik, Subjekt und Universum definiert, ermöglicht sie es, zwischen diesen Elementen hin und herlaufende Zeichenprozesse zu initiieren, sie in Bewegung zu halten und fortzuentwickeln. Dies gibt sowohl Anleitung als auch Freiraum für ge-

---

[7] Vgl. in diesem Band den Beitrag von Dietrich Korsch, 18f.

meinschaftliche Einstimmungs- und Ausrichtungsprozesse, aus denen etwa auch eine gemeinsame ästhetisch-theologische Kontemplation resultieren kann, wie wir sie in Hofgeismarer Situationen gepflegt haben. (4.) Niederschwellig ist das Ins-Spiel-Kommen der Religion nun insofern, als dass damit gerechnet werden kann, dass ein religiöses Moment auch im Vollzug musikalischer Prozesse immer schon da ist – und das sind hermeneutisch nun einmal ganz andere Ausgangsbedingungen, als wenn man das Ins-Spiel-Kommen der Religion immer erst noch mehr oder minder angestrengt erwarten müsste.

Diese theologische Musikästhetik mit ihrer besonderen Grammatik hat sich insofern in allen der vorliegenden Beiträge niedergeschlagen, als sie alle auf die beschriebenen Verdichtungs- und Verinnerlichungsprozesse bezogen werden können. Und es war gerade die programmatische Niederschwelligkeit des Ins-Spiel-Kommens der Religion, die es uns ermöglicht hat, den Blick nicht nur auf explizit-religiöse – also nicht nur die so genannte »geistliche« – Musik zu lenken, sondern dem Religiösen auch in – wenn man so sagen will – »profaner« Musik nachzuspüren. Auch dass das Religiöse in den einzelnen Beiträgen nicht immer gleich prägnant wurde, hat mit dieser theologischen Musikästhetik zu tun: Wie weit die Verdichtung und Verinnerlichung gehen muss, wird offen gelassen, und es ist daher kein Defizit, wenn es bei Ansätzen und Andeutungen bleibt. So gesehen hat sich diese theologische Musikästhetik sicherlich als produktiv erwiesen und praktisch bewährt.

VI. Von den Grenzen einer theologischen Musikästhetik

Nun lässt sich freilich darüber diskutieren, ob man dem Ins-Spiel-Kommen der Religion nicht doch eine etwas höhere Hürde setzen sollte, also für eine klarere Separation der Musik und Religion als zwei zu unterscheidende Bereiche des menschlichen Lebens plädieren könnte. Dafür ließen sich durchaus auch theologische Gründe ins Feld zu führen: Besteht nicht eine Gefahr darin, dass sich hier Religion in Kultur und damit in Musik auflöst? Ist denn Aufgabe der Theologie, von der Musik zu sprechen? Soll sie nicht von Gott sprechen? Und müssten nicht viel stärker normative Vorgaben gemacht werden, um die theologische Kontemplation musikalischer Werke gegenüber einer theologischen Musikspekulation abzugrenzen? – Hier stößt die in diesem Band gepflegte theologische Musikästhetik an eine erste Grenze: Es ist die Grenze zu alternativen theologischen Musikästhetiken. Solche sind denkbar, und sie könnten mit Gründen andere ästhetische und theologische Weichenstellungen vornehmen. In Hofgeismar waren die genannten Einwände vor allem als Korrektive präsent. Würden sie aber zum eigentlichen Ausgangspunkt der theologischen Kontemplation gemacht, so wäre das Ergebnis eine ganz andere und eben keine Hofgeismarer theologische Musikästhetik. Es könnte dann etwa eine theologische Funktionalisierung der Musik, etwa als geistliche Musik mit einem dezidierten Verkündigungsauftrag gefordert werden – ein Weg, den wir in Hofgeismar bewusst und überzeugt gemieden haben.

Die andere Grenze der theologischen Musikästhetik liegt in der unauslöschlichen Mannigfaltigkeit des Ins-Spiel-Kommens und auch Nicht-ins-Spiel-Kommens der Religion in musikalischen Situationen. Strukturell ist dieses Problem als Problem einer jeden Theoriebildung bekannt, aber möglicherweise stellt es sich in der Gegenwart mit besonderer Drastik. Angesichts der verwirrenden Vielfalt, die sich uns heute im Bereich der Musik ebenso wie in dem der Religion präsentiert, muss man damit rechnen, dass sich auch überraschendste Beziehungsgefüge ergeben. Kein ästhetisch-theologisches Konzept könnte all das einfangen. Aus religionsphilosophischer Perspektive wäre daher zu fragen, ob die Beziehung, oder besser: die Beziehungen zwischen Musik und Religion nicht viel zu komplex sind, um über den hermeneutischen Leisten *einer* theologischen Musikästhetik geschlagen werden zu können. Müsste also nicht eine Vielfalt von theologischen Musikästhetiken formuliert werden: Fragile theologisch-ästhetische Miniaturen, die nur mehr *ex post* versuchten, etwas von der Situation des bereits zurückliegenden Ins-Spiel-Kommens für einen kontemplativen Moment festzuhalten?

Autorenverzeichnis

Berg, Stefan, Dr. des. theol., geb. 1978 in Kassel, Wissenschaftlicher Assistent am Lehrstuhl für Systematische Theologie, insbesondere Symbolik und Religionsphilosophie, Universität Zürich. Veröffentlichungen u.a. Spielwerk. Orientierungshermeneutische Studien zum Verhältnis von Musik und Religion, Tübingen 2011 (i.Dr.); Gestalteter Klang Gestalteter Sinn. Orientierungsstrategien in Musik und Religion im Wandel der Zeit, Leipzig 2011 (gem. herausgegeben mit I. U. Dalferth).

Bretschneider, Wolfgang, Dr. phil., geb. 1941 in Dortmund, Professor em. für Geschichte der Kirchenmusik und Liturgik an den Musikhochschulen Köln und Düsseldorf, Honorarprofessor an der katholisch-theologischen Fakultät der Universität Bonn. Veröffentlichungen u.a.: Herausgabe des Orgelwerks von J. Rheinberger, zahlreiche Beiträge für Sammelwerke, Festschriften, Lexika u.a.m.

Henneberger, Thomas, geb. 1953 in London, entschloss sich zum Theologiestudium, nachdem er sich damit abgefunden hatte, dass er wohl nie ein Sviatoslav Richter (und auch kein Johan Cruyff) würde werden können. Seit 1988 im Pfarrdienst der ev.-luth. Landeskirche Hannover, derzeit Pastor in einer ostfriesischen Landgemeinde.

Herten, Joachim, Dipl. theol., Studienleiter i. R. »Theologie im Fernkus« (Thif) Würzburg, geb. 1941 in Aachen, Jahrzehntelange Befassung mit Musik, besonders mit Musik der Gegenwart. Veröffentlichungen u.a.: Beiträge (und Herausgeberschaft) zu Vergegenwärtigung. Sakramentale Dimensionen des Lebens, Würzburg 1997; Gott, Liebhaber des Lebens in der Sprache der Kusnt, Würzburg 1999; Liturgie spielen, Würzburg 1998; Musik: Kult und Ritual, Bonn 2002; (zusammen mit Klaus Röhring) Wie hast Du's mit der Religion? Wolfgang Amadeus Mozart und die Theologie, Würzburg 2009.

Houben, Eva-Maria, Dr. phil., geb. 1955 in Rheinberg am Niederrhein, Universitätsprofessorin für Musikwissenschaft mit einem Schwerpunkt in Musiktheorie an der Technischen Universität Dortmund. *Kompositionen* für Soloinstrumente, für kleinere und größere Ensembles (auch mit Vokalstimme(n)), Streichquartett, für Stimme und Klarvier, Stimme und Orgel, Stimme und Orchester, kammermusikalische Werke, Werke für Orchester und Chor, elektroakustische Werke (Edition Wandelweiser, Haan). Veröffentlichungen u.a.: Die Aufhebung der Zeit. Zur Utopie unbegrenzter Gegenwart in der Musik des 20. Jahrhunderts, Stuttgart 1992; Alte Musik mit neuen Ohren. Schubert – Bruckner – Wagner - ..., Saarbrücken 2000; hespos – eine monographie, Saarbrücken 2003; Hector Berlioz. Verschwindungen: Anstiftungen zum Hören, Dortmund 2005.

Korsch, Dietrich, Dr. theol., geb. 1949 in Burgsolms/Lahn, Professor für Systematische Theologie an der Philipps-Universität Marburg, Veröffentlichungen u.a.: Dialektische Theologie nach Karl Barth, Tübingen 1996; Religion mit Stil. Protestantismus in der Kulturwende, Tübingen 1997; Dogmatik im Grundriss. Eine Einführung in die christliche Deutung menschlichen Lebens mit Gott, Tübingen

2000. Religionsbegriff und Gottesglaube, Tübingen 2005. Martin Luther. Eine Einführung, [2]Tübingen 2007.

RÖHRING, Klaus, Dr. h.c. Oberlandeskirchenrat i.R., geb. 1941 in Ansbach, Veröffentlichungen u.a.: Neue Musik in der Welt des Christentums, München 1975; Visionen DiaBücherrei christliche Kunst, Eschbach 1985; Vernunft und alle Sinne, München 2008; Herausgeber von »Musik und Kirche«.

SCHALZ, Nicolas, Dr. phil., geb. 1938 in Fouhren (Luxemburg); Dissertation: »Studien zur Komposition des Gloria. Musikalische Formgestaltung von der Gregorianik bis zu Monteverdi«, Tutzing 1980. Von 1977 bis zur Emeritierung 2007 Professor für Musikwissenschaft an der Hochschule für Künste Bremen. Forschungs- und Arbeitsschwerpunkt in Neuer Musik. Veröffentlichungen quer durch die Musikgeschichte, u.a. zu Josquin Desprez, Monteverdi, Bach, Mozart, Beethoven, Berlioz, Debussy und Ravel, Schönberg, B.A. Zimmermann, Nono, Hespos, Holliger, Spahlinger, R. Riehm, K. Huber, Pagh-Paan. Zusammen mit Peter Rautmann: Passagen. Kreuz- und Quergänge durch die Moderne, 2 Bde, Regensburg 1998; mit Rautmann zusammen auch Herausgeber der wissenschaftlichen Buchreihe »einwurf« der Hochschule für Künste Bremen; bisher 6 Bände erschienen. In dieser Reihe auch, unter dem Titel »Spuren suchen, Spuren legen«, eine »Festschrift für Nicolas Schalz«.

SCHNEBEL, Dieter, Dr. Dr. h.c., geb. 1930 in Lahr/Schwarzwald; 1949–55 Studium der Musik und Musikwissenschaft, der Theologie und Philosophie in Freiburg und Tübingen. 1955 Promotion über Schönberg. 1956–76 Pfarrer und Religionslehrer in Kaiserslautern, Frankfurt/M. und München. 1976–95 Ordentlicher Professor für Experimentelle Musik udn Musikwissenschaft an der Universität der Künste in Berlin. Kompositorische Tätigkeit seit 1953: umfassendes Oeuvre in allen Gattungen. Mitglied der Akademie der Künste in Berlin seit 1991, der Bayerischen Akademie der Künste Leipzig; 2004 Ehrendoktor der Universität Bayreuth. Bücher: Mo-No. Musik zum Lesen, Köln 1968. Denkbare Musik, Köln 1972. Anschläge – Ausschläge, München 1993. Essays über traditionelle und neue Musik.

WALTER, Meinrad, Dr. theol., geb. 1959 in Neuried/Baden, Kirchenmusikreferent der Erzdiözese Freiburg und Lehrbeauftragter für Liturgik/Theologie an der Freiburger Musikhochschule. Mitherausgeber der Zeitschrift »Musik und Kirche«. Zahlreiche wissenschaftliche, konzertante und journalistische Beiträge im Grenzgebiet von Musik und Theologie. Buchveröffentlichungen u.a.: Johann Sebastian Bach. Weihnachtsoratorium. Werkeinführung, Kassel u.a. [2]2011; Johann Sebastian Bach. Johannespassion. Eine musikalisch-theologische Einführung, Stuttgart 2011.

Titelinformationen zur CD

1. Franz Schubert, Streichquartett Nr. 14 d-Moll D 810 (Der Tod und das Mädchen)
Nomos Quartett (Martin Dehning, Violine; Sonja-Maria Marks, Violine; Friederike Koch, Viola; Sabine Pfeiffer, Violoncello)
Mit freundlicher Genehmigung des Nomos Quartetts.

2. Franz Schubert, Der Doppelgänger (›Schwanengesang‹) D 957, No. 13
Dietrich Fischer-Dieskau, Bariton; Gerald Moore, Klavier
aus: Schubert, Lieder Vol. 3, Texte von Heinrich Heine;
Musik von Franz Peter Schubert
(ISRC: DE-F05-72-30213)
Mit freundlicher Genehmigung von Universal Music Classic & Jazz – a division of Universal Music GmbH.

3. Robert Schumann, Gesänge der Frühe op. 133
Jörg Demus, Klavier
Lizensiert von M.A.T. Music Theme Licensing Ltd., 162 Church Road, East Wall, Dublin 3, Irland.

4. Johannes Brahms, Choralvorspiele »O Welt ich muss dich lassen«, Elf Choralvorspiele op. posth. 122, No. 3 und No. 11
Robert Parkins, Orgel
aus: Johannes Brahms, Orgelwerke, Naxos 7090400
Mit freundlicher Genehmigung von NAXOS RIGHTS INTERNATIONAL LTD.

5. Charles Ives, The unanswered question
SWR Sinfonieorchester, Leitung; Michael Gielen
aus: Gustav Mahler, Symphony No 1 in D major, Charles Ives, Central Park in the Dark; The Unanswered Question, Hänssler Classic CD 93.097 (2002).
Mit freundlicher Genehmigung von SCM Hänssler im SCM-Verlag GmbH & Co. KG.
(LC 10622)

6. Anton von Webern, Sechs Bagatellen für Streichquartett op. 5, No. 1–5
Leipziger Streichquartett
aus: Anton Webern, Sämtliche Werke für Streichquartett, MDG 307 0589-2.
Mit freundlicher Genehmigung von Dabringhaus und Grimm Audiovision GmbH.
(www.mdg.de)

7. Jehan-Ariste Alain, Litanies
Marie-Claire Alain, Orgel
aus: Sämtliche Orgelwerke (Ga) (CD1, Track 1)
Mit freundlicher Genehmigung der WARNER MUSIC Group Germany Holding GmbH. A Warner Music Group Company (LC: 00200).
(WCI/ISRC: FRZ20-72-10901 / Kat.Nr.: 3984-26996-2)

8. Olivier Messiaen, L'échange. Vingt regards sur l'enfant-Jésus, No. 3
Carl-Axel Dominique, Klavier
Mit freundlicher Genehmigung von Carl-Axel Dominique.

9. John Cage, Music for Piano
Sabine Liebner, Klavier
aus: John Cage, Music for Piano 53–86, NEOS 10703/04 (2007)
Mit freundlicher Genehmigung der NEOS Music GmbH, München.
(www.neos-music.com)

10. Herbert Eimert, Epitaph für Aikichi Kuboyama für Sprecher und Sprachklänge
Richard Münch, Sprecher

WDR mediagroup licensing

Mit freundlicher Genehmigung des Westdeutschen Rundfunks Köln.

11. Morton Feldman, The King of Denmark (für Percussion solo)
Stefan Eblenkamp, Percussion
aus: Sh'ma - Höre! M. Feldman – T. Avni – K.H. Stahmer, amphion records 20268 (2003). Mit freundlicher Genehmigung von Vogt & Fritz SOUND.

12. György Ligeti, Lux aeterna
Kammerchor Stuttgart, Leitung: Frieder Bernius
aus: Lux aeterna ... for 10-16 voices. Werke von Ligeti, Scarlatti, Boyd und Mahler (CV 83.208. Lizenz Nr. AB 071104).
Mit freundlicher Genehmigung des Carus-Verlag GmbH & Co. KG.
(www.carus-verlag.com)

13. Dieter Schnebel, Rufe, für Horn und Violoncello
Michael Denhoff (Violoncello) und Jeffrey McGuire (Horn)
Mit freundlicher Genehmigung von Michael Denhoff.
(www.denhoff.de)

Der beiliegende Datentäger ist in allen mp3-fähigen CD- und DVD-Spielern abspielbar.